J. Brix

Die Kaiserlich-Russische Armee in ihrem Bestande,

ihrer Organisation, Ausrüstung und Stärke im Kriege und Frieden am 1.

Januar 1863

J. Brix

Die Kaiserlich-Russische Armee in ihrem Bestande,
ihrer Organisation, Ausrüstung und Stärke im Kriege und Frieden am 1. Januar 1863

ISBN/EAN: 9783743440418

Hergestellt in Europa, USA, Kanada, Australien, Japan

Cover: Foto ©ninafisch / pixelio.de

Weitere Bücher finden Sie auf **www.hansebooks.com**

Die Kaiserlich Russische Armee

in

ihrem Bestande, ihrer Organisation, Ausrüstung und Stärke

im

Kriege und Frieden

am 1. Januar 1863.

Von

Brix,

Premierlieutenant im Königlich Preußischen Schlesischen Ulanenregiment Nr. 2.

Verlag von E. Bote's Buchhandlung

(G. Bock)

Berlin
Unter den Linden Nr. 27.

Posen
Wilhelms-Straße Nr. 21.

1863.

Inhalt.

I. Bestand, Organisation und Ausrüstung der Kaiserlich Russischen Armee.

A. Die regulairen Truppen.

B. Die irregulairen Truppen.

C. Die Militairlehranstalten.

II. Tableau

III. Berechnung

IV. Berechnung

I.

Bestand, Organisation und Ausrüstung

der

Kaiserlich Russischen Armee

am 1. Januar 1863.

A. Die regulairen Truppen.

1. Allgemeiner Bestand der activen Truppen.

Die activen Truppen bestehen aus dem Abgesonderten Gardecorps, dem Abgesonderten Grenadiercorps, der eigentlichen Armee, der Kaukasischen Armee, den in Finland dislocirten Truppen, dem Abgesonderten Orenburgschen Corps, dem Abgesonderten Sibirischen Corps und aus den Truppen in Ostsibirien.

a. Das Abgesonderte Gardecorps.

Dasselbe besteht aus 3 Infanterie-, 2 Cavalleriedivisionen, der Gardefuß- und der reitenden Gardeartillerie. Außerdem stehen beim Gardecorps noch einige Truppenkörper bleibend, während andere provisorisch für den Frieden zu demselben commandirt sind.

Die Infanteriedivisionen führen den Namen der 1., 2. und 3. Gardeinfanteriedivision und bestehen aus je 4 Infanterieregimentern und 1 Schützenbataillon. Außerdem steht bei der 1. Division noch das Leibgardesappeurbataillon, bei der 2. die Gardeequipage. Die Infanterieregimenter heißen Leibgarderegimenter mit Ausnahme von 2, die den Namen von Grenadierregimentern führen. Jene 10 bilden die sogenannten alten, diese 2 die jungen Garderegimenter. Außerdem hat jedes der 12 Gardeinfanterieregimenter noch den Namen einer Provinz oder eines Ortes; die 2 Grenadierregimenter führen endlich noch die Namen des Kaisers von Oesterreich und des Königs Friedrich Wilhelm III. Nummern führen dagegen sämmtliche Garderegimenter nicht. In Front bilden je 2 Regimenter eine Brigade ohne besonderen Stab. Die Schützenbataillone heißen, abgesehen von ihrer anderweitigen Bezeichnung, Leibgardeschützenbataillone.

Die Kavalleriedivisionen heißen 1. und 2. Gardecavalleriedivision. Davon besteht die erste aus 4 Regimentern Cuirassiere und aus den Kasakentruppen der Garde. Diese letzteren umfassen im Kriege 2 Regimenter Donscher, 1 Division Uralscher Leibgardekasaken und 1 Escadron Krimscher Tataren der Leibgarde; im Frieden sind davon je 1 Division von den beiden Donschen Regimentern, 1 Escadron der Uralschen Division und ½ Escadron Tataren im Dienst, die sich mit den übrigen auf Urlaub befindlichen Theilen dieser Truppen nach gewissen Zeiträumen abwechseln; es bilden dann alle diese irregulairen Truppen in der Front 1 combinirtes Gardekasakenregiment.

Die 2. Gardecavalleriedivision besteht aus 1 Regiment reitender Grenadiere, 1 Regiment Dragoner, 2 Regimentern Ulanen und 2 Regimentern Husaren. Alle Gardecavallerieregimenter heißen, abgesehen von ihrer sonstigen speciellen Bezeichnung nach Waffen, Chefs ꝛc. Leibgarderegimenter. Von ihnen werden 1 Cuirassier- (das Leibgardecuirassierregiment Ihrer Majestät) und 1 Kasakenregiment (das Leibgardeatamanenregiment S. Kais. Hoh. des Thronfolgers Zesarewitsch) sowie die Uralsche Division zur jungen, alle übrigen Truppen zur alten Garde gerechnet.

Auch bei der Cavallerie bilden 2 Regimenter in Front eine Brigade.

Die Gardefußartillerie besteht aus 3 Brigaden à 2 schwere und 1 gezogene leichte Batterie. Von den Brigaden heißen die 2 ersten resp. 1. und 2. Gardefußartilleriebrigade, die 3. aber 3. Garde- und Grenadierartilleriebrigade. Die Batterien der 2 ersten und die erste schwere Batterie der 3. Brigade heißen Leibgardebatterien und gehören zur alten Garde, die beiden andern Batterien der letzteren haben diese Bezeichnung nicht und werden zur jungen Garde gezählt. Außerdem nummeriren, ohne Rücksicht auf diese Eintheilung alle schweren Batterien von 1—6, die gezogenen leichten von 1—3.

Die reitende Gardeartillerie besteht aus 1 schweren, 1 gezogenen leichten, 2 erleichterten und 1 Donschen Leibgardebatterie, sämmtlich zur alten Garde gehörig. Von der letzteren ist im Frieden nur 1 Division im Dienst und befindet sich bei ihr eine Musterdivision, gebildet aus Commandos des Kubanschen, Terekschen, Astrachanschen, Orenburgschen und Sibirischen Kasakencorps. Von den reitenden Batterien nummeriren die leichte und die 2 erleichterten in dieser Reihenfolge von 1—3, die übrigen haben keine Nummer.

Beim Abgesonderten Gardecorps stehen noch, außer den bisher genannten Truppen: 1 Garnisonsbataillon, 1 Finnisches Schützenbataillon, ½ Escadron Gensdarmen der Leibgarde, 1 mobiler Gardepark, der im Frieden zur Ausbildung von Avancirten für die Grenadier- und Armeeparks dient, im Kriege den Cadre für 3 mobile und 1 fliegenden Park des Gardecorps zu bilden hat, die Gardetrainbrigade und die Gardebereiterschule.

Zum Abgesonderten Gardecorps sind commandirt: 1 Sappeurbataillon des Grenadiercorps, ½ Bataillon

Finländischer Sappeure und die Mustertruppen, bestehend aus 1 Bataillon Infanterie, 1 Escadron Cavallerie, 1 Fuß- und 1 reitenden Batterie und der schon oben erwähnten Kasakendivision Artillerie.

Anmerkungen. 1. Die gesammte Gardeartillerie und alle, zu dem Abgesonderten Gardecorps commandirten Artillerieabtheilungen unterstehen in allen Beziehungen dem Chef der Artillerie des Abgesonderten Gardecorps; im Kriege und während der Zusammenziehungen im Lager werden die Fußartilleriebrigaden den entsprechenden Infanterie-, die reitenden Batterien den Cavalleriedivisionen zugetheilt, und stehen sie dann, hinsichtlich des taktischen Frontdienstes unter den betreffenden Divisionscommandeuren.

2. Das Garde- und das Grenadiersappeurbataillon und das Finländische Sappeurhalbbataillon stehen rücksichtlich der technischen Ingenieurverhältnisse und der innern Verwaltung, die beiden letzten Truppentheile überhaupt in allen Beziehungen unter dem Chef der Ingenieure des Abgesonderten Gardecorps. Alle 3 genannten Truppentheile bilden eine combinirte Sappeurbrigade.

3. Die Gardeequipage steht in Bezug auf den infanteristischen Theil ihrer Ausbildung im Frontdienst und die sich darauf beziehende oeconomische Verwaltung, wenn sie nicht auf See ist, zur Verfügung des Stabschefs des Abgesonderten Gardecorps, in allen übrigen Beziehungen hat aber das Marineministerium die volle Disposition über sie.

4. Die Leibgardegensdarmenhalbescadron steht zur Verfügung des Stabes des Abgesonderten Gardecorps und außerdem hinsichtlich der innern Verwaltung unter dem Chef des Gensdarmencorps.

5. Die Gardetrainbrigade ist an die Regimenter, Batterien und abgesonderten Bataillone des Corps in einzelnen Commandos vertheilt, die vollständig den Chefs der bezeichneten Abtheilungen untergeben sind. Der Commandeur der Gardetrainbrigade, der gleichzeitig Oberwagenmeister des Abgesonderten Gardecorps ist, steht mit dem, beim Corpsstabe befindlichen Commando zur Verfügung dieses Stabes. In Bezug auf den äußern Dienst hat er die ordnungsmäßige Geschäftsführung bei allen Trainchargen zu überwachen und in seiner Eigenschaft als Oberwagenmeister zugleich im Kriege wie im Frieden auf Ordnung beim Gepäck und in der Wagenburg zu sehen.

6. Von den Mustertruppen sind das Infanteriebataillon und die Cavallerieescadron in allen Beziehungen dem Chef des Stabes des Abgesonderten Gardecorps untergeben. Von den Batterien gilt das in der Anmerkung 1 Gesagte.

7. Alle Kasakentruppen der 1. Gardecavalleriedivision stehen für die Zeit, daß sie sich bei dieser befinden, in Hinsicht des Frontdienstes und der sich darauf beziehenden oeconomischen Verwaltung unter dem Commandeur dieser Division, in allen übrigen Beziehungen aber unter der Verwaltung der irregulairen Corps und ihrer Localbehörden.

8. Die Gardebereiterschule steht unter der obern Leitung des Commandeurs des Abgesonderten Gardecorps

b. Das Abgesonderte Grenadiercorps.

Dieses Corps besteht aus 3 Infanterie-, 1 Cavallerie-, 1 Artilleriedivision und 1 Sappeurbataillon.

Die Infanteriedivisionen heißen Grenadierdivisionen und nummeriren von 1—3. Eine jede derselben besteht aus 4 Infanterieregimentern, die in Front 2 Brigaden bilden und 1 Schützenbataillon. Jene haben, abgesehen von ihrer besondern Benennung nach Provinzen und Chefs eine fortlaufende Nr. von 1—12 und heißen Grenadierregimenter, diese, Grenadierschützenbataillone genannt, führen die Nr. 1—3.

Die Cavalleriedivision des Grenadiercorps führt die Nr. 7 und besteht aus 2 Dragoner-, 2 Ulanen- und 2 Husarenregimentern, die waffenweise nominell 3 Brigaden ohne eigenen Verwaltungsetat bilden. Die Cavallerieregimenter des Grenadiercorps führen analog der Division in Fortsetzung der Nummern der entsprechenden Armeeregimenter waffenweise die Nr. 13 und 14, und außerdem hat jedes noch den Namen einer Provinz oder Stadt und einen Chef, dessen Namen es ebenfalls führt.

Die Artilleriedivision, Grenadierartilleriedivision genannt, besteht aus 3 Fuß-, 1 reitenden und 1 Parkbrigade. Die ersteren führen die Nr. 1—3 und bestehen aus je 3 Batterien und zwar die 1. aus 2 schweren und 1 erleichterten, die 2. und 3. aus je 2 schweren und 1 gezogenen leichten. Davon nummeriren die schweren für sich von 1—6, die erleichterte und die gezogenen leichten von 1—3. Die reitende Artilleriebrigade führt analog der Cavalleriedivision die Nr. 7 und besteht aus 2 Batterien, 1 schweren und 1 erleichterten, die ebenso die Nr. 13 und 14 führen. Die Parkbrigade hat keine Nummer, sondern heißt einfach Grenadierparkartilleriebrigade. Dieselbe besteht aus 3 mobilen und 1 fliegenden Grenadierpark, von denen jene die Nr. 1—3 führen, dieser einer solchen entbehrt. Von den mobilen Parks ist im Frieden der letzte (Nr. 3) nicht vorhanden.

Das Sappeurbataillon hat den Namen des Grenadiersappeurbataillons und ist im Frieden zum Abgesonderten Gardecorps abcommandirt.

Außerdem befindet sich beim Corps noch 1 Commando Gensdarmen und 1 Trainbrigade. Die letztere, die Nr. 7 führend, ist nach der Zahl der Divisionen in Bataillone getheilt, hat aber keinerlei feste Organisation als solche, vielmehr besteht sie aus den Noncombattantencompagnien der Infanterie- und Cavallerieregimenter und aus den Noncombattantensectionen der Schützenbataillone, des Sappeurbataillons und der Artilleriebatterien. Diese Abtheilungen bleiben beständig bei ihren Truppentheilen und bilden nur nominell in jeder Division 1 Bataillon, im Corps eine Brigade.

c. Die eigentliche Armee.

Unter der Bezeichnung der eigentlichen Armee hat man alle die activen Truppen zu verstehen, die nach Abrechnung der schon genannten 2 Elitencorps der Garde und der Grenadiere, und der in der Folge bezeichneten, für ganz bestimmte locale Zwecke bestehenden, für active Operationen im Felde disponibel sind. Diese Truppen bestanden früher im Frieden aus 6 Armeecorps von gleicher Organisation, an denen die 3 ersten die so genannte 1. Armee bildeten, während sie neuerdings in 4 Militairkreise und 2 Reservecorps eingetheilt sind. Da die ganzen Reserveeinrichtungen auf der früheren Eintheilung in 6 Armeecorps basirt sind, so scheint ein Rückblick auf dieselbe um so nöthiger, als man wohl annehmen kann, daß sie im Kriege auch für die activen Truppen die normale Eintheilung bilden werden, da dann die taktisch-militairischen Rücksichten überwiegen, während bei der neuen Organisation mehr die administrativ-localen berücksichtigt erscheinen.

Nach der früheren Eintheilung, die wie gesagt für die Betrachtung der Kriegsorganisation der Russischen Armee vorläufig noch als bestehend vorauszusetzen ist, zerfielen die 6 Armeecorps analog dem Grenadiercorps in je 3 Infanterie-, 1 Cavallerie-, 1 Artilleriedivision und 1 Sappeurbataillon.

Die Infanteriedivisionen nummeriren, durch alle Corps fortlaufend, von 1—18 und bestehen aus 4 Infanterieregimentern, die in Front 2 Brigaden bilden und 1 Schützenbataillon. Die ersteren heißen Infanterieregimenter und führen ebenso eine fortlaufende Nr. von 1—72. Außerdem hat jedes Infanterieregiment noch einen Localnamen und einige haben noch einen besonderen Chef, dessen Namen sie tragen. Die Schützenbataillone nummeriren von 1—18, analog den Infanteriedivisionen, zu denen sie gehören.

Die Cavalleriedivisionen führen, entsprechend den Corps, bei denen sie standen, die Nr. 1—6 und bestehen analog der 7. beim Grenadiercorps aus je 2 Dragoner-, 2 Ulanen- und 2 Husarenregimentern, die für sich von 1—12 nummeriren.

Die Artilleriedivisionen haben ebenso die Nr. 1—6 und bestehen aus je 3 Fuß-, 1 reitenden und 1 Parkbrigade. Die Artilleriebrigaden führen die Nr. der entsprechenden Infanterie- und Cavalleriedivisionen, also bei der Fußartillerie die Nr. 1—18, bei der reitenden die Nr. 1—6. Die Parkbrigaden haben die Nr. der Artilleriedivision, zu der sie gehören. Jede Fußartilleriebrigade besteht aus 4 Batterien: 2 schweren, 1 leichten und 1 erleichterten. Von den schweren ist 1 bei der 15. Brigade der 5. Artilleriedivision, von den leichten sind die der 1., 2., 3. und 5. Artilleriedivision gezogene. Die Batterien nummeriren in jeder Division für sich, und zwar die schweren von 1—6, die leichten und erleichterten ebenfalls von 1—6. Die reitenden Artilleriebrigaden bestehen aus je 2 Batterien, 1 schweren und 1 erleichterten, die eine fortlaufende Nr. von 1—12 führen. Jede Parkbrigade besteht wie bei der Grenadierartilleriedivision aus 3 mobilen und 1 fliegenden Park. Die ersteren nummeriren von 1—18, die letzteren haben die Nr. der betreffenden Parkbrigade. Im Frieden ist von den mobilen Parks jeder Division 1 aufgelöst und zwar sind es die der Nr. 3, 6, 9, 12, 15, 18.

Die Sappeurbataillone führen die Nr. ihrer Corps. Behufs einer einheitlichen technischen Leitung sind sie im Frieden in 2 Sappeurbrigaden zusammengezogen, von denen die 1. aus den Sappeurbataillonen Nr. 1, 2 und 3; die 2. aus den Bataillonen Nr. 4, 5 und 6 besteht. Die Sappeurbataillone der 1. Brigade unterstanden dem Chef der Ingenieure der 1. Armee und alle 6 einem besondern Inspecteur der Sappeurbataillone. Die höchste technische Instanz für sie bildet die Hauptingenieurverwaltung (früher die Verwaltung des Generalinspecteurs des Ingenieurwesens). Bei jeder Sappeurbrigade befinden sich die 3 Pontonparks der entsprechenden Nr., also bei der 1. die Pontonparks Nr. 1, 2, 3; bei der 2. die Parks Nr. 4, 5, 6. Im Kriege sind die Sappeurbataillone und Pontonparks nach Bedarf mit den Armeecorps vereinigt.

Außerdem befanden sich bei jedem Corps noch 1 Commando Gensdarmen und 1 Trainbrigade. Von der letzteren gilt das beim Grenadiercorps Gesagte.

Diese Eintheilung besteht wie gesagt jetzt, wenigstens für den Frieden, in dieser Ausdehnung nicht mehr, vielmehr sind die Truppen der ehemaligen 6 Armeecorps jetzt in 4 Militairkreisen und 2 Reservecorps organisirt. Es ist dies der Anfang zur Ausführung einer Maaßregel, deren Zweck es ist, die bisherige ganze Einrichtung der obern Militairverwaltung in Rußland zu ändern. So wenig es in dem Plan dieser Arbeit und den ihr danach gesteckten Grenzen liegen kann, das Detail dieser neuen Einrichtung zu geben, so erscheint es doch nöthig, wenigstens die Hauptgrundsätze derselben anzugeben, da ohne dieselbe die neue Organisation nicht ganz verständlich erscheint. Es kann dabei nicht vermieden werden, Verhältnisse zu besprechen, die eigentlich in diese Abtheilung nicht gehören; doch liegt dies in der Natur der Sache, da eben die vorliegende Maaßregel eine Umgestaltung der obersten Militairverwaltung der gesammten Armee betrifft.

Die bisher in Rußland geltende Art der obersten Militairverwaltung hatte hauptsächlich 2 Punkte zur Basis, nämlich:

1) das Voranstellen der Rücksichten auf das taktische Commando bis in die höchst möglichen taktischen Einheiten der Armeecorps und Armeen und
2) die strengste Centralisation der gesammten Militairverwaltung in einer obersten Verwaltungsbehörde, dem Kriegsministerium.

Die Mängel dieses Systems lagen hauptsächlich darin, daß durch dasselbe eine unmittelbare und beständige locale Administrativaufsicht nicht erreicht wurde und daß doch der Geschäftskreis des Kriegsministeriums in einer Weise ausgedehnt wurde, die jede Uebersicht unmöglich machte. Es mag in letzterer Hinsicht die Bemerkung genügen, daß im Jahre 1858 die Zahl der bei dieser Behörde einlaufenden und der von ihr ausgehenden Piecen über 746000 betrug.

Dem gegenüber soll in der Oberverwaltung nunmehr das Local- oder Territorialsystem eingeführt werden, dessen Character in folgenden Hauptpunkten liegt. Das gesammte Reich wird ausschließlich in militairischer Hinsicht in eine bestimmte Anzahl großer Militairkreise oder Territorien eingetheilt. Jedes derselben umfaßt eine gewisse Anzahl von Gouvernements, Provinzen oder Landestheilen von einem gleichartigen Character, die man Landstriche (kraï) nennt. Die Zahl der Militairkreise ist definitiv noch nicht festgestellt, vorläufig aber auf 15 normirt, die der zu jedem gehörigen Gouvernements etc. ist nach politischen, strategischen, administrativen und oeconomischen Rücksichten verschieden bemessen. Jeder Militairkreis erhält eine Hauptkreisverwaltung und werden derselben alle activen, Reserve- und Localtruppen und alle Militairverwaltungen, Behörden, Etablissements etc. in seinem Rayon untergeben. Diese Hauptkreisverwaltungen bilden die nächsten Organe des Kriegsministeriums und stehen zu ihrem Territorium in demselben Verhältniß, wie das Kriegsministerium zur gesammten Armee, so zwar, daß dieses nur für die allgemeinen Armeeangelegenheiten die Leitung behält, während für die speciellen jedes Kreises oder Territoriums die Hauptverwaltung desselben die selbstständige Leitung hat. Diese Hauptkreisverwaltungen haben demnach sowohl die allgemeine taktische Befehlführung oder das Truppencommando, als auch die administrative Verwaltung unter sich. Für jene hat der Hauptkreischef einen besondern Stab; diese werden in höchster Instanz von einem Rath der Hauptkreisverwaltung, analog dem Militairrath des Kriegsministeriums geleitet. Entsprechend den Departements desselben, haben die Hauptkreisverwaltungen folgende Behörden unter sich: die Kreisintendanturen für die Proviant- und Commissariatsangelegenheiten, die Kreisartillerieverwaltungen für sämmtliche Artillerieangelegenheiten mit Ausnahme einiger speciell-technischen, die wahrscheinlich im ganzen Reich einer gemeinsamen Specialverwaltung untergeben werden sollen, wozu namentlich die auf die Pulver- und Waffenfabriken, die Arsenale ꝛc. bezüglichen, gehören dürften, die Kreisingenieurverwaltungen ebenso für die Ingenieurangelegenheiten, und die Kreismedicinal- und Hospitalverwaltungen. Außerdem dürfte noch jeder Hauptkreisverwaltung eine Militairgerichtsverwaltung untergeben und auch das Militairunterrichtswesen mit Ausnahme der Specialschulen derselben unterstellt werden.

Mit Einführung des Territorialsystems würden die früher bestandenen Armee- und Corpsstäbe der activen Truppen, die Verwaltungen des Chefs der Reserven der Armeeinfanterie, des Abgesonderten Corps der Innern Wache und der Kreisverwaltungen desselben, der Artillerie- und Ingenieurkreisverwaltungen und die Commissariats- und Proviantbehörden in ihrem jetzigen Bestande eingehen. Dagegen würde die höchste taktische Truppeneinheit bei der Infanterie und Cavallerie die Division, bei der Artillerie die Brigade zu bilden haben. Ebenso würden die localen Truppen in jedem Militairkreis oder Territorium einem besondern General als Inspecteur mit den Rechten eines Divisionschefs untergeben werden, und in jedem Gouvernement oder jeder Provinz unmittelbar unter dem Militairchef des Gouvernements stehen.

Nach den bisherigen, übrigens noch nicht als definitiv anzusehenden Feststellungen würde die Territorialeintheilung Rußlands in folgender Weise geschehen:

Militairkreise.	Stabsquartier.	Gouvernements.	Ausdehnung der Kreise in geograph. Quadr.-Meil.	Zahl der Bevölkerung beiderlei Geschl. in denselben.
1. Finländischer.	Helsingfors.	Finland.	6873	1650000
2. St. Petersburgscher.	St. Petersburg.	St. Petersburg. Olonez. Nowgorod.	5396	2345500
3. Baltischer.	Riga.	Lifland. Estland. Kurland. Witebsk. Pskow.	3312	3242400
4. Nordwestlicher.	Wilno.	Kowno. Wilno. Grodno. Minsk. Mogilew.	4725	4617500
5. Westlicher.	Warschau.	Königreich Polen.	2320	4770000
6. Südwestlicher.	Kiew.	Kiew. Wolynien. Podolien.	2968	5221000
7. Südlicher.	Odessa.	Bessarabien. Cherson. Taurien. Ekaterinoslaw.	4549	3672000
8. Moskauscher.	Moskau.	Jaroslaw. Twer. Wladimir. Moskau. Smolensk. Kaluga. Tula. Rjäsan.	6252	9985400
9. Charkowscher.	Charkow.	Orel. Tschernigow. Kursk. Woronesh. Charkow. Poltawa.	5770	10145500
10. Oberer Wolgascher.	Kasan.	Perm. Wjätka. Kostroma. Nishgorod. Kasan.	12145	8049000
11. Niederer Wolgascher.	Ssaratow.	Ssimbirsk. Ssamara. Ssaratow. Pensa. Tambow.	7324	7406000
12. Kaukasischer.	Tiflis.	Kaukasien.	6486	3800000
13. Orenburgscher.	Orenburg.	Das Land Orenburg.	27437	4100000
14. West-Sibirischer.	Omsk.	West-Sibirien.	83000	8000000
15. Ost-Sibirischer.	Irkutsk.	Ost-Sibirien.	177000	1200000

Aus dem Lande des Donschen Corps wird wahrscheinlich unter vorläufiger Belassung desselben in seinem gegenwärtigen Zustande ein besonderer Kreis gebildet.

Die Gouvernements Archangel, Wologda und Astrachan sollen wegen ihrer Entfernung und der geringen Zahl der, in ihnen befindlichen Truppen und Militairbehörden besondern Gouvernements-Militairchefs untergeben werden, ohne sie in den Bestand der Militairkreise einzuschließen.

Dem Gesagten entsprechend sind von den früheren 6 Armeecorps bis jetzt 4 Militairkreise formirt und zwar aus dem 1., 2. und 3. oder der ehemaligen 1. Armee der Warschausche, Wilnasche und Kiewsche, die zusammen unter den Statthalter des Kaisers in Polen und die Verwaltung der Truppen im Königreich Polen gestellt sind; und aus dem früheren 5. Armeecorps der Odessasche Militairkreis. Dagegen sind das ehemalige 4. und 6. Armeecorps in unverändertem Bestande resp. zum 1. und 2. Reservecorps umbenannt, woraus gleichzeitig hervorzugehen scheint, daß eine weitere Einführung des Territorialsystems vorläufig nicht beabsichtigt wird. Uebrigens ist dasselbe auch bei den bereits formirten Militairkreisen nur in beschränktem Maaße durchgeführt, da denselben in der Hauptsache vorläufig nur die activen Feldtruppen zugetheilt, die Reserve- und Localtruppen aber in ihren alten Verhältnissen belassen sind.

Im Specielleren ist die neue Eintheilung der Armee folgende:

Verwaltung der Truppen im Königreich Polen.

Warschausche Militairkreis.

Zu demselben gehören 5 Infanteriedivisionen, 1 Cavalleriedivision, 5 Fuß-, 1 reitende und 3 Parkartilleriebrigaden.

Die Infanteriedivisionen sind die 2., 4., 5., 6. und 7. Davon bestehen die 4., 5. und 7. aus je 4 Infanterieregimentern und 1 Schützenbataillon, von der 2. ist 1 Infanterieregiment zur 3. Division commandirt, dagegen der 6. 1 Infanterieregiment und 1 Schützenbataillon von der 3. zucommandirt, so daß jene gegenwärtig aus 3 Infanterieregimentern und 1 Schützenbataillon, diese aus 5 Infanterieregimentern und 2 Schützenbataillonen besteht.

Die Cavallerie dieses Kreises besteht aus der Husarenbrigade der 1. und aus der 2. Cavalleriedivision mit Ausnahme der Husarenbrigade derselben.

Die Artillerie besteht aus der 2. Artilleriedivision mit Ausnahme der erleichterten reitenden Batterie; dagegen sind derselben noch die 2. und 7. Fußbrigade, die erleichterte reitende Batterie der 1. reitenden und die 1. und 3. Parkartilleriebrigade zugetheilt.

Außerdem stehen beim Kreise noch 1 Trainbrigade.

Wilnascher Militairkreis.

Die Truppen desselben bestehen aus 2 Infanteriedivisionen, 1 Cavallerie- und 1 Artilleriedivision.

Die Infanteriedivisionen sind die 1. und 3., von denen jene in ihrem vollen Bestande von 4 Infanterieregimentern und 1 Schützenbataillon ist, während von dieser 1 Infanterieregiment und das Schützenbataillon zur 6. Division, dagegen aber 1 Infanterieregiment von der 2. zu ihr commandirt ist, so daß die 3. Infanteriedivision demnach momentan aus 4 Infanterieregimentern besteht.

Die Cavalleriedivision ist die 1., doch ist von ihr die Husarenbrigade zum Warschauschen Militairkreis abgetheilt; sie besteht demnach aus 2 Dragoner- und 2 Ulanenregimentern und den 12 Reserveescadrons aller 6, eigentlich zu ihr gehörenden Regimenter.

Die Artilleriedivision ist die 1. und besteht nach Abcommandirung der 2. Fußbrigade, der erleichterten reitenden Batterie und der 1. Parkbrigade, nur noch aus 2 Fuß- und 1 reitenden Brigade, von denen die letztere nur 1 schwere Batterie unter sich hat.

Außerdem stehen beim Kreise 1 Trainbrigade und 1 Commando Gensdarmen.

Kiewscher Militairkreis.

Zu demselben gehören 2 Infanteriedivisionen, die 8. und 9.; 1 Cavalleriedivision, die 3., bestehend aus 4 Brigaden: 1 Dragoner-, 1 Ulanen-, 1 Husarenbrigade à 2 Regimentern und 1 Reservebrigade von 12 Reserveescadrons dieser Regimenter; die 1. Artilleriedivision, zu 2 Fuß- (8. und 9.) und 1 reitende Artilleriebrigade; 1 Trainbrigade und 1 Commando Gensdarmen. Außerdem gehören zu den Truppen dieses Kreises noch die Husaren- und die Reservebrigade der 2. Cavalleriedivision, 1 erleichterte reitende Batterie der 2. reitenden und die 4. Parkartilleriebrigade.

Außer den bisher genannten Truppen stehen unter der Verwaltung der Truppen im Königreich Polen noch: der ehemalige westliche Festungsartillerie- und der westliche Ingenieurkreis mit der 1. Sappeurbrigade, der 10. Kreis der Innern Wache, 1 Escadron Gensdarmen und der 3. Kreis des Gensdarmencorps, sowie endlich die zum abwechselnden Dienst nach dem Königreich Polen commandirten Donschen Kasakenregimenter und sonstigen irregulairen Truppen.

Dagegen sind ausdrücklich der Verwaltung der Kreise alle übrigen dort stehenden Truppen entzogen, wie die in dem Wilnaschen und Kiewschen befindlichen Theile der Reserveinfanterie, der Reserve- und Festungsartillerie, der Innern Wache, der Gensdarmen und Ingenieure, die vorläufig unter der Verwaltung der Chefs belassen sind, denen sie bis dahin unterstanden.

Odessascher Militairkreis.

Derselbe umfaßt die Truppen des ehemaligen 5. Armeecorps in ihrem vollen Bestande, also 3 Infanteriedivisionen (die 13., 14., 15.), 1 Cavallerie- (die 5.), 1 Artilleriedivision (die 5.), 1 Trainbrigade und 1 Commando Gensdarmen. Außerdem sind ihm noch von dem ehemaligen combinirten Cavaleriecorps, das bei seiner Bildung aufgelöst ist, die reitende Reserveartilleriebrigade (früher Division) von 4 Batterien, ½ Escadron Gensdarmen und die Elisawetgradsche Cavaleriesschule untergeben, sowie seiner Verwaltung endlich noch das Nowrussische und das Asowsche Kasakencorps und überhaupt alle in seinem Rayon befindlichen Truppen unterstellt sind. Dagegen bleiben auch hier alle Ingenieur-, Reserve- und localen Truppen der Kreisverwaltung in alter Art entzogen

Die 2 Reservecorps.

Dieselben sind einfach durch Umbenennung des früheren 4. und 6. Armeecorps zum 1. und 2. Reservecorps gebildet und gilt daher Alles, was, über jene vorher gesagt ist, in völlig unveränderter Weise von ihnen.

d. Die Kaukasische Armee.

Die Kaukasische Armee wird aus allen, am Kaukasus befindlichen Truppen gebildet; sie ist nicht in Corps, sondern der militairischen Eintheilung des Landes in 5 Provinzen entsprechend, in 5 Abtheilungen eingetheilt. Zum Bestande derselben gehören an activen regulairen Truppen 1 Grenadier-, 3 Infanteriedivisionen, 37 Linienbataillone, 4 Dragonerregimenter, 4 Fußartilleriebrigaden, 2 Sappeurbataillone, 1 Trainbrigade und 2 mobile Ersatzparks.

Die Grenadierdivision hat den Namen der Kaukasischen und besteht aus 4 Regimentern und 1 Schützenbataillon. Davon haben jene sämmtlich einen localen und einen Chefnamen und außerdem in Fortsetzung der Nummerirung der Grenadierregimenter des Abgesonderten Grenadiercorps die Nr. 13—16; das Schützenbataillon hat keine Nr., sondern heißt Kaukasisches Grenadierschützenbataillon.

Die Infanteriedivisionen bestehen ebenfalls aus je 4 Infanterieregimentern und 1 Schützenbataillon. Abgesehen von der besondern Bezeichnung der Regimenter nach Provinzen und Chefs haben sie sämmtlich eine der Armee analoge Nummerirung, d. h. die Divisionen und Schützenbataillone von 19—21, die Infanterieregimenter von 73—84.

Die Linienbataillone heißen Kaukasische und führen eine Nr. von 1—37. Der Territorialeintheilung des Landes entsprechend sind sie in 5 Inspectionen von ungleicher Stärke (1 zu 5, 1 zu 6, 1 zu 8 und 2 zu 9 Bataillonen) eingetheilt.

Die Dragonerregimenter bilden normalmäßig keine Division, sondern sind zu je 1 den 4 Divisionen zugetheilt. Sie haben sämmtlich einen localen und einen Chefnamen und führen außerdem in Fortsetzung der Armeeregimenter dieser Waffe die Nr. 15—18. Augenblicklich sind indessen alle 4 Dragonerregimenter mit ihren Reserveescadrons zu einer Kaukasischen combinirten Dragonerdivision zusammengezogen, die in der Kubanschen Provinz steht.

Die Artilleriebrigaden haben eine, den Infanteriedivisionen analoge Bezeichnung, als Kaukasische Grenadierartilleriebrigade Sr. Kais. Hoh. des Großfürsten Michailo Nikolaewitsch, resp. 19., 20. und 21. Artilleriebrigade. Eine jede besteht aus 4 Batterien und zwar jene aus 2 schweren, 1 erleichterten und 1 leichten, diese aus je 1 schweren, 2 erleichterten und 1 leichten. Außerdem hat jede Brigade noch 1 fliegenden Park. Die Batterien nummeriren wie in der Armee, also die schweren von 1—5, die erleichterten und leichten von 1—11. Die fliegenden Parks haben keine Nummer. Die 19. Artilleriebrigade hat noch von der früheren Organisation der Kaukasischen Artillerie her 1 Gebirgsbatterie, deren Auflösung, obgleich damals (am 26. November 1860) angeordnet, doch bisher noch nicht erfolgt ist.

Diese Truppen sind normalmäßig der Art vertheilt, daß in jeder der 3 Provinzen Kaukasiens (der Kubanschen, Terekschen und Dagestanschen), und in Transkaukasien je 1 Infanteriedivision, 1 Dragonerregiment, 1 Artilleriebrigade und 1 Inspection der Linienbataillone stehen, während die 5. Inspection der letzteren im Generalgouvernement Kutais dislocirt ist.

Die Sappeurbataillone haben den Namen der Kaukasischen und die Nr. 1 und 2. Das 1. führt noch den Namen seines Chefs des Großfürsten Nikolaj Nikolaewitsch des Aelteren. Die mobilen Ersatzparks haben nur eine Nummer (1 und 2).

Außer den genannten activen regulairen Truppen gehören noch zur Kaukasischen Armee: die Kaukasische Reservedivision und überhaupt sämmtliche Reserve-, localen und irregulairen Truppen, die dauernd oder provisorisch in Kaukasien befindlich sind und von denen in der Folge näher gesprochen werden wird.

e. Die Truppen in Finland.

Dieselben bestehen im Frieden aus 1 Infanteriedivision, 2 Batterien und ½ Bataillon Sappeure; im Kriege kommen dazu noch 9 angesiedelte Schützenbataillone und wird dann der Bestand des ½ Sappeurbataillons auf ein ganzes erhöht.

Die Infanteriedivision führt die Nr. 22 und besteht aus 10 Linienbataillonen, die den Namen der Finländischen und eine fortlaufende Nr. von 1—10 führen.

Die 2 Batterien haben ebenfalls den Namen der Finländischen und die Nr. 1 und 2.

Das Sappeurbataillon heißt auch das Finländische.

Die angesiedelten Schützenbataillone führen den Namen der Finnischen und eine Nr. von 1—9; überdieß haben sie noch den Namen des Ortes, wo sie von den Landbewohnern nach alter Schwedischer Art aufgestellt werden sollen.

Außer diesen Truppen stehen noch unter der Verwaltung des Großfürstenthums Finland alle daselbst stationirten localen Truppen, sowie das zum abwechselnden Dienst dahin commandirte Donsche Kasakenregiment.

f. Das Abgesonderte Orenburgsche Corps.

Dasselbe besteht an regulairen Feldtruppen aus 11 Orenburgschen Linienbataillonen Nr. 1—11, von denen 2 (Nr. 1 u. 5) in je 2 Halbbataillone getheilt sind. Davon unterstehen das Bataillon Nr. 4 und das 2. Halbbataillon

Nr. 5 dem Commandeur der Ssir-Darjinschen Linie, die 3 Bataillone Nr. 7, 8, 9 dem Oberchef der Bergfabriken des Ural; die übrigen 6½ Bataillone bilden die 23. Infanteriedivision; doch ist zu bemerken, daß die 2 Nr. 10 und 11 den Dienst der innern Wache versehen.

Außerdem unterstehen der Corpsverwaltung die, im Orenburgschen Lande stehenden localen und irregulairen Truppen.

g. Das Abgesonderte Sibirische Corps.

Die regulairen Truppen desselben bestehen zunächst aus 12 Linienbataillonen und 1 Fußbatterie, die den Namen der Sibirischen haben. Von den ersteren, die außerdem noch mit einer Nr. von 1—12 bezeichnet sind, versehen 2 (Nr. 1 und 11) den Dienst der Innern Wache, die 10 andern sind in der Art vertheilt, daß 4 Bataillone dem Militairgouverneur der Provinz der Sibirischen Kirgisen, 5 dem Militairgouverneur der Ssemipalatinskischen Provinz untergeben sind und 1 der Verwaltung des Oberchefs der Altaischen Bergfabriken untersteht.

Die übrigen, im westlichen Sibirien befindlichen localen und irregulairen Truppen unterstehen ebenfalls der Corpsverwaltung des Abgesonderten Sibirischen Corps.

h. Die Truppen in Ostsibirien.

Mit Ausnahme der dort befindlichen irregulairen Truppen gehören zum Bestande dieser Abtheilung 6 Bataillone Infanterie, 1 Brigade Artillerie und 1 mobiler Halbpark.

Die Bataillone haben den Namen der Linienbataillone von Ostsibirien und die Nr. 1—6, und stehen unter der unmittelbaren Leitung der Militairgouverneure der Transbaikalschen, der Amurschen und der Küstenprovinz.

Die Artilleriebrigade hat den Namen der Transbaikalschen Linienartilleriebrigade und besteht aus 2 Batterien: 1 schweren Nr. 1 und 1 leichten Nr. 2.

2. Bestand der Regimenter und Bataillone der Infanterie und Bildung ihrer Reserve- und Ersatztruppen.

a. Bestand der Regimenter und Bataillone.

Die Infanterieregimenter bestehen auf dem Friedensfuß bei dem Abgesonderten Garde- und dem Abgesonderten Grenadiercorps aus je 2 Bataillonen (dem 1. und 2.), bei der Armee aus 3 Bataillonen (dem 1., 2. und 3.), bei der Kaukasischen Armee in der 19. Infanteriedivision aus 5 Bataillonen (dem 1., 2., 3., 4. und 5.), in den 3 andern Divisionen aus je 4 Bataillonen (den 1., 2., 3. und 4.). Jedes Infanterieregiment der Armee hat noch ein 4., jedes Kaukasische ein 5. resp. 6. Reservebataillon. Diese Reservebataillone sind von ihren Regimentern abgetrennt und zu besondern Reservedivisionen zusammengezogen, von denen weiter unten im Speciellen gesprochen werden wird.

Jedes Bataillon besteht aus 5 Compagnien von denen die 5. den Namen der Schützencompagnie hat. Wenn dieselben sonach in organisatorischer und ebenso in administrativer Hinsicht völlig zu den betreffenden Bataillonen gehören und unter den Commandeuren derselben stehen, so werden sie doch bei allen Uebungen, wo größere Truppenmassen als ein Bataillon gemeinschaftlich auftreten und wo es sich nicht um Einübung der allerelementarsten Gegenstände handelt, also z. B. bei allen Paraden, Manövern, Exercitien mit gemischten Waffen ꝛc. in jedem Regiment provisorisch für die Dauer dieser Uebungen zu einem besondern Bataillon combinirt, das den Namen des Schützenbataillons des betreffenden Regiments erhält und also aus soviel Compagnien besteht, als das Regiment normalmäßig Bataillone enthält. Es besteht dann also ein Garde- oder Grenadierregiment aus 2 Bataillonen à 4 und 1 Schützenbataillon von 2 Compagnien, ein Armeeregiment aus 3 Bataillonen à 4 und 1 Schützenbaillon von 3 Compagnien, ein Kaukasisches Regiment aus 4 oder 5 Bataillonen à 4 und 1 Schützenbataillon von 4 resp. 5 Compagnien. Diese Eintheilung ist aber, wie ausdrücklich zu bemerken, überall nur eine provisorische, in der Art, wie man früher in fast allen Armeen auch die Grenadiercompagnien der Bataillone regimenterweise zu combinirten Grenadierbataillonen zusammenzuziehen pflegte. Indessen ist man doch im Kaukasus davon so weit abgewichen, daß man, um den in der Kubanschen Provinz befindlichen Truppen, die jetzt den Hauptkampf zur Unterwerfung von Tscherkessien zu führen haben, eine Verstärkung an guten Schützen zuzuwenden, ihnen eine Anzahl solcher combinirten Schützenbataillone zugetheilt hat, die aus den Schützencompagnien von Truppen der andern Provinzen zusammengezogen sind. Solcher Bataillone stehen dort gegenwärtig 10½. die theils aus den Grenadier- und Infanterieregimentern dieser Armee, theils aus Reserve- und Linienbataillonen derselben formirt sind, excl. der in dem Bestande der Regimentern jener Provinz befindlichen Schützencompagnien. Diese Maaßregel möchte sich vielleicht unter gegebenen Verhältnissen im Fall eines Krieges in größerem Maaßstabe wiederholen.

Die in dem Bestand der Regimenter befindlichen Compagnien führen, mit Ausnahme der Schützencompagnien eine fortlaufende Nr. durch dasselbe, also bei der Garde und den Grenadieren von 1—8, bei der Armee von 1—12, in der Kaukasischen Armee von 1—16 resp. 1—20. Die Schützencompagnien nummeriren in den Regimentern für sich, entsprechend den Bataillonen, zu denen sie gehören. Jedes Regiment hat außerdem noch 1 Noncombattantencompagnie, die aus den, bei demselbem befindlichen niedern Chargen der Noncombattanten besteht. Außerdem bestehen bei den Garderegimentern Invalidencommandos, bei den Kaukasischen, Invalidencompagnien.

Von den abgesonderten Bataillonen bestehen die Linienbataillone mit Ausnahme der Finländischen, für die besondere Schützencompagnien nicht angesetzt sind, und die Reservebataillone incl. 1 Schützencompagnie aus 5, die Schützen- und Sappeurbataillone aus je 4 Compagnien, mit Ausnahme der 2 Kaukasischen Sappeurbataillone, die noch je 1—5. Reservecompagnie haben. Die Compagnien dieser Bataillone nummeriren in jedem für sich von 1—4 resp. 5

mit Ausnahme der Reservebataillone, in denen die Compagnien die folgenden Nummern der activen führen. Die Orenburgschen Halbbataillone Nr. 1 und 5 bestehen aus je 2 Infanteriecompagnien und 1 Schützenzug, die Kaukasischen Reservebataillone bestehen nur im Kriege aus je 5 Compagnien, im Friedensstande aber sollen sie keine Schützencompagnien haben. Außerdem hat jedes Bataillon noch eine Section Noncombattanten, die der Garde haben noch Invalidencommandos, die Kaukasischen Schützen- und die Linienbataillone Nr. 14, 17 und 32 je 1 Invalidencompagnie, die Kaukasischen Linienbataillone Nr. 21 und 34 resp. das Bakusche und das Ssuchum-Kalesche Invalidencommando, sowie endlich von den Kaukasischen Sappeurbataillonen das 1. eine ½ Compagnie, das 2. eine Section Train.

Die etatsmäßige Zahl der Chargen in den Stäben, Regimentern und Bataillonen geht aus den nachstehenden 2 Tabellen hervor.

Persönlicher Bestand der Ober- und der Infanteriestäbe.

	Im Kriege.						Im Frieden.					
	Generale.	Stabs- und Oberoffiziere.	Spielleute.	Classenbeamte.	Noncombattanten.	Unteroffiziere.	Generale.	Stabs- und Oberoffiziere.	Spielleute.	Classenbeamte.	Noncombattanten.	Unteroffiziere.
Hauptstab Seiner Majestät des Kaisers	135	58	—	2	3	498	135	58	—	2	3	498
Stab des Abgesonderten Gardecorps	2	19	—	4	17	37	2	19	—	4	17	37
" einer Gardeinfanteriedivision[1]	2	5	1	2	12	15	2	5	—	2	8	15
Stab des Abgesonderten Grenadier-, der 2 Reserve- und der 6 Armeecorps	2	15	—	6	19	32	2	15	—	5	11	32
Verwaltung der Truppen im Königreich Polen	16	61	—	111	282	95	14	51	—	106	263	95
" des Wilnaschen oder Kiewschen Militairkreises	2	17	—	31	64	37	2	17	—	31	64	37
" " Odessaschen Militairkreises	2	21	—	7	35	46	2	21	—	7	35	45
Stab einer Grenadier- oder Infanteriedivision	2	5	1	3	13	17	2	5		2	9	17
" der Kaukasischen Armee	17	227	—	460	882	—	17	227		460	882	—
Verwalt. des Command. der Truppen in der Kubanschen Provinz	6	44	—	38	107	—	6	41	—	33	107	—
" " " " " " Terekschen "	9	75	—	194	160	—	9	75	—	191	160	—
" " " " " " Dagestanschen "	5	43	—	42	90	—	5	43	—	42	90	—
" der Kaukasischen Grenadierdivision	2	5	1	4	14	17	2	5		4	11	17
" des Inspecteurs der Linienbat. in Transkaukasien[2]	1	2	—	1	8	8	1	2	—	1	8	8
" " Generalgouverneurs von Kutais	2	23	—	17	45	—	2	23	—	17	45	—
" der Truppen in Finland	1	13	—	2	19	21	1	13	—	2	19	21
Stab der 22. Infanteriedivision	2	4	53	3	13	13	2	4	53	3	13	13
" des Abgesonderten Orenburgschen Corps	4	48	—	17	65	85	4	48		17	65	85
" der 23. Infanteriedivision	2	2		2	6	11	2	2	—	2	6	11
" des Abgesonderten Sibirischen Corps	2	22	—	10	66	43	2	22	—	10	66	43
" der Truppen in der Provinz der Sibirischen Kirgisen oder in der Ssemipolatinskschen Provinz	1	3	—	2	10	7	1	3	—	2	10	7
Verwaltung der Truppen in der Amurschen Provinz	1	3	—	4	6	12	1	3	—	4	6	12
" " " " Küsten Provinz	1	2	—	—	3	6	1	2	—	—	3	6
Stab der Inspection der in der Küstenprovinz dislocirten Linienbataillone von Ostsibirien	1	1	—	1	4	5	1	1	—	1	4	5
" des Inspecteurs der Schützenbataillone	2	4	—	1	6	13	2	4	—	1	6	13
Hauptingenieurverwaltung	12	24	—	86	101	—	12	24	—	86	191	—
Etat einer Sappeurbrigade[3]	1	1	—	—	2	4	1	1		—	2	4

1) Außerdem ist der nach Warschau abcommandirten 3. Gardeinfanterie-Division für die Dauer dieses Commandos noch 1 Divisionsarzt zugetheilt.
2) Die übrigen Inspectionen der Linienbataillone in den 3 Provinzen sind in den Verwaltungen derselben mit eingerechnet.
3) Die übrigen Ingenieurstäbe sind schon bei den betreffenden Verwaltungen mitgerechnet.

Anmerkung. Ueber den Etat des Kriegsministeriums, der Verwaltungen des Inspecteurs der Finnischen Truppen, des Commandeurs der Ost-Darjinschen Linie, des Abgesonderten Sibirischen Corps, der Truppen in Ostsibirien ꝛc. fehlt es an ausreichendem Material.

Numerische Stärke der verschiedenen Abtheilungen der Infanterie.

	Im Kriege. Combattanten. Generale.	Stabs- und Oberofficiere.	Unterofficiere.	Spielleute.	Gemeine.	Noncombatt. Classenbeamte.	Nicht-Chargen.	Officiersburschen.	Im Frieden. Combattanten. Generale.	Stabs- und Oberofficiere.	Unterofficiere.	Spielleute.	Gemeine.	Noncombatt. Classenbeamte.	Nicht-Chargen.	Officiersburschen.
In dem Preobrashenskischen Leibgarderegiment¹	1	58	204	168	1800	7	101	68	1	59	174	150	1400	7	90	74
„ den 7 anderen Leibgarderegimentern der 1. u. 2. Gardedivision¹	1	58	204	120	1800	6	108	67	1	59	174	111	1400	6	92	73
„ den 2 Leibgarderegimentern der 3. Gardedivision¹	1	58	204	120	1800	6	104	67	1	59	174	111	1520	6	92	73
„ den 2 Grenadierregimentern dieser Division¹		54	204	120	1800	6	105	66		60	174	111	1520	6	92	72
„ einem Regiment des Abgesonderten Grenadiercorps¹		54	202	108	1800	5	108	66		60	162	89	992	5	83	72
„ „ „ der 4 Militairkreise²		78	308	137	2700	6	142	93		86	258	124	2280	6	125	104
„ „ „ „ 2 Reservecorps²		78	308	137	2700	6	142	93		86	243	112	1488	6	117	104
„ „ „ „ 19. Infanteriedivision³		102	480	173	5200	9	500	129		95	480	169	4680	9	500	115
„ „ „ „ 8 anderen Kaukasischen Divisionen³		108	394	167	4100	8	444	121		108	384	159	3620	8	434	121
„ dem Leibgardeschützenbataillon Sr. Majestät		25	88	67	900	4	66	31		33	88	67	600	4	56	40
„ „ „ der Kaiserlichen Familie		25	88	67	900	4	66	31		31	88	67	600	4	56	38
„ „ Zarskoselskischen Leibgardeschützenbataillon		25	88	67	900	4	66	31		31	88	67	720	4	56	37
„ „ Finnischen Leibgardeschützenbataillon		25	88	55	900	6	104	—		28	88	55	600	6	91	—
„ einem Grenadierschützenbataillon⁴		25	88	21	900	3	66	31		33	88	21	600	3	56	39
„ „ Armeeschützenbataillon⁵		25	88	21	900	3	66	31		30	88	21	600	3	56	36
„ „ Kaukasischen Schützenbataillon		25	88	21	920	3	136	31		25	88	21	920	3	136	31
„ dem Leibgardesappeurbataillon		24	86	87	900	1	99	30		28	86	87	600	4	72	34
„ „ Grenadiersappeurbataillon		23	86	27	900	3	97	29		27	86	27	600	3	70	33
„ einem Armeesappeurbataillon⁶		23	86	27	900	3	97	29		34	86	27	600	3	70	41
„ dem 1. Kaukasischen Sappeurbataillon mit Traincompagnie⁷		30	117	32	1268	3	169	30		30	117	32	1268	3	169	36
„ „ 2. „ „ „ Trainsection⁷		28	117	32	1268	3	102	34		28	117	32	1268	3	102	34
„ einem Pontonpark: in der Pontoniercompagnie		5	20	6	230	—	7	6		5	20	6	230	—	7	6
„ „ „ Trainsection		3	—	—	—	1	182	4		3	—	—	—	1	182	4
„ dem Finländischen Sappeurbataillon		22	86	26	900	1	95	25								
„ „ „ „ ½ Bataillon		—	—	—	—	—	—	—		22	83	26	460	1	30	25
„ der Gardeequipage	1	36	107	95	1150	6	68	46	1	36	107	95	1150	6	68	46
„ einem Linienbataillon auf Feldfuß⁸		20	86	18	920	3	37	25		20	86	18	920	3	37	25
„ „ „ im Dienst der Innern Wache		29	80	17	920	2	37	33		29	80	17	920	2	37	33
„ „ „ ½ Bataillon⁹		11	44	10	460	1	29	13		11	44	10	460	1	29	13

1) Von den Offizieren des Friedensstandes dieser Regimenter können 1 Stabs- und 14 Oberoffiziere, die für die Formation der Reservetruppen im Kriege angesetzt sind, im Frieden auf unbestimmten und längeren Urlaub sein.

2) Von den Offizieren des Friedensstandes können ebenso 4 Stabs- und 20 Oberoffiziere auf Urlaub sein.

3) Davon befinden sich in der Invalidencompagnie: 8 Offiziere, 16 Unteroffiziere, 190 Gemeine, 5 Noncombattanten und 3 Offizierburschen, die mit Ausschluß der Offiziere und deren Burschen unter den Noncombattanten berechnet sind.

4) Der angegebene Friedensstand gilt für das 3. Grenadierschützenbataillon, das 1. hat 1 Offizier und 2 Offizierburschen, das 2. 1 Offizierburschen mehr.

5) Die angegebene Friedensstärke gilt für die 8 Schützenbataillone Nr. 3, 5, 6, 10, 12, 14, 15 und 18; von den übrigen haben 2 (Nr. 1 und 9) je 1 Offizier und 1 Burschen, 8 (Nr. 2, 4, 7, 8, 11, 13, 16 und 17) 2 Offizier und 2 Burschen mehr.

6) Von den Armeesappeurbataillonen haben das 1. und 4. je 27 Spielleute; der angegebene Friedensstand ist der des 3., das 1. hat 1 Offizier und 2 Burschen weniger, die 4 anderen je 1 Offizier und 1 Burschen mehr.

7) Die, bei den Kaukasischen Sappeurbataillonen mitgerechneten 3. Reservecompagnien zählen je: 5 Offiziere, 21 Unteroffiziere, 4 Spielleute, 348 Gemeine, 5 Noncombattanten, 5 Offizierburschen.

8) In einigen Linienbataillonen finden sich Abweichungen von der angegebenen Stärke; so haben die Finländischen Linienbataillone je 600, die Kaukasischen aber 870 Gemeine. Außerdem haben von den letzteren 5 (Nr. 7, 13, 15, 19, 22) je 1 Noncombattanten, 17 (Nr. 2, 4, 12, 14, 20, 21, 23, 24, 25, 26, 31, 32, 33, 34, 35, 36, 37) je 1 Classenbeamten, 2 Noncombattanten und 2 Offizierburschen mehr. Endlich haben bei einzelnen Bataillonen noch aus localen Ursachen kleine Änderungen stattgefunden, wie z. B. Zutheilung von Gerichtscommissionen, Kirchen rc., zu deren detaillirter, übrigens auch außerhalb der Grenzen dieser Arbeit fallenden Erwähnung es an ausreichendem Material fehlt.

9) Bei den beiden ersten Halbbataillonen ist noch 1 Classenbeamter, 1 Noncombattant und 1 Offizierbursche mehr.

Anmerkung. Der Unterschied des Kriegs- und Friedensstandes ergiebt sich aus den Offizieren, die für die Kriegsformationen bereits in den Friedenstruppen über deren eigentlichen Etat angesetzt sind und sich im Frieden auf Urlaub befinden können, und aus den Mannschaften, die auf dem Friedensfuß nicht gehalten werden, sondern sich als Reserven auf unbestimmten oder zur Disposition der Ersatzbehörden auf zeitweiligen Urlaub befinden.

Was den momentanen Stand der Truppen betrifft, so befinden sich sämmtliche, zu den 4 Militairkreisen gehörigen activen Truppen, seit dem Jahre 1859, in welchem die damaligen 3 ersten und das 5. Armeecorps nach Befehl vom 4. Juni auf Kriegsfuß gesetzt wurden, sowie die 3. Gardedivision auf dem completten Kriegsstande, nur haben sie, da die Reserve- und Ersatztruppen nicht formirt sind, an Offizieren den erhöhten Friedensstand, da auch diese bis zur Höhe desselben eingezogen sind; alle übrigen Truppen befinden sich auf dem Friedensfuß.*)

b. Zahl und Formation der Reserve- und Ersatztruppen.

Die Zwecke dieser Truppen werden im Allgemeinen durch ihren Namen angedeutet und sind dem entsprechend die Reservetruppen zur Verstärkung der activen, also zu kriegerischen Operationen im Felde, die Ersatztruppen zur Bewirkung des Ersatzes bei jenen bestimmt. Da, wo besondere Ersatztruppen sich in der Folge nicht angegeben finden, fällt dieser

*) In neuester Zeit, seit dem 1. April c., sind auch das Grenadier- und das 1. Reservecorps, sowie die 1. 2. 3. und 5. Reservedivision durch eingezogene Urlauber und Rekruten auf den vollen Bestand completirt und bei den Bataillonsstäben in engen Quartieren zusammengezogen.

Zweck den Reservetruppen zu und sind sie dann wie jene als immobil zu rechnen. Dies gilt namentlich von den Reserven der Garde und Grenadiere und der Kaukasischen Armee, bei denen übrigens auch eine eventuelle Verwendung zu activen Feldoperationen nicht ausgeschlossen ist.

Den gesammten Russischen Reserveeinrichtungen liegt die Idee zum Grunde, neben den früher bestandenen 6 activen Armeecorps noch 6 Reservearmeecorps von annähernd gleicher Formation aufzustellen, so daß die Gesammtstärke der Russischen operativen Feldarmee, nach Abrechnung aller, zu localen Zwecken bestimmten Truppen, sich auf 14 Armeecorps (einschließlich des Garde- und Grenadiercorps, bei denen eine solche Verdoppelung durch Formationen mobiler Reserven nicht vorgesehen ist) erheben würde. Für die Bildung dieser Truppen sind bereits im Frieden bestimmte Cadres im Dienst gehalten, zu deren Verstärkung eine gewisse Anzahl von Mannschaften auf Urlaub gerechnet werden, so daß nur ein verhältmäßig kleiner Theil von Rekruten zur letzten Completirung einzuziehen ist. Uebrigens wird es beabsichtigt, die Reserveeinrichtungen so auszudehnen, daß später nicht nur sämmtliche activen Truppen, wie dies schon jetzt der Fall ist, durch ausgebildete Reservisten auf den Kriegsfuß zu completiren sind, sondern daß auch sämmtliche Reservetruppen, wenigstens die mobilen, ausschließlich mit solchen im vollen Kriegsetat aufgestellt werden können.

Die Details der Reserveeinrichtungen sind folgende:

a. Bei den Infanterieregimentern.

Im Frieden werden für die Infanterieregimenter Reservetruppen in folgender Zahl gehalten:

Für die 72 Regimenter der ehemaligen 6 Armeecorps je 1 Bataillon unter dem Namen des 4. Reservebataillons des betreffenden Regiments von 5 Compagnien, incl. einer Schützencompagnie. Diese Bataillone sind vollständig von den Regimentern abgetrennt und analog den früheren Corps in 6 Reservedivisionen à 12 Bataillone zusammengezogen. Diese Divisionen führen dem entsprechend den Namen der 1.—6. Reserveinfanteriedivision und stehen unter einem besondern General, der Chef der betreffenden Division heißt. Alle 6 stehen gemeinschaftlich unter der gemeinsamen Oberleitung eines Chefs der Reserven der Armeeinfanterie in Moskau. Die einzelnen Bataillone stehen in jeder Hinsicht völlig unter ihren betreffenden Commandeuren, im Fall der Vereinigung einer ganzen Reserveinfanteriedivision an einem Orte und zu gemeinschaftlichem Zweck sollen sie aber in Front zu 4 Regimentern à 3 Bataillone in der Art zusammengezogen werden, daß die Bataillone der ersten Regimenter der 3 betreffenden activen Divisionen das 1., die der zweiten Regimenter das 2. combinirte Reserveregiment u. s. f. bilden. Werden aber nur die 4 Reservebataillone der activen Regimenter einer Division zusammengezogen, so haben sie in Front 2 Regimenter à 2 Bataillone zu bilden. Für die 16 Regimenter der Kaukasischen Armee wird ebenfalls je 1 Bataillon, das 5. resp. 6. Reservebataillon, im Bestande von 4 Compagnien ohne Schützencompagnien gehalten. Dieselben bilden die Kaukasische Reservedivision, zu der noch 2 Kaukasische Reservelinienbataillone Nr. 1 und 2 kommen; im Ganzen also 18 Bataillone. Wenn die Reservebataillone der Regimenter einer Division zusammen sind, so bilden sie, wie oben, in der Front 2 Regimenter à 2 Bataillone; sind aber alle 18 Bataillone bei einander, so haben sie in Front 6 combinirte Regimenter à 3 Bataillone zu bilden, und zwar in der Art, daß die Reservebataillone der Kaukasischen Grenadier-, der 19. und 20. Infanteriedivision in der oben angegebenen Art die 4 ersten Regimenter bilden, das 5. und 6. aber je aus 2 Reservebataillonen der 21. Infanteriedivision und 1 Reservelinienbataillon formirt werden. Auch die Kaukasische Reservedivision untersteht im Frieden dem Chef der Reserven der Armeeinfanterie.

Im Kriege werden folgende Reserve- und Ersatztruppen formirt:

Für die Regimenter der 1., 2. und 3. Gardeinfanteriedivision wird je 1—3. Reservebataillon aufgestellt die zusammen die Reservedivision des Abgesonderten Gardecorps bilden.

Für das Abgesonderte Grenadiercorps wird in ganz gleicher Weise eine Reservedivision desselben gebildet, aus den 12—3. Reservebataillonen der Grenadierregimenter bestehend.

In der Armee wird für den Krieg zu jedem activen Regiment ein Reserveregiment von 3 Bataillonen (dem 4. 5. und 6. Reservebataillon) à 5 Compagnien mit demselben Namen wie jenes formirt. Den Stamm dazu haben die, im Frieden bestehenden 4. Reservebataillone zu geben, der, wie bereits angegeben, durch eingezogene Reservisten und zu einem kleinen Theil durch Rekruten komplettirt wird. Offiziere erhalten die Reservetruppen in der vollen Etatszahl von den activen, während die im Frieden beurlaubten zu den letzteren einberufen werden. Die solcher Gestalt formirten Reserveregimenter bilden, entsprechend den activen 36 Reservebrigaden, 18 Reservedivisionen und 6 Reservearmeecorps, von denen aber die ersteren keine besondere Verwaltung haben, sondern nur in Front durch Zusammenstoßen von 2 Regimentern gebildet werden.

Außer den Reserveregimentern werden in den Armeecorps im Kriege noch Ersatzregimenter gebildet, welche ausschließlich den Zweck haben, den Ersatz der activen und Reserveregimenter zu bewirken. Die Formation der Ersatzregimenter erfolgt entweder gleichzeitig mit der Bildung der Reserveregimenter, oder beim Ausmarsch derselben ins Feld. Im ersten Falle werden von den 4 Liniencompagnien der schon im Frieden bestehenden 4. Reservebataillone, 3 für die Formation der 3 Reservebataillone bestimmt, während die 4. Compagnie die Cadres für die 2 Ersatzbataillone (das 7. und 8.) ihres Regiments zu bilden hat. Im zweiten Falle, d. h. beim Ausmarsch des Reserveregiments ins Feld, hat dieses für die Formation des 7. und 8. Ersatzbataillons einen Cadre von 12 Offizieren, 80 Unteroffizieren, 20 Spielleuten, 200 Gefreiten, 80 Schneidern, 40 Schustern und 20 Noncombattanten, im Ganzen also von 440 Mann aus den ältesten gedienten Leuten, die zur Ertragung der Anstrengungen des Marsches nicht mehr recht geeignet erscheinen, zurückzulassen. Die Etats der Ersatzbataillone, nach denen dieselben im Bestande von 1000 Mann aufzustellen sind, und die Stabsoffiziere, die sie commandiren sollen, sind jedes Mal durch besondere Verfügungen des Kriegsministeriums festzusetzen. Die 7. und 8. Ersatzbataillone werden von je 2 Regimentern zusammengezogen, und bilden so in jedem Armeecorps 6 combinirte Regimenter von 4 Bataillonen, die den Namen des 1. 2. 3. 4. 5. und 6. Ersatzregiments des betreffenden Armeecorps haben. Je 2 Ersatzregimenter bilden eine Brigade, und die 3 Brigaden eines Corps die Ersatzdivision desselben.

Die Kaukasische Reservedivision bleibt im Kriege ungeändert, nur tritt sie unter das Commando der Kaukasischen Armee, und ihre Bataillone werden unter Formirung von je 1—5. Schützencompagnie auf den Kriegsfuß gesetzt. In diesem Bestande befindet sie sich auch jetzt, wo selbst ihre Bataillone zu activen Operationen, namentlich in der Kubanschen Provinz herangezogen sind.

β. Bei den Schützenbataillonen.

Auf dem Kriegsfuß sind für die Schützen folgende Reserve- und Ersatztruppen angesetzt:

Für die Leibgardeschützenbataillone Sr. Majestät, der Kaiserlichen Familie und des Zarskoßelskschen je 1 Reservecompagnie, die zusammen das Leibgardereserveschützenbataillon von 3 Compagnien bilden.

Für das Finnische Leibgardeschützenbataillon 1 Reserveschützencompagnie.

Für die 3 Grenadierschützenbataillone 1 Grenadierreserveschützenbataillon.

Für die 18 Schützenbataillone der 6 Armeecorps 18 Reserveschützenbataillone, die zu je 1 den Reservedivisionen der 6 Reservearmeecorps zugetheilt werden, und im Nothfall nach den Kriegsumständen noch 6 Ersatzschützenbataillone à 4 Compagnien.

Für die 4 Schützenbataillone der Kaukasischen Armee 1 Kaukasisches Reserveschützenbataillon.

Im Frieden werden für die Reservetruppen der Garde und des Grenadiercorps keine Cadres gehalten; dagegen befinden sich für die 18 Reserveschützenbataillone stehende Cadres im Dienst, und zwar für jedes 1 Reservecompagnie mit einem verstärkten Etat von Unteroffizieren und Hornisten, im Ganzen also 18 Reservecompagnien, die corpsweise zu zusammengezogen 6 Reserveschützenbataillone (das 1. 2. 3. 4. 5. und 6.), jedes von 3 Compagnien, bilden.

Das Kaukasische Reserveschützenbataillon besteht wie im Kriege, nur in einem schwächeren Bestande, und befindet sich bei der Kaukasischen Reservedivision eingetheilt.

γ. Bei den Sapeurbataillonen.

Die Reserve- und Ersatzformationen der Sappeure bestehen aus folgenden Truppen:

Im Kriege: Beim Leibgardesappeurbataillon 1 Reservecompagnie mit Trainabtheilung für den Pontonpark des Gardecorps.

1 Reservecompagnie für das Grenadiersappeurbataillon.

6 Reservesappeurbataillone für die 6 der Armee, mit dem Vorbehalt, daß im Nothfall noch 6 Ersatzsappeurbataillone zu formiren sind, für die die Reservesappeurbataillone die Cadres zu geben haben.

Außerdem beabsichtigt man, im Kriege das Finländische Sappeur-½-Bataillon durch eingezogene Reservisten auf den vollen Bestand eines Bataillons zu bringen.

Im Frieden wird von allen Reservesappeurabtheilungen nur ½ Bataillon im Dienst gehalten, das bei der 2. Sappeurbrigade steht, und die Cadres für die 6 Reservebataillone bildet; alle übrigen, nach dem Etat der Kriegsformationen angesetzten Mannschaften befinden sich auf Urlaub. Bei jedem der beiden Kaukasischen Sappeurbataillone befindet sich im Frieden und Kriege eine 5. Reservecompagnie.

Die Formation der Reservesappeurbataillone erfolgt unter der Aufsicht des Commandeurs der 2. Sappeurbrigade. Sie bilden keine besondern Reservesappeurbrigaden, sondern treten unter die unmittelbare Leitung des Stabs des Generalinspecteurs des Ingenieurwesens und werden nach Erfordern den Reservearmeecorps zugetheilt.

Etatsmäßige Stärke der Reservetruppen.

	Im Kriege.								Im Frieden							
	Combattanten.					Nichtcombatt.			Combattanten.					Nichtcombatt.		
	Generale	Stabs- und Oberoffiziere	Unteroffiziere	Spielleute	Gemeine	Classenbeamte	Nichtc. Chargen	Offiziersburschen	Generale	Stabs- und Oberoffiziere	Unteroffiziere	Spielleute	Gemeine	Classenbeamte	Nichtc. Chargen	Offiziersburschen
Im Stabe des Chefs der Reserven der Armeeinfanterie	4	19	—	—	—	4	32	42	4	19	—	—	—	1	33	42
„ „ eines Reservearmeecorps	2	15	—	—	—	6	19	32	2	15	—	—	—	6	19	32
„ „ der Gardereserveinfanteriedivision	2	4		—	—	1	8	15								
„ „ „ Grenadierreserveinfanteriedivision	2	4	—	—	—	2	8	15								
„ „ einer Reserveinfanteriedivision	2	5	—	1	—	3	13	17	2	4	—	—	—	2	8	15
„ „ der Kaukasischen Reservedivision	2	4	—	1	—	2	13	15	2	1	—	—	—	3	9	15
In einem 8. Reservebataillon der Garde und des Grenadiercorps		25	101	31	900	2	14	29								
„ „ Reserveinfanterieregiment		75	303	93	2700	6	142	93								
„ „ 4. Reservebataillon der Armee[1]		—	—	—	—	—	—	—		20	63	23	496	2	42	31
„ „ Reservebataillon der Kaukasischen Reservedivision[2]		25	101	31	920	2	74	30		20	86	18	320	2	60	25
„ dem Gardereserveschützenbataillon		20	66	16	690	3	49	26								
„ der Reservecompagnie des Finnischen Leibgardeschützenbataillons		3	20	1	230		11	—								
„ dem Grenadierreserveschützenbataillon		25	88	21	900	3	66	31								
„ einem Reserveschützenbataillon der Armee		25	88	21	900	3	66	31		25	68	25	400	2	41	29
„ dem Kaukasischen Reserveschützenbataillon		25	88	21	920	3	136	31		25	88	21	400	3	130	31
„ der Reservecompagnie des Leibgardesappeurbataillons		4	20	6	240	-	7	4								
„ „ Trainsection derselben		3	—	—	—	1	187	4								
„ „ Reservecompagnie des Grenadiersappeurbataillons		4	20	6	230	—	12	4								
„ einem Reservesappeurbataillon		16	80	26	960	1	97	19								
„ dem Reservesappeur-½-Bataillon		—	—	—	—	—	—	—		21	80	26	540	1	36	24

1) Von der angegebenen Zahl der Offiziere können 8 Oberoffiziere, die über der etatsmäßigen Zahl des Bataillons für die Formation des Reserveregiments im Kriege angesetzt sind, im Frieden auf Urlaub sein. In dem 4. Reservebataillon des ersten Regiments jedes Armeecorps wird ein Stamm von 41 Mann gehalten, das beim Stabe der Reserveinfanteriedivision steht.

2) Von den Offizieren des Friedensstandes können 4 Oberoffiziere beurlaubt sein. Außerdem befinden sich im Kriege und Frieden bei den 6 Reservebataillonen der ersten Regimenter der 6 Divisionen, und bei dem Kaukasischen Reservelinienbataillon Nr. 1 noch je 1 Classenbeamter und 3 Nichtcombattanten, sowie endlich noch beim 5. Reservebataillon des Eriwanschen Leibgrenadierregiments ein Stamm von 41 Mann.

3. Bestand der Cavallerieregimenter und Bildung der Reserve- und Ersatztruppen der Cavallerie.

Die Regimenter der Gardecavallerie bestehen im Frieden aus je 4 activen und 1 Reserveescadron, die Regimenter der 1. 2. 3. und 5. Cavalleriedivision aus 4 activen und 2 Reserveescadrons, die Regimenter der 4. 6. und 7. Cavalleriedivision und die 4 Dragonerregimenter der Kaukasischen Armee aus je 4 activen und 1 Reserveescadron. Die Escadrons werden in den Regimentern mit einer fortlaufenden Nummer bezeichnet, und zwar die activen von 1—4, die Reserveescadrons mit den folgenden Nummern. Je 2 Escadrons bilden eine Division, und zwar jene die 1. und 2., diese, insoweit überhaupt 2 Reserveescadrons bei dem Regiment vorhanden sind, die Reservedivision des Regiments. Die Divisionen werden in Front von den ältesten Escadronschefs geführt.

Außerdem hat jedes Cavallerieregiment noch 1 Compagnie Noncombattanten, jedes Dragonerregiment der Kaukasischen Armee noch 1 Invalidencompagnie.

Was die Stärke der Escadrons betrifft, so haben im Frieden die activen Escadrons bei der Garde eine ausrückende Stärke von 12 berittenen Rotten per Zug; bei der 1. 2. 3. und 5. Cavalleriedivision und bei den Dragonerregimentern der Kaukasischen Armee beträgt sie 15, bei der 4. 6. und 7. Cavalleriedivision 10 reitende Rotten per Zug. Die 5. Reserveescadrons der Garde und die Reservedivisionen der 1. 2. 3. und 5. Cavalleriedivision rücken etatsmäßig mit je 12, die 5. Escadrons der 4. 6. und 7. Division mit je 10 Rotten per Zug aus.

Die Reserveescadrons befinden sich im Frieden gewöhnlich bei ihren Regimentern unter dem unmittelbaren Commando derselben, doch werden bei der 1. 2. 3. und 5. Cavalleriedivision die aus den 5. und 6. Reserveescadrons bestehenden Reservedivisionen der Regimenter in gewissen Fällen von diesen abgetrennt; und zwar geschieht dies dann, wenn die activen Regimenter ins Feld rücken, oder in Folge einer dienstlichen Bestimmung translocirt werden, und dabei ihre Reserveescadrons in ihren alten Standquartieren zurücklassen. Im letzteren Falle, der hier zunächst nur zu betrachten ist, bleiben die activen Regimenter auf dem Friedensfuß, und es werden demgemäß auch die Reservedivisionen auf demselben belassen, nur erhalten sie eine selbstständige Verwaltung und einen eigenen Commandeur, auch wird ihnen alsdann der beim Regiment angesetzte Bereiter zugewiesen. Ferner werden den Reservedivisionen von den activen Escadrons alle alten und nicht völlig marschdienstfähigen Pferde zugetheilt, die sie aus ihrem Pferdebestande durch junge und taugliche zu ersetzen haben; ebenso werden ihnen alle kranken, schwachen und auf längere Zeit abcommandirten Leute überwiesen, und haben sie überhaupt die activen Escadrons so zu completiren, daß diese in dem vollen etatsmäßigen Friedensbestande ausrücken können. Die Reservedivisionen treten dann zu ihren activen Regimentern in das Verhältniß einer Ersatztruppe, und haben sie demgemäß auch den gewöhnlichen Abgang in jenen zu ersetzen, und namentlich die Remontepferde für dieselben zuzureiten. Die Abtrennung der Reservedivisionen erfolgt unter Aufsicht der betreffenden Divisionscommandeure; sie werden dann in jeder Division zu einer Reservebrigade von 12 Escadrons mit besonderem Commandeur und Verwaltung zusammengezogen, oder wenn dies nicht nöthig erscheint, direct dem Commandeur der betreffenden Cavalleriedivision untergeben.

Im Kriege werden die Reserveescadrons überall von den Regimentern abgetheilt und zu selbstständigen Reserve- oder Ersatztruppen umgebildet. Die activen Regimenter werden durch die, aus dem Urlauberstande eingezogenen Mannschaften auf dem Kriegsetat completirt, und jedem Regiment von 4 Escadrons 7 Noncombattanten für die, im Frieden nicht bespannten Trainfahrzeuge zugefügt. Die Completirung mit Unteroffizieren und Gemeinen erfolgt in der Weise, daß die Garderegimenter eine ausrückende Stärke von 15, die activen Regimenter eine solche von 18 berittenen Rotten per Zug erhalten.

Was die Reservetruppen der Cavallerie betrifft, so werden dieselben im Kriege in folgendem Bestande formirt.

Aus den 5. Reserveescadrons der Garderegimenter werden nach ihrer Abtrennung durch Einberufung der, dazu auf Urlaub gehaltenen Mannschaften Reservedivisionen von je 2 Escadrons formirt, mit dem Hauptzweck, den Ersatz jener zu bewirken. Dieselben haben einen Bestand von 20 reitenden Rotten per Zug.

Bei der Armee richtet sich die Ausdehnung, in der die Formation der Reservetruppen stattzufinden hat, nach den Umständen und besonderen Befehlen. Der geringste Grad ist der, daß mit Augmentirung der activen Regimenter auf den Kriegsetat, die Reserveescadrons von ihnen abgetrennt und zu Ersatzzwecken für dieselben verwendet werden. In diesem Falle, der z. B. jetzt bei der 1. 2. 3. und 5. Cavalleriedivision seit ihrer Augmentirung auf den Kriegsfuß im Jahre 1859 eingetreten ist, geben die Reservedivisionen beim Ausmarsch der activen Regimenter an diese die, zu ihrer Completirung auf 18 berittene Rotten per Zug erforderlichen 96 Pferde, und falls derselbe so plötzlich geschieht, daß die einbeorderten Reservisten noch nicht angekommen sind, auch eine gleiche Zahl Mannschaften an jene ab, und ersetzen überhaupt alle bei denselben befindlichen kranken, schwachen und nicht felddienstfähigen Pferde und Leute durch gesunde und taugliche in der Art, daß die activen Escadrons mit vollen 18 reitenden Rotten per Zug ausrücken können. Ihrer Seits ergänzen sich die Reservedivisionen auf dem vollen Bestand von 20 berittenen Rotten per Zug durch Einziehen der, dazu auf Urlaub gehaltenen, Reservisten resp. durch Ankauf der fehlenden Pferde. Jede Division erhält einen besondern Commandeur, und alle 6 Divisionen oder 12 Escadrons einer Cavalleriedivision werden zu einer Reservebrigade unter 1 Generalmajor mit einem eigenen Stabe zusammengezogen. Bei dieser Formation sind die Reserveescadrons zu Ersatztruppen der activen bestimmt, und fällt ihnen demnach namentlich auch die Ausbildung der Remonten mit der Maßgabe zu, daß die activen Regimenter in dem Falle, wo sie, ohne an kriegerischen Operationen Theil zu nehmen, im Lande verbleiben, nach den, im Frieden gültigen Regeln für ihre Remontirung selbst zu sorgen haben.

Verlangen die Umstände eine größere Kraftentfaltung, als sie die Aufstellung von 8 Armeecorps möglich macht, so tritt die vollständig kriegsmäßige Formation der Reservetruppen nach folgenden Grundsätzen ein: Analog der Infanterie wird dann aus den, im Frieden vorhandenen Reserveescadrons zu jedem activen Armeecavallerieregiment ein Reserveregiment von 4 Escadrons (die 5. 6. 7. und 8.) mit demselben Namen wie jenes errichtet, und auf mobilen Fuß gesetzt; im Ganzen werden dann also, analog den activen, 14 Reservedragoner-, 14 Reserveulanen- und 14 Reservehusarenregimenter aufgestellt. Dieselben bilden 7 Reservecavalleriedivisionen (die 1.—7.) von 6 Regimentern, je 2 von jeder Waffe, die waffenweise zusammengezogen, in Front 3 Brigaden, die 1. zu 2 Reservedragoner-, die 2. zu 2 Reserveulanen-, die 3. zu 2 Reservehusarenregimentern bilden. Davon machen die 6 ersten die Cavallerie der 6 Reservearmeecorps aus, und werden ihnen nach ihrer Nummer zugetheilt; über die 7., die nach Analogie ihrer correspondirenden activen Division zu den Reservetruppen des Grenadiercorps gehören würde, ist eine besondere Verfügung nicht vorgesehen, da, wie bereits entwickelt, bei diesem Corps mobile Infanteriereserven planmäßig nicht angesetzt sind. Sie bildet also für das genannte Corps und überhaupt für die gesammte mobile Cavallerie eine disponible Reserve, und kann nach Umständen als Kern eines Cavalleriecorps benutzt werden.

Was die Stärke der Reservecavallerieregimenter betrifft, so beträgt dieselbe 20 reitende Rotten per Zug.

Da die Reservecavallerieregimenter als mobile Reservetruppen zu activen Feldoperationen bestimmt sind, so ist auch außer ihnen noch die Formation besonderer **Ersatztruppen für die Armeecavallerie** vorgesehen. Dieselbe erfolgt im Allgemeinen nach den Grundsätzen, wie sie für die Formation der Reservetruppen zu diesem Zweck bereits angegeben sind. Demnach werden für jedes active und Reserveregiment noch 2 weitere Escadrons (die 9. und 10.) aufgestellt, die die Ersatzdivision derselben bilden. Dieselben werden in jeder Cavalleriedivision zu 1 Ersatzbrigade von 12 Ersatzescadrons zusammengezogen und unter einen besonderen Brigadecommandeur und Brigadestab gestellt. Alle 7 Ersatzbrigaden stehen unter einem besondern Chef der Reserven der Armeecavallerie. Stehende Cadres für die Formation dieser Ersatztruppen sind im Frieden nicht vorhanden, ebenso wenig bestimmte Etats für sie festgesetzt; überhaupt erfolgt ihre Bildung erst auf besondern Befehl, und werden dann die dazu nöthigen Cadres wahrscheinlich von den entsprechenden Reservecavallerieregimentern, die wohl mit Rücksicht hierauf gleich von vorn herein einen höhern Etat als die activen erhalten haben, gegeben. Ebenso werden ihre Etats erst bei der wirklichen Formation festgesetzt, wenn man auch annehmen kann, daß sie so ziemlich den Etat der Reservedivisionen entsprechen werden, wie sie für diese festgesetzt sind, wenn sie die Ersatztruppen der activen Regimenter bilden.

Der Bestand der Dragonerregimenter der Kaukasischen Armee und ihrer Reserveescadrons wird im Kriege nicht geändert; nur werden bei ihren 5. Reserveescadrons 32 Pferde aus den, nach Ableistung ihrer gesetzlichen Dauerzeit von den Regimentern ausrangirten, für Ausbildung der Rekruten gehalten.

Etatsmäßige Stärke der activen und Reservetruppen der Cavallerie.

	Im Kriege.								Im Frieden.							
	Combattanten.					Noncombatt.			Combattanten.					Noncombatt.		
	Generale.	Stabs- und Oberofficiere.	Unterofficiere.	Spielleute.	Gemeine.	Classenbeamte.	Pferde: Chargen.	Officierpferde.	Generale.	Stabs- und Oberofficiere.	Unterofficiere.	Spielleute.	Gemeine.	Classenbeamte.	Pferde: Chargen.	Officierpferde.
Im Stabe einer Gardecavalleriedivision	2	5	—	—	—	2	12	15	2	5	—	—	—	1	8	15
„ „ „ activen Cavalleriedivision[1]	3	5	—	—	—	3	12	20	3	6	—	—	—	2	9	20
„ „ „ Reservecavalleriedivision	3	5	—	—	—	3	12	20								
„ „ „ Reservebrigade	1	1	—	—	—	1	6	5	1	1	—	—	—	1	6	5
In einem Gardecavallerieregiment von 4 Escadrons	1	35	86	17	600	7	77	49	1	30	84	17	464	7	70	55
„ einer 5. Reserveescadron der Gardecavallerie		—	—	—	—	—	—	—		8	20	8	128	—	16	9
„ „ Reservedivision der Gardecavallerie		15	44	8	350	2	84	19								
„ „ einem Cavallerieregiment der 1. 2. 3. und 5. Cavalleriedivision à 4 Escadrons		36	85	17	696	6	77	47		44	84	17	660	5	70	51
„ den 5 und 6. Reserveescadrons dieser Regimenter		—	—	—	—	—	—	—		18	52	8	272	—	24	20
„ einer Reservedivision derselben, wenn sie von ihnen abgetrennt sind		19	52	9	420	3	43	25		19	52	9	272	3	35	25
„ einem Cavallerieregiment der 4. 6. und 7. Cavalleriedivision à 4 Escadrons		36	88	17	696	6	77	47		40	76	17	360	6	70	50
„ einer 5. Reserveescadron dieser Regimenter		—	—	—	—	—	—	—		10	22	4	120	—	15	11
„ einem Reservecavallerieregiment der Armee à 4 Escadrons		36	88	17	820	6	82	47								
„ einem Dragonerregiment der Kaukasischen Armee von 4 Escadrons		34	80	17	576	6	56	41		34	80	17	576	6	76	44
„ einer 5. Reserveescadron dieser Regimenter		6	20	4	141	—	6	6		6	20	4	144	—	8	6

1) Der Stab der 1. Cavalleriedivision ist nach Auflösung seiner Reservebrigade um 1 Officier, 1 Classenbeamten, 4 Noncombattanten und 2 Officierburschen verstärkt. Der Stab der augenblicklich bestehenden Kaukasischen combinirten Dragonerdivision besteht aus 1 General, 1 Classenbeamten, [illegible] Noncombattanten, 4 Officierburschen.

2) Davon sind 16 unberitten und 8 Junker.

3) Davon sind 120 unberitten.

4) Von ihnen können im Frieden 1 Stabs- und 12 Oberofficiere beurlaubt sein.

5) Davon 18 unberitten und 8 Junker.

6) Davon sind 40 unberitten.

7) Davon können 5 Oberofficiere beurlaubt sein.

8) Davon 10 unberitten und 8 Junker.

9) Davon 4 unberitten. Außerdem ist in den 5. Reserveescadrons des Chevaliergarderegiments Ihrer Majestät und des Leibgarderegiments zu Pferde noch je ein unberittenes Musikchor von 45 Mann angesetzt.

10) Darunter 32 unberitten.

11) Davon sind 8 unberitten und 4 Junker.

12) In den Reservedivisionen des Chevaliergarderegiments Ihrer Majestät und des Leibgarderegiments zu Pferde sind noch unberittene Musikchöre von je 45 Mann angesetzt.

13) Davon sind 60 unberitten.

14) Von ihnen können 1 Stabs- und 18 Oberofficiere beurlaubt sein.

15) Davon können 7 Oberofficiere auf Urlaub sein.

16) Davon sind 12 unberitten, 4 Junker und 4 für Remontecommandos.

17) Davon 60 unberitten und 60 für Remontecommandos.

18) Davon können 4 Oberofficiere beurlaubt sein.

19) Darunter 60 unberitten.

[illegible]) Darunter 1 Bereiter, der unter Belassung bei der Reservedivision auf dem Etat des activen Regiments ausscheidet.

21) Davon 40 unberitten.

[illegible]) Ein älterer Arzt wird auf je 2 Regimenter gerechnet, und hat daher die Hälfte der Regimenter nur 4 Classenbeamte, [illegible] Burschen.

[illegible]) Davon können sich 8 Oberofficiere auf Urlaub befinden.

[illegible]) Davon sind 3 unberitten, 2 Junker und 3 für Remontecommandos.

[illegible]) Davon 15 unberitten und 25 für Remontecommandos.

26) Davon 16 unberitten, 4 Junker und 4 für Remontecommando's.
27) Davon sind 130 unberitten und 60 für Remontecommandos.
28) Bei den Kaukasischen Dragonerregimentern steht je eine Invalidencompagnie im Bestande von 2 Ober-, 20 Unteroffizieren, 280 Gemeinen, 3 Nichtcombattanten und 2 Offizierburschen, die mit Ausnahme der Offiziere und deren Burschen unter den niedern Chargen der Nichtcombattanten berechnet sind.
29) Davon 20 unberitten und 8 Junker.
30) Davon 16 unberitten.
31) Dabei 8 Junker.

4. Bestand der Batterien und Bildung der Reserve- und Ersatzabtheilungen der Fuß- und reitenden Artillerie.

Die Batterien sowohl der Fuß-, als der reitenden Artillerie werden nach ihrer Zusammensetzung und der Art ihrer Geschütze in schwere, erleichterte, leichte, gezogene schwere und gezogene leichte eingetheilt; nach ihrer Bestimmung zerfallen sie in active, Reserve- und Ersatzbatterien. Davon sind bei der Fußartillerie die activen und Reservebatterien, bei der reitenden nur die activen zu kriegerischen Operationen im Felde bestimmt, und demgemäß mobil, während die Ersatzbatterien der Fußartillerie und die reitenden Reservebatterien als immobile Truppen zur Ausbildung des Ersatzes bestimmt sind.

a. Die activen Batterien.

Die activen Batterien haben im Kriege den Bestand von 8 Geschützen, und zerfallen in 2 Divisionen à 4 und 4 Züge à 2 Geschütze. Außerdem hat jede Batterie noch einen 5. Ersatzzug, welcher letztere keine besondern Geschütze hat, sondern zur Bewirkung des ersten Ersatzes in den Batterien bestimmt ist. Was die Art der Geschütze betrifft, so bestehen die schweren Fußbatterien aus je 4—12pfündigen Kanonen und 4—½pudigen Einhörnern, die leichten Fußbatterien bei der Kaukasischen Armee aus je 4—6pfündigen Kanonen und 4—¼pudigen Einhörnern, die übrigen leichten Fußbatterien aus je 6—6pfündigen Kanonen und 2—¼pudigen Einhörnern; von den reitenden Batterien haben die schweren je 8—½pudige Einhörner, die leichten je 4—6pfündige Kanonen und 4—¼pudige Einhörner. Die erleichterten Batterien der Fuß- und reitenden Artillerie bestehen aus je 8 erleichterten 12pfündigen Kanonen, die schweren gezogenen Batterien haben je 8 gezogene 8pfündige, die leichten je 8 gezogene 4pfündige Kanonen. Die noch bei der Kaukasischen Armee befindliche, zur Auflösung bestimmte Gebirgsbatterie besteht aus 8—10pfündigen Gebirgseinhörnern.

Für den Transport der Munition werden bei den schweren glatten und gezogenen und bei den erleichterten Batterien je 3, bei den leichten und leichten gezogenen je 2 Munitionskarren per Geschütz angesetzt. Außerdem befinden sich bei jeder Batterie noch 2 Vorrathslaffeten mit Protzen und eine gewisse Anzahl Fahrzeuge des Artillerie- und des Commissariatstrains.

Bespannt werden die schweren Geschütze der reitenden Artillerie mit 8, die leichten und gezogenen leichten Fußgeschütze mit 4, alle übrigen mit 6 Pferden; die Munitionskarren haben eine Bespannung von 3 Pferden.

Die 5. Ersatzzüge sind in ihrer Stärke so bemessen, daß sie die volle Zahl Leute für 2 Geschütze von dem Kaliber der in ihrer Batterie befindlichen enthalten. Sie stehen für gewöhnlich nicht bei ihren Batterien, sondern zur Disposition der Chefs der Artilleriedivisionen, oder bei detachirten Brigaden unter den Brigadecommandeuren. Mit den Batterien selbst werden sie nur im äußersten Nothfall vereinigt, und zwar nur dann, wenn solche aus ihren Brigaden detachirt werden.

Im Frieden haben die activen Batterien folgenden Bestand: Die Fußbatterien 8 Geschütze, aber davon nur 4 bespannt; mit Ausnahme der Batterien der Kaukasischen Artillerie, die beständig alle 8 Geschütze bespannt und die 5. Ersatzzüge formirt haben. Ein Gleiches ist jetzt bei den, seit 1859 auf den Kriegsfuß gesetzten Batterien der 1. 2. 3. und 5. Artilleriedivision der Fall. Die Kaukasischen Batterien haben außerdem noch je 2—10pfündige Gebirgseinhörner, für die aber eine besondere Bedienung und Bespannung nicht angesetzt ist. Die reitenden Batterien der Garde haben 8, die der Armee ebenfalls 8 Geschütze, die bei der 1. 2. 3. und 5. reitenden Artilleriebrigade beständig sämmtlich bespannt sind, während dies bei der 4. 6. und 7. Brigade nur mit je 4 Geschützen der Fall ist. In den Batterien, die nur 4 Geschütze bespannt haben, sind dies bei den schweren der Fußartillerie 2 Kanonen und 2 Einhörner, bei allen erleichterten und gezogenen 4 Kanonen. Zum Transport der Munition wird bei den Gardebatterien je 1 Karren per Geschütz, bei den übrigen Batterien je 2 per Zug gehalten.

Den beiden Finländischen Batterien, der Sibirischen Fußbatterie und den Batterien der Transbaikalschen Linienartilleriebrigade ist ein Bestand von 8 Geschützen analog der Armeeartillerie gegeben; im Frieden sind indeß davon nur je 4 Geschütze bespannt. Die Transbaikalschen Batterien haben überdies im Kriege noch je 4, im Frieden noch je 2 Gebirgseinhörner.

Zusammensetzung der Artilleriestäbe.

	Im Kriege.						Im Frieden.					
	Generale.	Stabs- und Oberofficiere.	Spielleute.	Unterofficiere.	Nonkombattanten.	Officierburschen.	Generale.	Stabs- und Oberofficiere.	Spielleute.	Unterofficiere.	Nonkombattanten.	Officierburschen.
In der Hauptverwaltung der Artillerie	12	80	—	94	261	—	12	80	—	94	261	—
Im Stabe des Chefs der Artillerie in der Armee	2	8	—	6	8	25	2	8	—	7	12	26
„ „ der Gardefußartillerie	1	2	—	1	10	6	1	2	—	9	10	7
„ „ einer Gardefußartilleriebrigade	—	4	1	3	7	9	—	4	1	2	7	8
Außerdem noch in der 1. Gardefußartilleriebrigade	—	—	51	1	—	—	—	—	51	1	—	—
Im Stabe der reitenden Gardeartillerie	1	3	1	5	9	11	1	4[3]	1	5	8	13
„ „ „ Grenadier- oder einer Armeeartilleriedivision	1	2	—	1	6	6	1	2	—	2	6	7
„ „ einer Grenadierartilleriebrigade	—	4	1	3	7	9	—	4[2]	1	2	7	8
„ „ „ Armeefußartilleriebrigade	—	4	1	3	7	9	—	6[1]	1	2	7	10
„ „ „ reitenden Artilleriebrigade	—	4	1	1	9	10	—	4[3]	1	4	8	10
„ „ des Chefs der mobilen Artillerieparks	1	2	—	2	6	7	1	1	—	—	4	4
„ „ einer Grenadier- oder Armeeparkbrigade	—	—	—	—	—	—	—	1[4]	—	1	4	3
„ „ der Kaukasischen Grenadierartilleriebrigade Sr. Kaiserl. Hoheit des Großfürsten Michaels Nikolaewitsch	—	4	1	3	7	9	—	4	1	3	7	9
„ Stabe der Transbaikalischen Linienartilleriebrigade	—	3[5]	—	1	7	6	—	3[5]	—	1	7	6
„ „ des Chefs der Artillerie von Ostsibirien	1	2	—	2	7	4	1	2	—	2	7	4

1) Davon kann 1 Stabsofficier, der für die Formation der, im Frieden nicht vorhandenen Reservebatterien angesetzt ist, auf Urlaub sein.
2) Im Stabe der 1. Grenadierartilleriebrigade ist außerdem noch 1 Stabsofficier für die Reservetruppen, der im Frieden auf Urlaub sein kann.
3) Im Stabe der 1. 2. und 3. reitenden Artilleriebrigade ist ebenso noch je 1 Stabsofficier über dem Etat.
4) Der Brigadecommandeur ist zugleich Commandeur eines Parkes.
5) Der Brigadecommandeur commandirt gleichzeitig die schwere Batterie der Brigade.

Die übrigen, hier nicht angegebenen Artilleriestäbe, wie namentlich des Chefs der Artillerie im Königreich Polen, in den Militairkreisen, der Ober- und der Localverwaltungen am Kaukasus sind schon in dem Etat jener Verwaltungen mitberechnet.

Persönlicher Etat der Batterien.

	Im Kriege.							Im Frieden.						
	Combattanten.				Noncombatt.			Combattanten.				Noncombatt.		
	Stabs- und Oberofficiere.	Unterofficiere.	Spielleute.	Bombardiere und Kanoniere.	Classbeamte.	Nichtcomb. Chargen.	Officierburschen.	Stabs- und Oberofficiere.	Unterofficiere.	Spielleute.	Bombardiere und Kanoniere.	Classbeamte.	Nichtcomb. Chargen.	Officierburschen.
In den Fußbatterien.														
In einer schweren Batterie d. Garde u. Grenadiere, i. Kriege m. 5. Ersatzzug	7	27	4	248	—	35	8	9[1]	21	4	149	—	25	10
„ „ erleichterten „ „ „ „	7	27	4	231	—	35	8	9[1]	21	4	140	—	25	10
„ „ leichten „ „ „ „	7	27	4	185	—	31	7	9[1]	21	4	111	—	25	9
„ „ schweren „ der Armee, im Kriege mit 5. Ersatzzug	7	27	4	248	—	35	8	13[1]	21	4	149	—	25	14
„ „ erleichterten „ „ „	7	27	4	231	—	35	8	12[1]	21	4	140	—	25	13
„ „ leichten „ „ „	7	27	4	185	—	31	7	12[1]	21	4	111	—	25	13
In den reitenden Batterien.														
In einer schweren Batterie, im Kriege mit 5. Ersatzzug	7	27	4[1]	323	—	42	8	8[1]	22	4[1]	258	—	32	9
„ „ erleichterten „ „ „	7	27	4[1]	301	—	40	8	8[1]	22	4[1]	235	—	32	9
„ der gezogenen leichten Leibgardebatterie, im Kriege mit 5. Ersatzzug	7	27	6	256	—	30	8	9[1]	22	6	205	—	30	10
„ dem mobilen Gardepark	—	—	—	—	—	—	—	6	16	2	90	3	27	10
„ einem mobilen oder fliegenden Park	8	26	4	332	4	27	11	8[1]	16	2	90	3	27	12
In der Kaukasischen Armee.														
In einer schweren Batterie mit 5. Ersatzzug	7	27	4	248	—	40	8	9[1]	27	4	248	—	59	10
„ „ erleichterten „ „	7	27	4	234	—	40	8	9[1]	27	4	231	—	69	10
„ „ leichten „ „	7	27	4	185	—	38	7	9	27	4	185	—	55	9
„ der noch bestehenden Gebirgsbatterie	9	22	4	167	—	109	8	9	22	4	167	—	109	9
„ einem fliegenden Park	6	26	2	225	2	26	9	6	26	2	225	2	26	9
„ einer Finländischen Batterie, im Kriege mit 5. Ersatzzug	7	27	4	185	—	34	8	7	23	4	148	—	25	8
„ der Sibirischen Fußbatterie	7	22	4	198	—	25	8	7	22	4	193	—	25	8
„ „ schweren Batterie der Transbaikalischen Linienbrigade mit Gebirgs- und 5 Ersatzzug	8[1]	37	6	330	—	81	6	8[1]	31	6	239	—	32	8
„ der leichten Batterie der Transbaikalischen Linienbrigade mit Gebirgs- und 5 Ersatzzug	9	37	6	21.7	—	80	10	9	31	6	169	—	38	10
„ dem mobilen Halbpark von Ostsibirien	2	6	—	10	1	9	3	2	6	—	10	1	9	3

1) Davon können 2 Oberoffiziere, die zur Formation der Reservetruppen im Kriege bestimmt sind, im Frieden beurlaubt sein.
2) Hiervon können 6 Offiziere, die zur Formation der Reserve- und Ersatztruppen im Kriege über dem Etat angesetzt sind, im Frieden beurlaubt sein. In den schweren Batterien Nr. 1, 3, 5 jeder Division sind blos je 1 Stabs- und 5 Oberoffiziere, in den übrigen 6 Oberoffiziere.
3) Davon können 5 Oberoffiziere auf Urlaub sein.
4) In der schweren reitenden Gardebatterie sind 11 Trompeter.
5) In der schweren reitenden Gardebatterie ist noch 1 Oberoffizier mehr. Dieser, sowie der andere über dem Etat angesetzte, können im Frieden auf Urlaub sein.
6) In der erleichterten reitenden Gardebatterie sind 8 Trompeter.
7) Davon kann 1 Oberoffizier auf Urlaub sein.
8) Davon können 2 Offiziere auf Urlaub sein, und zwar bei dem mobilen Grenadierpark Nr. 1, und den mobilen Parks Nr. 1, 4, 7, 10, 13 und 16 je 1 Stabs-, 1 Oberoffizier, bei den übrigen mobilen und fliegenden Parks je 2 Oberoffiziere. Die erstgenannten mobilen Parks haben im Frieden keine eigenen Commandeure, sondern werden von den Commandeuren der Parkbrigaden geführt.
9) Diese Batterie hat keinen eigenen Commandeur, sondern wird gleichzeitig von dem Brigadecommandeur geführt.

Anmerkung. Der erhöhte Friedensstand an Offizieren ergiebt sich aus den Offizieren, die über der etatsmäßigen Zahl derselben in den Batterien für Formation der Reserve- und Ersatztruppen angesetzt sind. Alle diese Offiziere können im Frieden beurlaubt werden.

Die im Kriege vorhandenen 5. Ersatzzüge bestehen überall aus je 5 Feuerwerkern, und an Gemeinen bei den schweren Fußbatterien aus je 50, bei den erleichterten aus je 47, bei den leichten aus je 37, bei den reitenden resp. aus je 65, 59 und 51 Mann.

b. Die Reserve- und Ersatztruppen der Artillerie.

Wenn die Completirung der Artillerie auf den Kriegsfuß angeordnet wird, so setzen sich alle activen Batterien auf den vollen Kriegsetat, und gleichzeitig werden die nachstehenden Reserve- und Ersatzabtheilungen formirt.

In der Gardefußartillerie: Die 5. Ersatzzüge für alle activen Batterien; die Gardereserveartilleriebrigade von 3 Batterien, 2 schweren und 1 erleichterten, à 8 Geschütze mit 5. Ersatzzügen und eine Gardeersatzartilleriebrigade von 3 Batterien, die jede den Mannschaftsstand einer schweren Batterie von 12 Geschützen, an Material aber nur 2 bespannte schwere Geschütze, 1—12pfündiges Kanon und 1—½pudiges Einhorn, 2 Munitionskarren und 1 Vorrathslaffete haben.

In der reitenden Gardeartillerie: Die 5. Ersatzzüge für alle activen Batterien, 1 reitende Reservebatterie mit dem Mannschaftsstande einer schweren Batterie von 12 Geschützen, aber nur mit 4 bespannten leichten Geschützen, 2—6pfündigen Kanonen und 2—½pudigen Einhörnern, mit 1 Munitionskarren für jedes.

In der Artillerie des Grenadiercorps werden dieselben Reserve- und Ersatzabtheilungen formirt, wie bei der Gardeartillerie, nur daß die reitende Reservebatterie der 7. reitenden Artilleriebrigade den Mannschaftsstand einer erleichterten Batterie von 12 Geschützen mit 4 bespannten leichten Geschützen und 1 Munitionskarren für jedes, wie oben erhält.

In der Artillerie jedes der 6 Armeecorps: Die 5. Ersatzzüge für alle activen Batterien; 3 Reservefußartilleriebrigaden für jedes Corps in gleichem Bestande wie die activen Brigaden, nur ohne gezogene Batterien, und ebenfalls mit 5. Ersatzzügen für alle Batterien; 1 Ersatzartilleriebrigade von 6 Batterien, jede im Mannschaftsstande einer schweren Batterie von 12 Geschützen, aber nur mit 2 bespannten schweren Geschützen und 1 Munitionskarren für jedes.

In den 6 reitenden Artilleriebrigaden: Die 5. Ersatzzüge für alle activen Batterien und je 1 reitende Reservebatterie mit dem personellen Etat einer erleichterten Batterie von 12 Geschützen, aber mit nur 4 bespannten leichten Geschützen, 2—6pfündigen Kanonen und 2—½pudigen Einhörnern, und mit 1 Munitionskarren für jedes.

In der Artillerie der Kaukasischen Armee: Reservebatterien in der Zahl, wie sie nach den Kriegsumständen für nöthig erachtet wird.

Alle Reservebatterien der Fußartillerie sind zur Theilnahme an den Feldoperationen gegen den Feind bestimmt, und haben daher vollständig denselben Bestand, wie die activen. Demnach sind die, aus den Reservebatterien der Garde- und der Grenadierartillerie bestimmten Reservebrigaden zur Verstärkung der Artillerie des Garde- resp. des Grenadiercorps bestimmt, während in der Armee die 3 Reserveartilleriebrigaden eines Corps, zu einer Reserveartilleriedivision derselben Nummer vereinigt, die Artillerie des betreffenden Reservearmeecorps bilden. Die Reserveartilleriebrigaden werden in der Ordre de bataille den Reserveinfanteriedivisionen der entsprechenden Nummer und Benennung zugetheilt.

Die 5. Ersatzzüge der Batterien, die Ersatzartilleriebrigaden und die reitenden Reservebatterien sind als immobile Truppen zur Ergänzung des Abganges bei den activen und mobilen Reservebatterien bestimmt, und zwar haben die 5. Ersatzzüge auf Anordnung der betreffenden Divisions- resp. Brigadecommandeure den ersten Ersatz zu bewirken, während sie selbst sich auf Verfügung der Chefs der Artillerie in den Armeen aus den vorderen Artilleriedepots ergänzen. Diese endlich erhalten ihren Ersatz aus den Ersatz- oder resp. den immobilen Reservebatterien.

Für die Formation dieser Reserven werden im Frieden folgende Cadres gehalten:

Für die Gardeartillerie eine combinirte Reservefußbatterie.

Für die Grenadierartillerie ebenfalls eine combinirte Reservefußbatterie.

Für die Armeeartillerie: Je 1 schwere Reservebatterie für jede Reservebrigade der 6 Armeecorps mit dem Mannschaftsstande für 8 Geschütze, aber nur mit 4 bespannten Geschützen (2 Kanonen und 2 Einhörnern) mit 1 Munitionskarren per Zug. Aus den 3 Reservebatterien jedes Corps, die die Nr. 1, 3 und 5 führen, ist eine combinirte Reserveartilleriebrigade formirt, deren es also im Ganzen 6 giebt, welche die Nummer des entsprechenden Corps führen. Dieselben sind zu je 3 in 2 Divisionen vereinigt, die den Namen der 1. und 2. combinirten Reserveartilleriedivision führen.

Für die 7 reitenden Reservebatterien des Grenadier- und der 6 Armeecorps werden 4 erleichterte reitende Reservebatterien gehalten, die eine reitende Reserveartilleriebrigade bilden, welche den Truppen des Odessaschen Militairkreises zugetheilt ist.

Für die reitende Reservebatterie des Gardecorps und für sämmtliche Ersatzbatterien werden im Frieden keine stehenden Cadres gehalten.

Etats der Reserve- und Ersatzabtheilungen der Artillerie.

	Im Kriege.								Im Frieden.							
	Combattanten.					Noncombatt.			Combattanten.					Noncombatt.		
	Generale.	Stabs- und Oberoffiziere.	Unteroffiziere.	Trompeter.	Gemeine.	Classenbeamte.	Nied. Chargen.	Offizierburschen.	Generale.	Stabs- und Oberoffiziere.	Unteroffiziere.	Trompeter.	Gemeine.	Classenbeamte.	Nied. Chargen.	Offizierburschen.
Im Stabe einer Reserveartilleriedivision	1	2	—	—	—	1	6	6								
„ „ „ combinirten Reserveartilleriedivision		—	—	—	—	—	—	—	1	2	—	—	—	2	6	7
„ „ „ „ Ersatzartilleriedivision	1	2	—	—	—	1	6	6								
„ „ „ Reservefußartilleriebrigade d. Garde od. Grenadiere		4	—	1	—	3	7	9								
„ „ „ Ersatz „ „ „ „ „ „ „		3	—	1	—	3	6	8								
„ „ „ Reserve „ „ „ „ Armee		4	—	1	—	3	7	9								
„ „ „ Ersatz „ „ „ „ „		3	—	1	—	3	7	8								
„ „ „ combinirten Reserveartilleriebrigade		—	—	—	—	—		—		4	—	1	—	2	7	8
„ „ der reitenden Reserveartilleriebrigade		4	—	1	—	2	6	6		4	—	1	—	2	6	6
In der combinirten Reservefußbatterie der Garde		—	—	—	—	—	—	—		6[1]	17	3	156	—	23	7
„ „ „ „ „ des Grenadiercorps		—	—	—	—	—	—	—		6[2]	17	3	148	—	23	7
„ einer Reservefußbatterie der Armee		—	—	—	—	—	—	—		12[3]	32	4	149	—	25	18
„ „ Ersatzbatterie der Garde, des Grenadiercorps u. d. Armee		6	52	6	297	—	25	6								
„ der reitenden Gardereservebatterie		7	32	6	387	1	40	9								
„ einer Reservebatterie der 7 reitenden Artilleriebrigaden[4]		7	32	6	152	2	41	11								
„ „ erleichterten Batterie der reitenden Reserveartilleriebrig.[4]		—	—	—	—	—	—	—		8[4]	22	1	235	2	32	11
„ „ Reservebatterie der Kaukasischen Armee		7	22	4	198	—	25	8								

1) Davon kann 1 Oberoffizier, der für die Formation der Reservebatterien im Kriege, bereits im Frieden über dem Etat gehalten wird, auf Urlaub sein.

2) Davon können 5 Oberoffiziere im Frieden auf Urlaub sein, ebenso der 1 Oberoffizier, der außerdem noch in jeder Brigade in den beiden ersten Batterien Nr. 1 und 5 über dem Etat angesetzt ist.

3) Dieser Etat gilt für die Batterien Nr. 1, 3 und 5; in den Batterien Nr. 2, 4, 6 und 7 sind an Noncombattanten je 1 Classenbeamter, 40 niedere Chargen und 9 Offizierburschen angesetzt.

4) Dieser Etat gilt für die Batterien Nr. 1 und 3; in den Batterien Nr. 2 und 4 sind an Noncombattanten je 1 Classenbeamter, 31 niedere Chargen und 9 Offizierburschen angesetzt.

Anmerkung. Die Reservefußbatterien der Garde-, Grenadier- und Armeeartillerie haben im Kriege denselben Etat, wie die activen, nur haben die Gardereservefußbatterien dann überall je 7 Offizierburschen.

5. Bewaffnung und Ausrüstung der Truppen.

a. Die Infanterie.

Bewaffnung. Die Garde und ein Theil der Armeeinfanterie, die Schützenbataillone und die Schützencompagnien aller Regimenter und Bataillone der übrigen Infanterie sind mit Büchsen von einem Kaliber von 6''' nach dem Miniésystem bewaffnet, die übrigen Compagnien haben glatte Gewehre mit Percussionsschloß, doch ist es in Absicht, die ganze Armee mit gezogenen Gewehren zu versehen, und zwar waren die Vorbereitungen in der Art getroffen, daß bis Ende 1861 die 48 Regimenter des ehemaligen 1. 2. 3. und 5. Armeecorps, d. h., der jetzigen 4 Militairkreise, einschließlich ihrer 4. Reservebataillone, durchgängig mit gezogenen Gewehren versehen werden sollten, während die Infanteriecompagnien des Grenadier- und des 1. Reservecorps, sowie der 4. Reserveinfanteriedivision solche im Laufe des Jahres 1862, die Infanteriecompagnien des 2. Reservecorps und der 6. Reserveinfanteriedivision aber 1863 erhalten sollten. Bei der Kaukasischen Armee ist das Dagestansche Infanterieregiment bereits seit längerer Zeit mit gezogenen Gewehren bewaffnet, wie weit die Einführung derselben bei den Infanteriecompagnien der übrigen Regimenter gediehen ist, ist nicht bekannt. Aller Wahrscheinlichkeit nach befinden sie sich noch auf demselben Standpunkte wie früher. Von den Linienbataillonen haben alle Kaukasischen, die ersten 6 Orenburgschen, die Sibirischen ausschließlich der Bataillone Nr. 4 und 10, und die Bataillone von Ostsibirien bereits 1859 gezogene Gewehre gehabt.

Das Garde-, das Grenadier-, das 1. 2. 3. und 5. Armee-, das 1. und 2. Kaukasische Sappeurbataillon und das Finländische Sappeur ½ Bataillon haben ebenfalls seit längerer Zeit gezogene Gewehre.

Die Garde- und Grenadierregimenter, die Spielleute und Unteroffiziere der Armee haben außerdem zweischneidige Seitengewehre; die Feldwebel führen als Waffe den Halbsäbel der Offiziere. Diese und überhaupt alle nicht mit Gewehren bewaffneten Leute führen in der marschmäßigen Ausrüstung ein Pistol, das an einer Schnur um den Hals befestigt ist, und in einem, am Gurt angebrachten Holster getragen wird.

Bekleidung. Sie besteht überall aus der Montur, Pantalons, im Winter von Tuch, im Sommer von Leinwand, aus dem Mantel und einer tuchenen Halsbinde. Die Montur, Halbkaftan genannt, ist ein Waffenrock von dunkelgrünem Tuch, mit gleichfarbigem, roth vorgestoßenen Kragen, bei der Garde mit Rabatten. Die Unterscheidung der Divisionen geschieht durch die Achselklappen, die der Regimenter in denselben durch die Kragenpatten, und zwar in der Art, daß die Regimenter der 1. Division jedes der früheren Corps (d. h. also in der Armee die 1. 4. 7. 10. 13. und 16.) und der 19. Infanteriedivision rothe, die der 2. Divisionen der Corps und der 20. hellblaue, die der 3. Divisionen der Corps und der 21. Infanteriedivision weiße, die der Grenadierdivisionen aber gelbe Achselklappen haben; ebenso hat in jeder Division das erste Regiment rothe, das zweite hellblaue, das dritte weiße Spiegel an den Kragen; die 4. Regimenter der Divisionen haben gar keine Kragenpatten. Die Garde und alle Offiziere haben an den Kragen Litzen. Auf den Achselklappen wird die Nr. der Division getragen, mit Ausnahme der Regimenter, die einen Fürstlichen Chef haben, dessen Namenszug sie tragen. Die Regimentsnummer befindet sich an der Kopfbedeckung. Die Linienbataillone haben rothe, die Bataillone der Innern Wache hellblaue Kragen; die letzteren unterscheiden sich durch die Achselklappen. Die Garderegimenter haben auf den Knöpfen einen Adler, das Finnische Leibgardeschützenbataillon das Wappen des Großfürstenthums Finland, die Grenadierregimenter eine Granate, die Infanterieregimenter, die den Kaiser oder die Kaiserin zum Chef haben, eine Krone, alle übrigen Infanterieregimenter, die Schützen- und Linienbataillone, und die Bataillone der Innern Wache, haben glatte Knöpfe. Die Uniformen werden so weit gemacht, daß im Nothfall eine warme Unterkleidung darunter gezogen werden kann.

Der Mantel wird von grauem Tuch verfertigt, und ist mit denselben Abzeichen wie die Montur versehen. Er bildet die gewöhnliche Oberkleidung des Russischen Soldaten, da der Waffenrock nur als Paradekleid getragen wird.

Die Kopfbedeckung besteht aus einem Käppi, nach dem Muster des Französischen, Schapka, d. h. einfach Mütze, genannt, und der Kapuze oder dem Baschlik. Die ersteren sind von farbigem Tuch mit einem Schirme, Sturmriemen, eisernem Wappen, das bei der Garde von Kupfer, bei der Armee nach der Farbe der Knöpfe, von Messing oder Weißblech ist, einer Cocarde und einem Haarbusch, der bei den Generalen und Stäben von weißer, bei den Truppen von schwarzer, bei den Spielleuten von rother Farbe ist, versehen. Außerdem haben einige Regimenter als besondere Auszeichnung noch Ehrenbleche, nach der Farbe der Knöpfe, mit der Aufschrift: „Für Auszeichnung," die über dem Wappen angebracht sind. Vorn an dem Käppi ist bei den Armeetruppen die Nr. des Regiments oder Bataillons angebracht, mit Ausnahme der Regimenter, die den Kaiser oder die Kaiserin zum Chef haben, und die an Stelle der Nr. eine Krone tragen.

Die Kapuze ist von kameelgarnem Tuch gefertigt, und wird bei Regenwetter oder einer Kälte von über 5° unter dem Käppi über Kopf und Ohren gezogen, 2 lange Enden dienen zum Umwickeln des Halses und Bedecken der Brust. Die Käppis bilden jetzt bei allen Infanterieregimentern der Garde, Grenadiere und Armee, bei allen Schützen-, Sappeur- und Linienbataillonen die einzige Kopfbedeckung, und ersetzen so nicht nur die früheren Helme, sondern auch gleichzeitig die Feldmützen. Daneben sind ausschließlich für Zwecke der Garnisonsparaden für die Generale, Flügeladjutanten und das Preobrashenskische Leibgarderegiment die alten Helme von gebranntem Leder, für das Pawlowsche Leibgarderegiment die historisch berühmten Blechmützen, und für das Leibgardeschützenbataillon der Kaiserlichen Familie die nationalen Mützen mit Besatz von Schaaffell beibehalten.

Die Fußbekleidung des Russischen Infanteristen besteht aus kurzen, für den Marsch aus langen Stiefeln, und leinenen Fußlappen. Außerdem hat jeder Soldat noch eine Leibbinde, und bei der Garde ein Turnhemde; im Winter werden für den Marsch Halbpelze von Schaaffell verabfolgt. Die Sappeurbataillone erhalten für den Arbeitsdienst tuchene Hemden.

Ausrüstung. Die ersten 3 Regimenter in jeder Garde- und Grenadierdivision, mit Ausnahme ihrer Schützencompagnien und das Leibgardegarnisonsbataillon haben weißes, alle übrigen Infanterietruppen schwarzes Lederzeug. Zum Transport der Patronen sind bei der gesammten Infanterie 2 Taschen bestimmt. Die eine, Kriegstasche genannt, und zur Aufnahme von 10 Patronen eingerichtet, wird auf das Leibkoppel geschoben, bei der Garde an der rechten Seite, bei den übrigen Truppen mitten vor dem Leibe getragen; die andere, Vorrathstasche genannt, ist zur Aufnahme von 50 Patronen, mit den nöthigen Zubehör- und Equipagenstücken eingerichtet, und dazu durch lederne Scheidewände in 3 Abtheilungen getheilt; sie wird an einem schwarzen Bandelier über der linken Schulter getragen. Die Kriegstasche ist ausschließlich für die Feldwebel, Spielleute und für alle Combattanten niedern Ranges in den Invaliden- und Etappencommandos des abgesonderten Corps der Innern Wache und des abgesonderten Orenburgschen und Sibirischen Corps, soweit sie überhaupt mit Schußwaffen versehen sind, bestimmt; alle übrigen, mit Gewehren bewaffneten Mannschaften der Infanterie, Schützen und Sappeure der Grenadiere und Armee tragen zwar auch im Frieden nur diese, im Kriege dagegen außerdem noch die Vorrathstasche; und zwar in jener 10 Patronen, in dieser ihre übrige Chargirung, die nach Abzug jener 10 noch aus 30 Patronen für jedes gezogene, 50 für jedes glatte Gewehr besteht. Von letzteren kommen in jede der beiden äußeren Abtheilungen der Tasche 20 Patronen, in die mittlere 10 und außerdem noch Werg und das Futteral für die Zündhütchen. Vorn an der Tasche ist ein weiches Ledertäschchen mit besonderem Deckel zum Verpacken von einem Tuchlappen, dem Schraubenzieher, Krätzer, Oelfläschchen, Vorrathspiston und einigen Federn zum Einschmieren der Schloßtheile angebracht. Zum Unterbringen des augenblicklichen Bedarfs von Zündhütchen ist in den Waffenröcken und Mänteln auf der innern Seite des rechten Schooßes ein Täschchen eingenäht.

Zur Aufnahme der Vorrathsgegenstände und des Proviants dient ein Tornister. Derselbe ist in seiner neuen, erst im vorigen Jahre eingeführten Gestalt als ein ganz weicher Koffer von quadratischer Form, ohne jedes Holzgestell oder Pappeinlage construirt, und in der Kaukasischen Armee von schwarzem Juftenleder, bei der Garde von Seehundsfell mit kalbledernem Rücken, bei den übrigen Truppen von Kalbfell gefertigt. Auf dem Deckel desselben wird ein Kochgeschirr mit 2 Riemen kreuzweise befestigt, während der Mantel, wenn er nicht angezogen ist, zweimal umgebogen auf die obere und die beiden Seitenkanten gelegt, und mit 4 Riemen festgeschnallt wird. Getragen wird der Tornister ganz nach Preußischer Art an 2 breiten Trageriemen, die an dem einen, mit eingenähten Schlaufen versehenen Ende mittels eines hölzernen Schiebers am Tornister befestigt sind, an dem andern flache Haken, bei der Garde mit einer Granate verziert, haben, mit denen sie vor dem Schließen des Leibkoppels auf dasselbe geschoben werden. Von den Trageriemen gehen 2, an der innern Seite derselben angenähte, dünne Riemen mit Ringen nach den am untern Ende des Tornisters angebrachten Haken, über die sie gehängt werden. Um das Einschneiden der Trageriemen an den Armen zu verhüten, werden sie durch einen, quer über die Brust gehenden, lose eingeschnallten Riemen verbunden, der bei der Garde unter den Rabatten durchgenommen wird.

In dem Tornister sind zu verpacken: Zwieback für 2 Tage, Salz ebenso in einem leinenen Beutel, die Kapuze, die Sommerhosen, 2 leinene Hemden, Unterhosen, Turnhemde, Material für 1 Paar Stiefeln, 2 Paar Fußlappen, das Nähzeug mit Nadeln, Ahle, Fingerhut, Pechdraht, Wachs, Zwirn und Scheere, ein Taschenmesser, die Kleiderbürste, Wichse Pfropfen und Wischlappen, Haar- und Bartkamm, Bartwachs und Seife. Die Verpackung dieser Sachen ist, ohne daß darüber irgend eine Vorschrift festgestellt wäre, ganz den Leuten selbst überlassen.

Das Kochgeschirr wird von sämmtlichen Infanterie-, Schützen-, Sappeur- und Linientruppen der Garde, Grenadier- und Armee, mit Ausnahme derjenigen Kaukasischen, Orenburgschen, Sibirischen und Finländischen Truppen, die die stehenden Localgarnisonen bilden, getragen. Es ist von Eisenblech gefertigt, mit einem Deckel, Handgriff und Bügel versehen, und gleichzeitig so eingerichtet, daß es an einem ledernen Riemen über die Schulter gehängt werden kann. Ausschließlich für die Kriegsausrüstung bestimmt, wird es im Frieden nur bei Wechsel der Garnison ausgegeben.

Außerdem haben in der ganzen Garde-, Grenadier- und Armeeinfanterie alle Leute noch eine Wasserflasche, die an einem schwarzen Riemen über der rechten Schulter getragen wird. Bei der Kaukasischen Armee hat nur das 1. Glied, bei den Schützenbataillonen des Grenadiercorps und der Armee ⅓ der Leute Wasserflaschen. Dieselben bestanden bisher aus Weißblech, neuerdings sind aber solche von Glas eingeführt, die dicht mit Bindfaden bewickelt, und dann mit schwarzer Oelfarbe bestrichen sind. Davon sollen im Jahre 1863 vorläufig versuchsweise 4000 den, an Kriegsoperationen betheiligten Truppen der Kaukasischen Armee und 1000 an die Orenburgschen Truppen der Syr-Darjinschen Linie ausgegeben sein; sowie auch diese Truppen 35000 Exemplare der neuen Kochgeschirre zum probeweisen Gebrauch zugewiesen erhalten haben.

Das Schanzzeug besteht bei jeder Infanterie- und Schützencompagnie aus 20 Aexten, 10 Spaten, 5 Hacken und 5 Hauen, die auf dem Marsch von den Leuten abwechselnd getragen werden. Außerdem sind für jedes Bataillon 12 Sensen angesetzt, die beim Train mitgeführt werden. Bei den Sappeurbataillonen tragen die Leute jedes Bataillons 284 Aexte, 400 Spaten, 40 Hacken, 80 Hauen, 16 Brecheisen, 16 Bohrer und 32 Steinmeißen; außerdem werden noch bei dem Train jedes Sappeurbataillons 750 Stück Schanzzeug mitgeführt.

b. Die Cavallerie.

Bewaffnung. Bei den Cuirassieren führt das 1. Glied Lanzen, Pallasche und je 1 Pistol, das 2., alle Unteroffiziere und Trompeter Pallasche und je 1 Pistol, die Offiziere Pallasche und je 2 Pistolen. Die Husaren und Ulanen haben im 1. Gliede Lanzen, Säbel und je 1 Pistol, im 2. Säbel und je 1 Pistol, die Unteroffiziere und Trompeter sind ebenso, die Offiziere mit Säbeln und je 2 Pistolen bewaffnet; außerdem haben bei jeder Escadron 16 Mann, 4 per Zug, die als Flankeurs im 2. Gliede, in der Mitte der Abmärsche, stehen, statt der Pistolen gezogene Stutzer. Die Dragoner haben gezogene Gewehre einer besondern Construction, mit Bajonetten und Dragonersäbel, und die Flankeurs noch Pistolen, die Unteroffiziere sind ebenso, die Trompeter nur mit Säbeln und je 1 Pistol, die Offiziere mit Säbeln und je 2 Pistolen bewaffnet. Die Lanzen sind bei der schweren und leichten Cavallerie ganz gleich construirt, und mit verschiedenfarbigen Flaggen versehen; der einzige Unterschied besteht in der Lage des Schwerpunktes, der bei einer beiläufigen Länge der Lanze von 8½', durch Eingießen von Blei in das Fußende so regulirt ist, daß er bei der leichten Cavallerie in der Mitte, bei der schweren etwa 5½' von der Spitze entfernt liegt. Die übrigen Waffen bieten keine besonderen Eigenthümlichkeiten, nur daß die Scheiden der Dragonersäbel von Leder und mit besondern Taschen für die Bajonette versehen sind.

Bekleidung. Sie besteht bei allen Cavalleristen, mit Ausnahme der Husaren, aus der Montur, bei den Cuirassieren von weißer, bei den Dragonern von dunkelgrüner, bei den Ulanen von blauer Farbe, grauen Tuchpantalons und Mänteln. Bei den Garderegimentern werden zur großen Parade und zur städtischen Gallauniform enge Beinkleider von blauer Farbe, mit Lampassen auf den Seitennähten, angelegt. Die Gardehusaren haben Pelze und Dolmans, von denen jene im Winter, diese im Sommer, zur Parade aber beide getragen werden; die Armeehusaren haben nur Dolmans. Weiter tragen die Cuirassiere metallene Helme und gußstählerne Doppelcuirasse in einem Gewicht von 16½—20 Pfund; die gesammte übrige Cavallerie die neuen Käppis, und zwar bei den Dragonern und Armeehusaren als ausschließliche Kopfbedeckung mit Büschen, bei den Ulanen und Gardehusaren wie bei den Cuirassiren, neben der alten Kopfbedeckung, als Feldmütze ohne Busch. Die eigentliche dienstliche Kopfbedeckung bei den Ulanen ist die Polnische Schapka, bei den Gardehusaren die Bärenmütze. Außerdem hat das Leibgardegrenadierregiment für die Garnisonsparade seine alten Schwedischen Lederhelme mit Querraupen und Flügel behalten. Die Dragoner und Ulanen haben metallische Epaulettes; bei den Cuirassieren haben alle Chargen Handschuhe mit Stulpen, die übrigen Garderegimenter haben solche durchweg ohne Stulpen; in den Armeeregimentern haben nur die Offiziere und Unteroffiziere Handschuhe.

Außerdem hat jeder Cavallerist noch dieselbe Fußbekleidung wie die Infanterie, ein Halstuch, eine Leibbinde, und soweit sie die neue Capuze nicht haben, noch Ohrenklappen, sowie bei kalter Witterung einen Halbpelz von Schaaffell. Im Sommer haben alle Cavalleristen für den Haus- oder Kasernendienst weiße leinene Kittel, die sie auch an Orten, wo sich Mitglieder der Kaiserlichen Familie oder Obercommandeure nicht befinden, im Garnisonsdienste tragen dürfen. Endlich erhalten die Mannschaften der Gardecavallerie im Sommer noch weiße Pantalons.

Für die scharfen Patronen hat jeder Cavallerist eine Cartouche, bei den Dragonern zu 40, bei der übrigen Cavallerie zu 20 Patronen für jeden Carabiner und Stutzer, und 10 für jedes Pistol.

Das Sattelzeug besteht bei der gesammten Cavallerie aus den, vom Oberst Stankewitsch erfundenen, sogenannten leichten Cavalleriesätteln, — eine Unterdecke von zusammengelegtem Filz, mit lederner Deckelplatte, und ein hölzerner Bock, — auf die die 4fach zusammengelegten Pferdedecken als Sitzkissen gelegt, und darüber tuchene Schabracken gebreitet werden. Zur Aufnahme der Vorrathsstücke und des Proviants dienen ein Mantelsack, der hinten, und 2 Packtaschen, die vorn zu beiden Seiten des Sattels befestigt werden. Die Vertheilung der Sachen in denselben findet, wie folgt, Statt.

In dem Mantelsack: Die Tuchhosen, in die ein Blechfutteral mit den Vorrathszündhütchen eingewickelt wird, 2 Hemden, die Unterhosen, die Beutel für Grütze, Salz und Zwieback, wenn sie leer sind, leinene und tuchene Fußlappen, eine Leibbinde, Tuchhandschuhe, Ohrenklappen, Halstuch, Rabatte, Leibgurt, wo sie getragen werden, und Handtuch. Alle diese Gegenstände müssen bei den Inspectionsmusterungen vorgezeigt werden.*)

*) Im Kriege hat jeder Soldat nur die eine Montur, die er angezogen trägt; im Frieden wird die zweite Garnitur bei der Regimentsbagage mitgeführt; wenn das nicht ausführbar sein sollte, so ist es gestattet, dieselbe im Mantelsack an Stelle der Hosen zu verpacken und werden diese dann auf dem Mantelsack festgeschnürt.

In den Packtaschen am Sattel. In der rechten: Bürsten zum Reinigen der Kleidung, des Schuhzeugs, und zum Ausstreichen des Lederzeugs, Knopfgabel, Striegel, Kardätsche und Deckengurt, ein Tuchtäschchen mit Messer, Scheere, Kreide und Leim, Seife, Wachs, Zwirn, Pechdraht, Ahle, Nadeln und Fingerhut; in der linken: 1 Paar Stiefeln, oder das Material dazu, Wichse, ein Stück Talg, Schmierbüchse und Freßbeutel. Alle diese Gegenstände muß der Soldat zwar haben, doch wird davon nur das Pferdeputzzeug, der Deckengurt und der Freßbeutel bei den Inspectionsmusterungen vorgezeigt.

Außerdem gehören zum Cavalleriegepäck noch: 1 Paar Hufeisentaschen auf der Deckelplatte der Unterdecke, mit 1 Paar Hufeisen und der nöthigen Anzahl von Nägeln; der Mantel mit der Feldmütze am Vorderzwiesel, die Halfter vorn am Sattel unter dem Mantel, der Kittel auf dem Sattel unter der Pferdedecke; die Fouragirleine, hinten längs des Hinterzwiesels gelegt, der Futtersack, mit einer 2tägigen Ration von 8 Garnzi, oder etwa 7½ Metzen Hafer, am Hinterzwiesel angeschnallt. Endlich werden ein Beutel mit Zwieback und Grütze, und ein Säckchen mit Salz, wenn sie gefüllt sind, vorn am Vorderzwiesel festgebunden. Alle diese Gegenstände müssen auf dem Marsch vorhanden sein, und bei den Inspectionsmusterungen vorgezeigt werden.

Die Zäumung der Russischen Cavallerie besteht aus Kandaren und Trensen, die Kaukasischen Dragonerregimenter benutzen aber gewöhnlich nach Art der Kosacken nur die letzteren.

Noch ist vielleicht hier zu erwähnen, daß die Russischen Cavallerieregimenter, die früher bekanntlich ausschließlich nur Pferde einer Farbe ritten, diesen Gebrauch, wegen der Schwierigkeit der Remontirung, seit dem Jahre 1857 bei der Armee mit der Einschränkung aufgegeben haben, daß Schimmel nur in den Ulanen- und Husarenregimentern geritten werden dürfen. Die Gardecavallerieregimenter haben dagegen auch jetzt noch nur Pferde einer Farbe.

Das Schanzzeug der Cavallerie besteht in jedem Regimente aus 66 Spaten und 32 Aexten (per Escadron 8), die die Leute an den Sätteln mit sich führen. Außerdem hat jede Escadron noch 16 Sensen.

c. Die Artillerie.

Bewaffnung. Die Fußartilleristen haben Seitengewehre, die reitenden und die Feuerwerker der Fußbatterien Kosakensäbel und Pistolen. Die Bekleidung und ganze Ausrüstung der Fußartilleristen ist analog der Infanterie, nur haben sie schwarze Kragen und rothe Achselklappen, aber keine Patronentaschen, Bandeliere und Kochgeschirre, die Feuerwerker auch keine Tornister. Dagegen sind sie aber je nach ihren Functionen bei der Geschützbedienung mit Geschützzubehör verschiedener Art ausgerüstet. Die Uniformirung der reitenden Artillerie entspricht den Dragonern, nur haben sie ebenfalls schwarze Kragen mit rothem Vorstoß.

Das Lederzeug der ganzen Artillerie ist schwarz.

Die bei den Parks stehenden Mannschaften sind wie die Fußartilleristen bekleidet und bewaffnet, außerdem haben in jedem Park 30, in dem Halbpark von Ostsibirien 15 Mann Infanteriegewehre, und dazu die kleinere Kriegstasche der Infanterie mit je 10 Patronen.

Das Sattelzeug ist wie bei der Cavallerie; die Zäumung besteht bei den Zugpferden in Trensen, bei den Reitpferden in Kandaren; in der Beschirrung ist das Kummet allgemein eingeführt.

Das Schanzzeug besteht bei jeder Fußbatterie aus 15 Aexten und 15 Spaten, bei jeder reitenden aus 8 Aexten und 8 Spaten.

d. Der Train.

Die bei den Infanterietruppen und der Fußartillerie stehenden Trainmannschaften sind mit Seitengewehren, die bei der Cavallerie und reitenden Artillerie mit Säbeln bewaffnet. Die Bekleidung ist im Allgemeinen dieselbe, wie sie die Truppen tragen, bei denen sie stehen; die nicht regimentirten Offiziere haben dunkelgrüne Monturen mit hellblauen Kragen, ebenso die Trainmannschaften der Stäbe und Verwaltungsbehörden. Die frühere graue Trainuniform existirt nicht mehr.

6. Zusammensetzung der Trains und Zahl der Pferde in den Infanterie-, Cavallerie- und Artillerietruppen.

a. Der Commissariatstrain.

Bei der Infanterie besteht er aus folgenden Fahrzeugen: 1) Patronenkarren, in denen je 40 Patronen für jedes Gewehr, und außerdem noch 20 Artelkessel zum Kochen der Speisen, transportirt werden; 2) Geldkarren für die Casse und die Bürrauacten; 3) Apothekerkarren und Apothekerpacks für den Transport der Medicamente; 4) Proviantteleggen, per Compagnie 2, die außer dem, im Tornister der Leute befindlichen 2tägigen Proviant noch einen Vorrath für 10 Tage führen; 5) Instrumentalwagen für das Handwerkszeug, das Nähzeug und das Material für die Büchsenschäfter; 6) Telegen für das Rechnungsbüreau; 7) Telegen für die Schreiber, den Transport der Kranken, der Lazarethbedürfnisse und Montirungsmaterialien; 8) Feldschmieden und 9) Zelttelegen. Die beiden letztgenannten Arten von Fahrzeugen sind nur dann beim Train der Infanterietruppen vorhanden, wenn diese mit Lagerbedürfnissen versehen sind.

Bei der Cavallerie werden außer den, für die Infanterie angesetzten Fahrzeugen noch 10) Wagen für die Pferdearzeneien gehalten. In den Patronenkarren der Cavallerie werden 30 Patronen für jeden Stutzer und jedes Dragonergewehr, 20 Patronen für jeden Carabiner und 10 für jedes Pistol mitgeführt.

Das Fuhrwesen der Corps- und Divisionsstäbe besteht aus 1) Karren für die Cassen und Acten; 2) Proviantelegen; 3) Wagen für die Schreiber, Topographen, und den Transport der Instrumente, und 4) Kirchenwagen, je 1 per Division.

Die Zahl der Fahrzeuge des Commissariatstrains ergiebt sich aus der nachstehenden Tabelle.

	Karren.				Wagen.											
	[illegible]	[illegible]	[illegible]	[illegible]	[illegible]	[illegible]	[illegible]	[illegible]	[illegible]	[illegible]	[illegible]	[illegible]	[illegible]	[illegible]	[illegible]	[illegible]
Im Stabe des Abgesonderten Gardecorps	—	2	—	—	1	—	—	1	—	—	6					
„ „ „ Grenadier-, d. 6 Armee- u. d. 6 Reservearmeecorps	—	8	—	—	1	—	—	2	—	—	3					
„ „ einer Gardeinfanterie- oder Cavalleriedivision	—	1	—	—	1	—	—	—	—	—	1	1				
„ „ der Reservedivision der Kaukasischen Armee	—	1	—	—	1	—	—	—	—	1	1	1				
„ „ einer Grenadier-, der 18 activen und 18 Reserveinfanterie- der 7 activen und 7 Reservecavalleriedivisionen, und der Kaukasischen Grenadierdivision	—	1	—	—	2	—	—	—	—	—	1	1				
„ Stabe einer Artilleriedivision und der Gardeartillerie	—	1	—	—	1	—	—	—	—	—	1	1				
„ „ „ Fußartilleriebrigade	—	1	1													
„ „ „ reitenden Artilleriebrig. u. d. reitend. Gardeartillerie	—	1	1													
In einem Regiment des Garde- und des Grenadiercorps	9	1	1	1	16	4	2	1	1	—	—	—	—	—	—	1
„ „ Infanterieregiment der Armee	13	1	1	1	24	6	2	1	1	—	—	—	—	—	—	1
„ „ 3. Reservebataillon des Garde- und des Grenadiercorps	5	1	1	—	8											
„ „ 4. „ der Armee	3	—	1	—	5											
„ „ Grenadier- oder Infanterieregiment der Kaukasischen Armee von 4 Bataillonen	17	1	1	—	32	4	—	1	—	20	—	—	—	—	—	1
In einem Infanterieregiment der Kaukasischen Armee von 5 Bataill.	21	1	1	—	40	5	—	1	—	25	—	—	—	—	—	1
„ „ Reservebataillon der Kaukasischen Armee	4	1	1	—	8	2	1	—	—	2						
„ „ Schützenbataillon	6	1	1	—	8	2	1	1								
„ „ Sapperbataillon	4	1	1	—	8	2	1	—	—	4						
„ dem Finländischen Sapperbataillon	4	1	1	—	8	2	1									
„ einer Pontoniercompagnie mit dem Park	1	1	—	—	4	—	—	1								
„ einem activen Cavallerieregiment von 4 Escadrons	2	1	1	1	8	2	1	1	1	2	—	—	1	—	—	1
„ einer 5. Reserveescadron	—	—	—	—	2											
„ „ 5. und 6. Reserveescadron	—	—	—	—	4											
„ „ Reservedivision im Kriege	—	1	1	—	4											
„ einem Reservecavallerieregiment von 4 Escadrons	—	1	1	—	8	—	—	—	—	—	—	—	1			
„ „ Dragonerregiment der Kaukasischen Armee	2	1	1	1	8	2	1	1	2	4	—	—	1	—	—	1
„ einer 5. Reserveescadron derselben	—	—	—	—	2											
„ „ schweren reitenden Batterie	—	1	—	—	3	1	—	—	—	1	—	—	—	1		
„ der Sibirischen Fußbatterie	—	1	—	—	2	2	—	—	—	2	—	—	—	2		
„ den übrigen Fuß- und reitenden Batterien	—	1	—	—	2	1	—	—	—	1	—	—	—	1		
„ dem mobilen Gardepark	—	1	1	—	3	1	—	—	—	—	—	—	—	4	6	
„ einem mobilen oder fliegenden Park	—	1	1	—	3											
NB. Von den Linienbataillonen haben nur einige Trainfahrzeuge auf Grund einer besonderen Bestimmung, so die 4 Orenburgschen Linien ½ Bataillone je	2	1	1	—	4	1										

Im Frieden ist den Truppen erlaubt, außer den obigen Fahrzeugen bei Märschen noch Artel- und Offiziersbagagewagen mitzuführen. Die Zahl der letzteren ist unbeschränkt, auch keine bestimmte Form für sie vorgeschrieben. Im Kriege bestimmt der Obercommandeur oder Abtheilungschef dieselbe nach seinem Ermessen, wie er auch anordnen kann, daß die Märsche ohne Bagagewagen, nur mit Packpferden, zu machen sind. Das eben Gesagte gilt auch für die Artelfahrzeuge der niedern Chargen, nur müssen diese von der vorgeschriebenen Form sein.

b. Der Artillerietrain. *)

Außer dem Commissariatstrain wird bei der Artillerie noch ein besonderer Artillerietrain, wie folgt, gehalten:

In jeder schweren Batterie: 1 Feldschmiede, 1 Instrumentalwagen, 4 Batterierosspusken.
„ „ leichten „ 1 „ „ 1 „ „ 3 „ „
„ der Sibirischen Fußbatterie: 2 „ „ 2 „ „ 4 „ „

c. Der Ingenieurtrain.

In den Sapperbataillonen wird außer dem Commissariatstrain noch Ingenieurtrain zum Transport des Brückenmaterials, des Vorrathsschanzzeugs, der Zeichnen- und galvanischen Materialien gehalten, und zwar besteht derselbe für jedes Bataillon aus:

6 Fuhren für das Handwerkszeug, 2 Wagen für das Brückenmaterial, 2 Wagen für die galvanischen Instrumente und 1 Feldschmiede.

d. Die Pferde.

Sie werden eingetheilt in Reit- oder sogenannte Frontpferde, Artilleriepferde zur Bespannung der Geschütze und des Artillerietrains der Batterien und des Ingenieurtrains bei den Ingenieurtruppen, und in Trainpferde für den Commissariatstrain. Den Artilleriepferden entsprechen in den Parks die Parkpferde.

Die Zahl der Pferde ergiebt sich aus folgender Tabelle.

*) Ueber den Artillerietrain der mobilen und fliegenden Parks s. den Abschnitt 7.

	Im Kriege. Reitpferde.	Im Kriege. Artillerie- Zugpferde.	Im Kriege. Train- Zugpferde.	Im Frieden. Reitpferde.	Im Frieden. Artillerie- Zugpferde.	Im Frieden. Train- Zugpferde.
1. In den Stäben.						
Im Stabe des Abgesonderten Gardecorps	—	—	39			
„ „ „ Grenadier-, der 6 Armee- und der 6 Reservearmeecorps	—	—	30			
„ „ einer Gardeinfanterie- oder Cavalleriedivision	1	—	11			
„ „ der Kaukasischen Reservedivision	1	—	16			
„ „ der übrigen mobilen activen und Reserveinfanterie- und Cavalleriedivisionen	1	—	14			
„ „ einer mobilen Artilleriedivision und der Gardefußartillerie	—	—	6			
„ „ „ Fußartilleriebrigade	1	—	6	1		
„ „ „ Ersatzartilleriebrigade	1					
„ „ „ reitenden Artilleriebrigade und der reitenden Gardeartillerie	1	—	8	1		
„ „ der Transbaikalischen Linienartilleriebrigade	—	—	6			
2. In den Infanterieregimentern und Bataillonen.						
In einem Regiment des Gardecorps	—	—	163	—	—	51
„ „ „ „ Grenadiercorps	—	—	163	—	—	35
„ „ activen Regiment der 4 Militairkreise	—	—	163	—	—	75
„ „ „ „ „ 1 Reservecorps	—	—	168	—	—	51
„ „ Reserveregiment der Armee	—	—	163			
„ „ 3. Reservebataillon des Garde- und des Grenadiercorps	—	—	40			
„ „ 4. „ der Armee	—	—	—	—	—	19
„ „ Grenadier- oder Infanterieregiment der Kaukasischen Armee von 4 Bataillonen	—	—	220	—	—	184
„ „ Infanterieregiment der Kaukasischen Armee von 5 Bataillonen	—	—	269	—	—	155
„ „ Reservebataillon der Kaukasischen Armee	—	—	58	—	—	22
„ dem Finnischen Leibgardeschützenbataillon	—	—	68	—	—	22
„ einem Kaukasischen Schützenbataillon	—	—	67	—	—	27
„ „ der übrigen Schützenbataillone	—	—	73	—	—	31
„ „ „ 6 Reserveschützenbataillone	—	—	—	—	—	23
„ „ Garde- oder Grenadiersappeurbataillon	—	48	65	—	1	27
„ „ Armeesappeurbataillon	—	48	65	—	1	37
„ dem 1. Kaukasisch. Sappeurbataill. Sr. Kais. Hoh. d. Großfürsten Nikolaj Nikolaewitsch d. Aelteren	—	48	84	—	1	42
„ „ 2. „ „	—	48	65	—	1	27
„ „ Pontonpark des Gardecorps	—	427				
„ einer Pontonniercompagnie mit dem Park	—	357	43	—	12	14
„ dem Finländischen Sappeurbataillon	—	48	87	—	—	27
„ der Gardeequipage	—	—	53			
„ den Linienbataillonen nach besonderer Bestimmung; so in den 4 Orenburgschen je Bataillonen	—	—	21	—	—	21
3. In der Cavallerie.						
In einem Gardecavallerieregiment von 4 Escadrons	561	—	74	465	—	19
„ „ activen Regiment der 1. 2. 3. und 5. Cavalleriedivision von 4 Escadrons	657	—	74	561	—	19
„ „ „ „ „ 4. 6. und 7. Cavalleriedivision von 4 Escadrons	657	—	74	393	—	19
„ einer 5. Reserveescadron der Garde	—	—	—	116	—	4
„ „ Reservedivision der Gardecavallerie	360	—	18[1]			
„ den 5. und 6. Reserveescadrons der Regimenter der 1. 2. 3. und 5. Cavalleriedivision	—	—	—	232	—	8
„ einer Reservedivision dieser Regimenter, wenn sie von ihnen abgetrennt sind	361	—	18	233	—	8
„ „ 5. Reserveescadron der 4. 6. und 7. Cavalleriedivision	—	—	—	98	—	4
„ einem Reserveregiment der Armeecavallerie von 4 Escadrons	721	—	81[1]			
„ „ Dragonerregiment der Kaukasischen Armee von 4 Escadrons	549	—	80	549	—	80
„ einer 5. Reserveescadron dieser Regimenter	32	—	4	32	—	4
4. In der Artillerie.						
In einer schweren Fußbatterie der Garde	9	180	18	5	40	6
„ „ erleichterten „ „ „	9	176	18			
„ „ leichten „ „ „	9	126	18	5	31	6
„ „ schweren „ „ Grenadier- und Armeeartillerie	9	180	18	5	33	4
„ „ erleichterten „ „ „ „ „	9	176	18	5	33	4
„ „ leichten „ „ „ „ „	9	128	18	5	24	4
„ „ combinirten Reservefußbatterie der Garde oder Grenadiere	—	—	—	3	20	4
„ „ Reservefußbatterie der Armee	—	—	—	5	33	4
„ „ Ersatzfußbatterie der Garde, Grenadiere und Armee	—	20	6			
„ der schweren reitenden Batterie der Garde	180	200	21	172	96	6
„ einer erleichterten reitenden Batterie der Garde	152	170	18	144	79	6
„ der leichten reitenden Batterie der Garde	143	130	18	135	69	6
„ der reitenden Reservebatterie der Garde	65	40	6			

	Im Kriege.			Im Frieden.		
	Reitpferde.	Artillerie- Zugpferde.	Train- Zugpferde.	Reitpferde.	Artillerie- Zugpferde.	Train- Zugpferde.
In einer schweren reitenden Batterie der 1. 2. 3. und 5. reitenden Artilleriebrigade	180	200	21	172	83	6
„ „ erleichterten „ „ „ 1. 2. 3. „ 5. „ „	152	179	18	144	66	4
„ „ schweren „ „ „ 4. 6. und 7. reitenden Artilleriebrigade	180	200	21	92	42	6
„ „ erleichterten „ „ „ 4. 6. „ 7. „ „	152	179	18	77	33	4
„ „ „ „ „ „ reitenden Reserveartilleriebrigade	77	40	4	77	33	4
„ dem mobilen Gardepark	—	—	—	—	5	6
„ einem mobilen oder fliegenden Artilleriepark	—	384	20	—	—	6
„ einer schweren Batterie der 19. Artilleriebrigade	9	180	18	—	98	18
„ „ erleichterten „ „ „ „	9	176	18	—	97	18
„ „ leichten „ „ „ „	9	126	18	—	76	18
„ der Gebirgs- „ „ „ „	—	106	79			
„ einer schweren Batterie der 5 übrigen Artilleriebrigaden der Kaukasischen Armee	9	180	18	5	65	9
„ „ erleichterten „ „ „ „ „ „ „ „	9	176	18	5	85	9
„ „ leichten „ „ „ „ „ „ „ „	9	126	18	5	58	9
„ „ Reserve- „ „ Kaukasischen Armee	—	55	4			
„ einem fliegenden Park „ „ „	—	166	20	—	—	6
„ einer Finländischen Batterie	9	126	18	5	24	4
„ der Sibirischen Fußbatterie	9	170	28	6	40	6
„ „ schweren Batterie der Transbaikalischen Linienartilleriebrigade	9	233	49	5	83	4
„ „ leichten „ „ „ „	9	184	49	5	24	4

1) Wenn im Kriege diesen Truppen nach den Kriegsumständen Traintaltzeuge analog den activen gegeben werden, so wird auch die Zahl der Trainpferde angemessen vergrößert.

2) Außerdem in den Parks der 19. 20. und 21. Artilleriebrigade noch je 3 Paar Ochsen als Arbeitsvieh mit 3 Wagen.

7. Bestand der Parks, mobilen Arsenale, Hospitäler und Magazine.

a. Die mobilen und fliegenden Artillerieparks. Zur Versorgung der Truppen mit Geschossen, Patronen und den übrigen Kriegsbedürfnissen während der kriegerischen Operationen sind in dem Garde-, dem Grenadier- und den Armeecorps die mobilen und die fliegenden Artillerieparks eingerichtet. Jede Artilleriedivision hat dazu im Kriege 3 mobile und 1 fliegenden Park, von denen im Frieden 1 mobiler Park nicht gehalten wird. Diese Parks bilden in jeder Artilleriedivision die Parkbrigade der gleichen Nummer, werden aber im Nothfalle auch den anderen Waffen zugetheilt. Beim Abgesonderten Gardecorps besteht im Frieden nur ein mobiler Gardepark, der zur Ausbildung von geschickten Feuerwerkern und Bombardier-Laboratoristen für die mobilen und fliegenden Armeeparks und gleichzeitig als Cadre für die im Kriege aufzustellenden 3 mobilen und 1 fliegenden Parks der Garde dient. Der Etat und die Zahl der Fuhrwerke dieser Parks sind zum Theil schon im Vorigen angegeben und ist daher nur noch Einiges über die Zusammensetzung derselben aus Artilleriefahrzeugen nachzuholen.

Jeder mobile Park, mit Ausnahme des im Frieden bestehenden mobilen Gardeparks, besteht aus 122 Parkwagen und 2 Feldschmieden, jeder fliegende Park aus 111 Munitionskarren, 3 Parkwagen, 3 Rostpusken und 3 Feldschmieden. Diese führen ausschließlich, jene nur theilweise fertige Munition mit sich, das Uebrige in den fertigen Materialien. Die Beladung der Fahrzeuge damit ist derartig geregelt, daß jeder mobile Park in 2 Halbparks, jeder fliegende in 3 Parksectionen von gleicher Zusammensetzung und Ausrüstung mit Leichtigkeit zu zerlegen ist. Die fliegenden Parks haben diese Bedürfnisse unmittelbar den Truppen selbst zuzuführen und daher im Nothfall die erforderliche Anzahl von Karren zur Begleitung detachirter Abtheilungen abzugeben.

In der Kaukasischen Armee werden planmäßig gehalten: 4 fliegende Parks nach der Zahl der Artilleriebrigaden und 2 mobile Parks. Die ersteren sollen außer dem ärarischen Train (1 Actenkarren und den Proviantkriegen) je 40 Munitionskarren, 4 Rostpusken und 2 Feldschmieden haben. Für die mobilen Parks wird in Alexandrapol ein Train von je 180 Fahrzeugen gehalten. Im Frieden hat jeder fliegende Park nur 6 Trainpferde, während in den mobilen solche gar nicht angesetzt sind.

Für die in Sibirien dislocirten Truppen ist ein mobiler Halbpark von 60 Parkwagen angesetzt, ohne ärarischen Train. Der Transport der Parkvorräthe an die Truppen erfolgt dort im Kriege durch gemiethete Fuhren.

b. Die localen Parks dienen zur Ergänzung der Vorräthe der mobilen und fliegenden Parks. Sie befinden sich beständig bei den Artilleriekreisen und Laboratorien unter der Verwaltung der Innern Festungsartilleriebehörden. Außerdem werden im Kriege noch provisorische locale Parks im Rücken der operirenden Truppen errichtet. Jeder locale Park enthält dieselbe Anzahl von Kriegsbedürfnissen, wie ein mobiler; dagegen haben sie weder Fahrzeuge noch Pferde. Die für sie erforderlichen niederen Chargen werden nach Maßgabe des Bedarfes aus den Garnisons- und Laboratoriencompagnien abgegeben. Zur Verwaltung der, für den Fall eines Krieges einzurichtenden localen Parks werden Artillerieoffiziere bestimmt.

c. Die Belagerungsartillerieparks sind zur Versorgung der Armee mit allen, zur Führung einer regelmäßigen Belagerung nöthigen Geschützen und Kriegsbedürfnissen bestimmt. Gegenwärtig existiren 2 Belagerungsartillerieparks, von denen jeder in 4 Abtheilungen getheilt wird, und zwar der Park Nr. 1 in die 4 Abtheilungen Nr. 1—4, der

Park Nr. 2 in die Abtheilungen Nr. 5—8. Diese 8 Abtheilungen sind im Frieden zu je 2 in Riga, Neu-Georgiewsk, Tiraspol und Kiew dislocirt. Außerdem befindet sich noch 1 Abtheilung in Tiflis und je 1 Ersatzabtheilung in St. Petersburg und Kiew.

In jeder Belagerungsabtheilung sind angesetzt: 4—24pfündige, 4—18pfündige Kanonen; 4—1pudige Einhörner; 2—5pudige, 4—2pudige und 8—½pudige Mörser. Im Ganzen 26 Geschütze, 34 Rohrgeschütz- und Mörserlaffeten, 10 Mörsersattelwagen, 3 Munitionskarren, 126 Wagen des Artillerie- und 7 des Commissariatstrains. Zum Transport aller dieser Fahrzeuge sind 461 Pferde oder 324 Ochsen bestimmt, die aber erst im Falle einer beabsichtigten in Marsch Setzung des Parks angekauft werden.

Die Kaukasische Belagerungsartillerieabtheilung ist auf Grund einer besonderen Bestimmung zusammengesetzt; die beiden Ersatzabtheilungen enthalten nur Geschütze, Laffeten und Karren ohne jeden Train.

d. Die mobilen Arsenale. Sie sind im Kriege zur Ausbesserung der Beschädigungen an den Geschützen und Artilleriefahrzeugen bestimmt, die mit den, bei den Truppen befindlichen Mitteln nicht hergestellt werden können. Solcher Arsenale bestehen 3, und zwar: Nr. 1 in St. Petersburg, Nr. 2 in Warschau, Nr. 3 in Kiew. Sie werden im Fall eines Krieges nach Maßgabe des Bedarfes den activen Truppen zugetheilt und folgen hinter der Armee. Sie haben daher ein eigenes Trainfuhrwesen, aus 36 Artillerie- und 4 Commissariatswagen, 1 Feldschmiede und 1 Actenkarren bestehend, zu dessen Transport im Fall einer Mobilmachung der Arsenale je 131 Pferde angekauft werden.

e. Die Pontonparks werden zum Zwecke der Herstellung von Uebergängen über Flüsse gehalten und sind wie folgt zusammengesetzt:

1. Ein Pontonpark beim Gardecorps. Er besteht aus 60 Biragoschen Pontons in 4 Abtheilungen. Davon befindet sich eine Abtheilung mit 15 Pontons beim Leibgardesappeurbataillon, die 3 anderen werden in Dünaburg aufbewahrt. Im Kriege wird für diesen Park zu seiner Bedienung 1 Reservecompagnie mit Trainabtheilung beim Leibgardesappeurbataillon, wie schon vorher angegeben, errichtet und zu seiner Bewegung 17 Reit- und 410 Pontonpferde angekauft.

2) Die Pontonparks Nr. 1—6, die im Frieden bei der 1. und 2. Sappeurbrigade stehen, werden im Kriege, nach Maßgabe des Bedarfes, zugleich mit den Pontoniercompagnien, den Armeecorps zugetheilt. Jeder dieser Parks besteht aus 32 segelleinenen Pontons mit einem Belag für 33 Spannungen, und einer Abtheilung hölzerner Pontons (8 vordere und 7 mittlere Pontontheile) mit 8 Bockgestellen und einem Belag für 8 Spannungen. Der Train des Parks besteht aus 49 Pontonwagen, (32 für die segelleinenen, 15 für die hölzernen Pontons, und 2 für die Vorrathssachen und Boote), 1 Wagen für das Handwerkszeug, 3 für die Vorrathssachen und das Holz, 1 für die Instrumente und 1 Feldschmiede. Zur Bewegung des Trains sind 17 Reit- und 340 Zugpferde angesetzt, die aber erst dann angekauft werden, wenn der Park auf Kriegsfuß gesetzt wird.

Die Pontonparks können mit ihren segelleinenen Pontons bei einer dreifach verschiedenen Spannung Brücken von etwa 160, 192 und 222' Länge incl. der beiden Landstoße schlagen, bei einer Breite des Brückenbelags von etwa 11½ Fuß. Aus einer Abtheilung hölzerner Pontons können 5 verschiedene Arten von Brücken hergestellt werden, je nachdem die Unterstützungen aus 1, 2 oder 3 Pontons gebildet, die Streckbalken in 2, 3, 4 oder 5 Reihen, und die Belagsbretter senkrecht oder schräg darauf gelegt werden. Solcher Gestalt werden Brücken von etwa 75' Länge und 9½' Breite (in 2 Arten), von 93' Länge und 6½' Breite, von 120' Länge und 4½' Breite, und von 185' Länge und etwa 3' Breite hergestellt. Außerdem können die hölzernen Pontontheile zum Uebersetzen von Truppen zusammengesetzt werden, und nimmt ein Ponton aus 2 Endtheilen 36 Mann, aus 1 End- und 1 Mitteltheil 40, aus 3 Theilen 60 Mann, eine Maschine aus 2 Pontons, jedes aus 5 Theilen gebildet, 250 Mann auf, ohne die Ruderer.

f. Die Feldingenieurparks sind zum Transport der Vorrathsinstrumente aller Art (der mathematischen, der Minengeräthe, des Schanzzeugs, Brückenmaterials und Handwerkszeugs) und der übrigen, für die Sappeurbataillone nöthigen Gegenstände bestimmt, unabhängig von dem Material, das sich bei den Bataillonen selbst befindet. Der Train dieser Parks besteht aus 3spännigen Wagen und Feldschmieden, für die die nöthigen Pferde im Kriege angekauft werden. Jeder Feldingenieurpark besteht aus 2 Abtheilungen mit einer Train ½ Compagnie.

g. Die Belagerungsingenieurparks haben den Zweck, die Truppen mit den verschiedenen, für die Belagerung einer Festung nöthigen Bedürfnissen zu versehen. Solcher Parks giebt es 2 (Nr. 1 und 2), deren jeder in 4 Abtheilungen zerfällt. Jede Abtheilung enthält so viel Instrumente und Zubehörstücke &c., wie für die förmliche Belagerung einer Festung nöthig sind. Im Frieden werden in jedem Park die sämmtlichen Instrumente, und alle nach dem Etat angesetzten Vorräthe und Gegenstände, sowie ein Train von 24 Wagen und 4 Feldschmieden gehalten. Bei jedem Belagerungsingenieurpark steht eine Parkcompagnie.

h. Die mobilen Hospitäler sind dazu bestimmt, den Verwundeten und Kranken die ersten Hülfsleistungen zu gewähren, sowie ihren Transport nach den, im Rücken der Armee befindlichen stehenden oder provisorisch zu errichtenden Hospitälern zu vermitteln. Planmäßig wird bei jedem Corps 1 mobiles Hospital gehalten, und außerdem beim Hauptquartier noch ein Reservehospital mit dem doppelten Zweck, für die Behandlung der Kranken und Verwundeten desselben zu dienen, und die übrigen Hospitäler zu verstärken, errichtet. In jedem mobilen Hospital wird ein Vorrath von Hospitalvorräthen und Verbandmitteln, Instrumenten, Arzeneien und Lebensmitteln für die Kranken mitgeführt. Die Aerzte, Apotheker und Commissariatsbeamten für dieselben werden durch eine besondere Verfügung des Kriegsministeriums bestimmt, die Bedienung aus den, auf unbestimmten Urlaub befindlichen Halbinvaliden der 2. Cathegorie entnommen. Der Train eines mobilen Hospitals besteht aus 18 Wagen für die Hospitalvorräthe und 50 Troschken für den Transport der Kranken und Verwundeten, für welche Fahrzeuge im Ganzen 264 Pferde angesetzt sind.

i. Die Feldhospitalcompagnie für das Gardecorps ist zu dem Zwecke errichtet, um den Verwundeten auf dem Schlachtfelde eine beschleunigtere Hülfsleistung angedeihen zu lassen, und sie mit Verband- und Rettungsmitteln zu versehen. Die Compagnie besteht aus 3 Theilen:

1) dem Combattantenstand von 5 Offizieren und 99 niedern Chargen;

2) dem militairärztlichen Stande von 1 Medicus, 36 Feldscheeren und Eleven derselben, und 120 im Hospitaldienst ausgebildeten Gemeinen, mit 32 Noncombattanten.

3) dem Train von 23 Wagen, 48 Pferden, 3 Zelten, 60 Tragebahren und 3 Operationstischen.

Zur Verstärkung des ärztlichen Bestandes werden der Compagnie während einer Schlacht Aerzte und Chirurgen von den Truppen zucommandirt, auch müssen auf dem Schlachtfelde unfehlbar 1 Geistlicher und 2 Kirchendiener bei ihr sein.

k. Die mobile Hauptapotheke. Sie dient zur Versorgung aller Theile der Armee mit den, für ihre Feldapotheken nöthigen Apothekervorräthen. Es wird in ihr ein viermonatlicher Bedarf an solchen für eine, nach der allgemeinen Zahl der Truppen und den Eigenthümlichkeiten des Kriegsschauplatzes als Norm angenommene Zahl von Kranken mitgeführt. So bestand z. B. 1849 bei der mobilen Hauptapotheke der activen Armee ein viermonatlicher Vorrath von Arzeneien für 6000 Kranke, zu dessen Transport eine Totalzahl von 128 Pferden angesetzt war.

l. Die mobilen Magazine sind zum Transport der Verpflegungsbedürfnisse und zu ihrer Verführung an die Armee bestimmt, in dem Falle, daß diese sich von den für sie eingerichteten localen Magazinen so weit entfernt, daß die, bei den Truppen unmittelbar befindlichen Transportmittel zum Heranschaffen der Verpflegung nicht mehr ausreichen. Gleichzeitig haben sie die Versorgung der vordersten localen Magazine mit Proviant und Fourage aus den weiter entfernten Depots zu bewirken. Die mobilen Magazine werden aus einer gewissen Anzahl gewöhnlicher, mit 2 Pferden oder Ochsen bespannter Wagen gebildet, und in Halbbrigaden von je 1000 Fahrzeugen getheilt. Jede Halbbrigade zerfällt in 4 Compagnien. Die nöthigen Pferde und Ochsen für die Magazine werden bei einem bevorstehenden Kriege durch Kauf oder Lieferung beschafft, die Commandeure der Abtheilungen des Magazins durch besondere Verfügung des Obercommandeurs bestimmt. Die Zahl der Halbbrigaden richtet sich nach dem Bedürfniß. So war z. B. bei der, im Jahre 1854 in den Donaufürstenthümern operirenden Südarmee ein mobiles Magazin von 1 mit Pferden und 10 mit Ochsen bespannten Halbbrigaden eingerichtet, das sonach im Ganzen aus 11,000 Fahrzeugen bestand.

Die Etats der Parks, mobilen Arsenale, Hospitäler rc. gehen, soweit sie nicht bereits anderweitig angegeben, oder überhaupt zu bestimmen sind, aus der nachstehenden Tabelle hervor.

	Im Kriege.									Im Frieden.							
	Combattanten.				Noncombatt.					Combattanten.				Noncombatt.			
	Stabs- und Oberofficiere	Unteroffiziere	Spielleute	Gemeine	Classbeamte	Nst. Chargen	Officiersdiener	Pferde	Wagen	Stabs- und Oberofficiere	Unteroffiziere	Spielleute	Gemeine	Classbeamte	Nst. Chargen	Officiersdiener	Wagen
Im Stabe eines Belagerungsartillerieparks	2	—	—	—	—	4	3										
In einer Abtheilung eines Belagerungsartillerieparks	11	42	4	334	6	124	18	461	206	—	—	—	—	2	5	2	
„ einem mobilen Arsenal	1	—	—	—	1	155	2	131	42	1	—	—	—	1	71	2	
„ „ Feldingenieurpark: im Park	2	—	—	—	2	1	5	—	—	2	—	—	—	1	1	4	
in der ½ Compagnie	3	9	2	100	—	19	3	—	—	2	3	1	30	—	9	2	
„ „ Belagerungsingenieurpark: im Park	2	—	—	—	4	1	7	—	—	2	—	—	—	1	1	4	28
in der Parkcompagnie	5	16	4	200	—	43	5	—	—	2	4	1	60	—	11	2	
„ der Feldhospitalcompagnie für das Gardecorps	5	17	2	80	1	188	—	43	23								

8. Die Mustertruppen.

Die Mustertruppen bestehen aus 1 Musterinfanteriebataillon, 1 Mustercavallerieescadron, 1 Musterfuß-, 1 reitenden Musterbatterie und 1 Musterdivision Kasakenartillerie.

Der Zweck dieser Truppen besteht darin, eine regelmäßige Ausbildung im Frontdienst und eine gleichmäßige Bekleidung in der Armee zu erzielen. Sie bestehen dazu aus einem stehenden Cadre und einem wechselnden Bestande. Zu dem letzteren haben alle Infanterie- resp. Cavalleriedivisionen, die Sappeur- und Linienbataillone und die Artilleriebrigaden nach besondern, etatsmäßig festgestellten Verzeichnissen eine gewisse Anzahl Offiziere und Commandos aus niedern Chargen abzusenden, die sich bei der Infanterie alle 2 Jahre, bei der Cavallerie mit den Offizieren alle 1, mit den niedern Chargen alle 2 Jahre, bei der Artillerie alle Jahre ablösen.

Von dem Bestande der wechselnden Abtheilungen entlassen die Mustertruppen alljährlich die Hälfte von den zu Lehrern in den verschiedenen Uebungszweigen ausgebildeten Militairchargen, und ziehen an deren Stelle andere ein. Von den Orenburgschen Linienbataillonen Nr. 7, 8 und 9, und von dem Sibirischen Nr. 10 werden solche Commandos nicht regelmäßig zu bestimmten Zeiten zum Musterinfanteriebataillon gesendet, sondern es haben von ihnen diejenigen Mannschaften bei demselben zu verbleiben, die in St. Petersburg als Begleitungscommandos der Gold- und Silberkarawanen ankommen. Von diesen Chargen werden diejenigen, die bei der allgemeinen Entlassung der Commandos mindestens 8 Monate bei dem Musterbataillon gestanden haben, gleichzeitig mit diesen zu ihren Truppentheilen zurückgeschickt, die übrigen bleiben bis zum nächsten Entlassungstermin bei demselben zurück.

Was die Organisation der Mustertruppen betrifft, so besteht das Musterinfanteriebataillon aus 7 Compagnien, und zwar 4 Infanterie-, 1 Schützen-, 1 Musikanten- und 1 Noncombattantencompagnie. Davon besteht die 1. Compagnie aus den Mannschaften des Grenadiercorps, der früheren 3 ersten Armeecorps und der Sappeurbataillone; die 2. aus den Truppen der ehemaligen 3 letzten Armeecorps, und aus den Commandos der Orenburgschen, Sibirischen, Ostsibirischen Linienbataillone und der Bataillone des Kubanschen Kasakencorps; die 3. aus den Commandos der 6 Reserveinfanteriedivisionen, der Finländischen und Kronstädtischen Linienbataillone; endlich die 4. aus den Commandos der Kaukasischen Infanterieregimenter und Sappeurbataillone.

Die Mustercavallerieescadron besteht aus 4 Zügen à 18 Rotten, und zwar die 2 ersten aus Dragonern und Gensdarmen, der 3. aus Ulanen, der 4. aus Husaren.

Die beiden Musterbatterien haben je 4 gezogene 4pfündige Kanonen, die Musterkosakendivision 2—6pfündige Kanonen und 2—½pudige Einhörner.

Der Etat der Mustertruppen ist folgender:

	Combattanten.				Noncombattant.			Pferde.		
	Stabs- und Oberofficiere.	Unterofficiere.	Spielleute.	Gemeine.	Classenbeamte.	Niedere Chargen.	Officiersburschen.	Reitpferde.	Artillerie (Zugpferde).	Train (Zugpferde).
Im dem Musterinfanteriebataillon im stehenden Cadre	20	112	63	—	6	162	28			
„ wechselnden Bestande	39	200	94	578	—	120	39			
„ der Mustercavallerieescadron „ stehenden Cadre	8	24	5	89	5	121	14	201	—	12
„ wechselnden Bestande	16	47	—	118						
„ „ Musterfußbatterie „ stehenden Cadre	9	16	1	20	1	54	11	12	41	6
„ wechselnden Bestande										
„ „ reitenden Musterbatterie „ stehenden Cadre	9	18	1	20	3	58	18	82	31	6
„ wechselnden Bestande	8	9	8	90	—	18	8			
„ „ Musterkosakendivision „ stehenden Cadre	4	9	1	16	—	16	4	64	40	4
„ wechselnden Bestande	5	10	2	86	—	8	5			

9. Das Abgesonderte Corps der Innern Wache.

Das Corps der Innern Wache besteht aus 48 Bataillonen und 2 Halbbataillonen der Innern Wache, dislocirt in den Gouvernements- und anderen bedeutenden Städten, aus 2 Sibirischen und 2 Kronstädtischen Linienbataillonen, 527 Commandos der Innern Wache in den Districtsstädten und einigen Flecken, 188 Etappencommandos an den verschiedenen Orten der Districte auf den Etappenstraßen, 8 Convoiabtheilungen zur Escortirung von Arrestanten auf den 3 Haupteisenbahnlinien, und 5 Salzcommandos.

Zu Verwaltungszwecken ist das ganze Corps in 11 Kreise getheilt, und sind diese, wie folgt, zusammengesetzt.

Bataillone der Innern Wache.	Zahl der Commandos der Innern Wache.	Zahl der Etappencommandos.	Zahl der Convoiabtheilungen.	Zahl der Salzcommandos.
1. Kreis.[1]				
St. Petersburgsches Nr. 1	7	2	1	
Rewalsches Nr. 2	4	1		
Pskowsches Nr. 3	8			
Mitausches Nr. 4	8	2		
Rigasches Nr. 5	8	1		
2. Kreis.				
Nowgorodsches Nr. 6	11	2		
Twersches Nr. 7	12			
Jaroslawsches Nr. 8	10			
Wladimirsches Nr. 9	13			
Kostromasches Nr. 10	12			
3. Kreis.				
Wologdasches Nr. 11	10	—	—	1
Petrosawodskisches Nr. 12[2]	7	5		
Archangelgorodsches Nr. 13[2]	9	2	—	1
4. Kreis.				
Nishegorodsches Nr. 15[2]	11	4		
Kasansches Nr. 16[2]	12	10		
Simbirskisches Nr. 18	8	5		
Wjatkasches Nr. 19[2]	11	7		
Permsches Nr. 20	12	16	—	1

Bataillone der Innern Wache.	Zahl der Commandos der Innern Wache.	Zahl der Etappencommandos.	Zahl der Convoiabtheilungen.	Zahl der Salzcommandos.
5. Kreis.				
Pensasches Nr. 21	10	7		
Saratowsches Nr. 22	10	—	—	1
Tambowsches Nr. 23	12	8		
Woroneshsches Nr. 24	12	5		
Rjäsansches Nr. 25	12			
Astrachansches Nr. 26	5	—	—	1
6. Kreis.				
Orelsches Nr. 27	12	3		
Tulasches Nr. 28	12	5		
Smolenskisches Nr. 29	12			
Mogilewsches Nr. 30	11			
Kalugasches Nr. 31	11			
Moskausches Nr. 32	14	3	1	
7. Kreis.				
Shitomirsches Nr. 33	13	6		
Kiewsches Nr. 34	12	9		
Tschernigowsches Nr. 35	15			
Poltawasches Nr. 36	15	11		
Charkowsches Nr. 37	11	8		
Kurskisches Nr. 38	15	8		

Bataillone der Innern Wache.	Zahl der Commandos der Innern Wache.	Zahl der Etappencommandos.	Zahl der Convoiabtheilungen.	Zahl der Salzcommandos.
8. Kreis.				
Ekaterinoslawsches Nr. 39	9	8		
Taganrogsches ½ Bat. Nr. 17				
Chersonsches Nr. 40	6	10		
Taurisches Nr. 41	8	1		
Kertschsches ½ Bat. Nr. 17				
Kischinewsches Nr. 42	7			
Kamenez-Podolsk. Nr. 43	12	3		
9. Kreis.				
Witebskisches Nr. 44	12			
Grodnosches Nr. 45	8	1		
Wilnasches Nr. 46	7	—	1	
Minskisches Nr. 47	9	1		
Kownosches Nr. 48	7	1		
10. Kreis. Unt. d. Commandeur d. Truppen im Königreich Polen.				
Neu-Georgiewskisch. Nr. 49	24			
Samostsches Nr. 50	19			
11. Kreis. Unter d. Obercommandeur des Abgel. Sibirisch. Corps.				
Sibirisch. Linienbat. Nr. 1 / „ „ „ 11	12[3]	39		

1) Zum 1. Kreise gehören die mobilen Invalidencompagnien Nr. 21 und Nr. 22.
2) Bei jedem dieser Bataillone befinden sich 2—½pfündige Einhörner.
3) Außerdem noch 2 Invalidencommandos bei den Sibirischen Branntweinbrennereien, die unter dem Finanzministerium stehen.

Außerdem giebt es noch Commandos der Innern Wache und Etappencommandos, die einem andern Commando untergeordnet sind, und zwar:

Bei der Kaukasischen Armee: 21 Commandos d. Inn. Wache u. 7 Etappencommandos.
Bei dem Abgesonderten Orenburgschen Corps: 17 „ „ „ „ „ 4 „ „
Unter dem Generalgouverneur von Finland: 7 „ „ „ „
Endlich noch 1 Compagnie der Kaukasischen Mineralwässer bei der Kaukasischen Armee:

Was die Etats der Innern Wache betrifft, so gehen dieselben aus der nachstehenden Tabelle hervor, wobei von kleinen Unterschieden in den Etats abgesehen ist.

	Combattanten.				Noncombattanten.		
	Stabs- und Oberofficiere.	Unterofficiere.	Spielleute.	Gemeine.	[illegible]	Nicht. Chargen.	[illegible]
In dem Archangelgorodschen Bataillon	26	80	18	1000	2	30	30
„ „ Kasanschen Bataillon	22	80	17	1000	1	27	25
„ einem Bataillon des 10. Kreises	22	80	17	920	1	28	25
„ „ „ „ 11. „	20	80	17	920	2	36	33
„ den übrigen Bataillonen der Innern Wache	22	80	17	800	1	27	25
„ den beiden Kronstädtischen Linienbataillonen Nr. 1 und 2	38	194	26	1160	2	24	42
Die Commandos der Innern Wache, die Etappencommandos, Convoiabtheilungen und Salzcommandos haben verschiedene Etats. So weit ihre Stärke bekannt ist, folgt sie hiernach.							
472 Commandos der Innern Wacht der 9 ersten Kreise	476	4251	472	50678	—	1018	476
43 „ „ „ „ des 10. Kreises, nicht bekannt; im Verhältniß zu den übrigen zu veranschlagen auf	43	406	43	4753	—	172	43
12 „ „ „ „ „ 11. „	23	181	12	1565	—	266	24
21 „ „ „ „ der Kaukasischen Armee	45	423	34	4225	—	106	45
17 „ „ „ „ des Abgesonderten Orenburgschen Corps	17	153	17	1660	—	298	17
7 „ „ „ „ in Finland	9	35	7	348	2	432	11
24 Etappencommandos der 9 ersten Kreise	24	120	—	900	—	48	24
125 „ „ 9 „ „ früher zu Pferde, nicht bekannt; zu veranschlagen auf	125	625	—	4688	—	250	125
39 „ des 11. Kreises, nicht bekannt; zu veranschlagen auf	39	195	—	1462	—	78	39
7 „ der Kaukasischen Armee	5	26	—	314	—	40	5
4 „ des Abgesonderten Orenburgschen Corps, nicht bekannt; zu veranschlagen auf	4	20	—	150	—	8	4
3 Convoiabtheilungen	3	8	—	52	—	6	3
8 Salzcommandos bei den Bataillonen Nr. 13, 20 und 22	—	6	—	74			
2 „ „ „ „ „ 11 und 26, nicht bekannt; zu veranschlagen auf	—	4	—	50			
1 Compagnie der Kaukasischen Mineralwässer	3	20	1	300	—	2	3

Die Etats der Kreisverwaltungen sind nur zum Theil bekannt, und können daher nicht angegeben werden.

10. Das Corps der Gensdarmen.

Das Gensdarmencorps besteht aus ½ Escadron Leibgardegensdarmen, der Escadron Gensdarmen Nr. 1 bei der Verwaltung der Truppen im Königreich Polen, ½ Escadron Gensdarmen Nr. 2 beim Odessaschen Militairkreis; aus 6 Commandos bei dem Grenadiercorps, dem Wilnaschen, Kiewschen und Odessaschen Militairkreis, und den beiden Reservecorps; aus 3 Divisionen in den Residenzstädten St. Petersburg, Moskau und Warschau, aus den Gensdarmenstabsoffizieren und 118 Commandos in den Gouvernements-, Districts-, Festungs-, Hafen- und Grenzstädten, und endlich aus den 2 Polizeiverwaltungen bei den Eisenbahnen.

Von den zum Gensdarmencorps gehörigen Abtheilungen stehen die 2 Halbescadrons, 1 Escadron und 6 Commandos, wie bereits früher angegeben, unmittelbar bei den Truppen. Die übrigen Theile desselben werden zu Verwaltungszwecken in 8 Kreise, wie folgt, eingetheilt.

Der 1. Kreis umfaßt die Gouvernements St. Petersburg, Archangel, Wologda, Olonez, Pskow, Nowgorod, Lifland, Kurland, Estland und das Großfürstenthum Finland. In ihm befinden sich die St. Petersburgsche Division und 16 Commandos.

Der 2. Kreis umfaßt die Gouvernements Moskau, Jaroslawl, Twer, Smolensk, Wladimir, Kostroma, Rjäsan, Tula, Orel und Kaluga, und enthält die Moskausche Division und 9 Commandos.

Der 3. Kreis, unter dem Statthalter des Königreichs Polen, umfaßt die Gouvernements Augustowo, Plozk, Warschau, Radom und Ljublin mit der Warschauschen Division und 43 Commandos.

Der 4. Kreis umfaßt die Gouvernements Kiew, Witebsk, Mogilew, Wolynien, Podolien, Minsk, Wilna, Grodno, Kowno mit 19 Commandos.

Der 5. Kreis umfaßt die Gouvernements Poltawa, Tschernigow, Cherson, Charkow, Kursk, Ekaterinoslaw, Taurien, und die Provinz Bessarabien mit 12 Commandos.

Der 6. Kreis, unter dem Statthalter von Kaukasien, umfaßt die Gouvernements Tiflis, Kutais, Baku, Derbent, Eriwan, Stawropol mit 2 Commandos.

Der 7. Kreis umfaßt die Gouvernements Nishnij-Nowgorod, Woronesh, Tambow, Wjätka, Kasan, Orenburg, Ssamara, Ssimbirsk, Ssaratow, Astrachan, Perm und Pensa mit 12 Commandos.

Der 8. Kreis umfaßt die Gouvernements Tobolsk, Omsk, Irkutsk, Eniffeisk und Tomsk mit 5 Commandos.

Der Etat der Gensdarmerietruppen ist folgender:

	Combattanten.				Noncombattanten.			
	Stabs- und Oberoffiziere.	Unteroffiziere.	Trompeter.	Gemeine.	Stabsfourier.	Sub. Chargen.	Offiziersdiener.	Pferde.
In der ½ Escadron Leibgardegensdarmen	4	16	2	61	—	6	4	66
" " Gensdarmen-Escadron Nr. 1 im Kriege	7	20	6	135	1	27	10	121
" Frieden	7	20	5	116	1	23	10	121
" " " ½ " " 2 " Kriege	1	11	8	63	—	17	4	66
" Frieden	1	11	3	58	—	18	4	61
" einem " Commando bei den Truppen	1	2	—	27	—	—	1	27
" einer " Division der Residenzen	26	64	4	336	2	27	27	340
Die Stärke der Districtsgensdarmencommandos ist verschieden und kann aus Mangel an Material im Speciellen nicht angegeben werden. Sie differiren von 8—86 Pferden und enthalten in 7 Kreisen, mit Ausnahme des 8., also in 75 Commandos nach dem verstärkten oder etatsmäßigen Ansatz	78						78	1660
" " gewöhnlichen " wirklichen "	78						78	951
In den 2 Polizeiverwaltungen	11	17		66	—	-	12	

Die Etats der Kreisverwaltungen und die Zahl und Stäbe der in den Gouvernements vertheilten Stabsoffiziere sind nur theilweise bekannt, und daher hier nicht in Berechnung zu ziehen.

11. Die Truppen und Etablissements des Artilleriecorps.

a. Die Festungsartillerie.

Die Festungsartillerie ist zur Bedienung der Festungsgeschütze bestimmt, und besteht aus 50 Compagnien, 9 Halbcompagnien und 4 Viertelcompagnien. Ferner gehören zu ihr 39 Festungsstäbe, und zwar 21 der 1., 7 der 2., und 11 der 3. Klasse; 8 Kreis- und 6 Artilleriearsenale, 2 locale und 1 mobiles Laboratorium mit Laboratoriencompagnien, 2 locale und 2 mobile ½ Laboratorien mit Laboratorien ½ Compagnien; 22 locale Parks, und endlich 20 Depots für Geschütze, Geschosse, fertiges Artilleriematerial und Waffen.

Die gesammte Festungsartillerie wird eingetheilt in 8 Kreise, in die, unter dem Commandeur der Truppen im Königreich Polen stehenden, in die, im Bestande der Kaukasischen Armee, und in die, in Ostsibirien befindlichen Theile in folgender Art:

Der St. Petersburgsche Kreis, mit dem Kreisstab in St. Petersburg: 4 Festungsstäbe von St. Petersburg, Kronstadt der 1., Narwa, Neudwinsk der 2. Klasse; 7 Festungscompagnien Nr. 1—7, 2 Festungs ½ Compagnien Nr. 8; das locale Laboratorium von St. Petersburg, mit der Laboratoriencompagnie Nr. 1; die localen Parks und das Waffen- und Geschoßdepot von St. Petersburg.

Der Moskausche Kreis, mit dem Kreisstab in Moskau: 1 Festungsstab von Moskau der 1. Klasse; eine Festungs ½ Compagnie Nr. 1; das Moskausche Kreisarsenal; 1 locales ½ Laboratorium mit der Laboratorien ½ Compagnie Nr. 4; die localen Parks von Moskau, Kaluga, Ssaratow, das abgesonderte Waffen- und Geschoßdepot von Kaluga und das abgesonderte Waffendepot von Nishnij-Nowgorod.

Der Finländische Kreis, mit dem Kreisstab in Wiborg: 2 Festungsstäbe 1. Klasse in Wiborg und Sweaborg; 3 Festungscompagnien Nr. 1—3; das Finländische Kreisarsenal, und die localen Parks in Helsingfors.

Der Lifländische Kreis, mit dem Kreisstab in Riga: 5 Festungsstäbe, und zwar 3 in Riga, Reval, Dünaburg der 1., 2 in Dünamünde und Wilna der 2. Klasse; 3 Festungscompagnien Nr. 1, 2, 4; 4 Festungs ½ Compagnien Nr. 3 und 5; das Lifländische Kreisarsenal; die 1. Hälfte des mobilen Laboratoriums Nr. 2 mit der Laboratorien ½ Compagnie Nr. 5; die localen Parks und die Waffendepots von Riga und Dünaburg, und das Depot fertiger Artillerie in Dünaburg.

Der Kiewsche Kreis, mit dem Kreisstab in Kiew: 2 Festungsstäbe der 1. Klasse von Kiew und Bobruisk, 3 Festungscompagnien Nr. 1—3, 1 Festungs ½ Compagnie Nr. 4; das locale ½ Laboratorium von Kiew mit der Laboratorien ½ Compagnie Nr. 4; die localen Parks von Kiew und Bobruisk; das Waffendepot und das Depot fertiger Artillerie in Bobruisk.

Der Südliche Kreis, mit dem Kreisstab in Cherson: 4 Festungsstäbe, und zwar 3 der 1. Klasse in Cherson, Ssewastopol, Bender, 1 der 3. Klasse auf dem Pawlowschen Vorgebirge bei Kertsch; 3 Festungscompagnien Nr. 1—3, 1 Festungs ½ Compagnie Nr. 4; das Südliche Kreisarsenal; die 2. Hälfte des mobilen Laboratoriums Nr. 2 mit der Laboratorien ½ Compagnie Nr. 5; die Chersonschen und Tiraspolschen localen Parks; das Waffendepot und das Geschütz- und Geschoßdepot in Cherson.

Der Orenburgsche Kreis mit dem Kreisstab in Orenburg: 2 Festungsstäbe, und zwar 1 der 1. Klasse in Orenburg, 1 der 3. Klasse im Fort Perowsk; 2 Festungscompagnien Nr. 1 und 2, 1 Festungs ½ und 1—½ Compagnie Nr. 3; das Orenburgsche Kreisarsenal; das Waffendepot in Orenburg.

Der Sibirische Kreis mit dem Kreisstab in Omsk: 2 Festungsstäbe von Omsk der 1. und Ust-Kamenogorsk der 3. Klasse; 2 Festungscompagnien Nr. 1 und 2, 1 Festungs ½ Compagnie Nr. 3; das Sibirische Kreisarsenal; die localen Parks und das Waffendepot in Omsk.

Unter dem Chef der Artillerie im Königreich Polen: 5 Festungsstäbe, und zwar 3 der 1. Klasse in Warschau, Neugeorgiewsk, Brest-Litowsk und 2 der 2. Klasse in Iwangorod und Samosz; 9 Festungscompagnien Nr. 1—9, 1 Festungs ½ Compagnie Nr. 10; das Westliche Kreisarsenal; das mobile Laboratorium Nr. 1 mit der Laboratoriencompagnie Nr. 3; die localen Parks von Neugeorgiewsk, Brest-Litowsk und Samosz, die Waffendepots in Warschau, Neugeorgiewsk, Brest-Litowsk und Samosz und das Depot fertiger Artillerie in Neugeorgiewsk.

Unter dem Chef der Artillerie der Kaukasischen Armee:

1) In der Kubanschen Provinz: 3 Festungsstäbe der 3. Klasse in Temrjuk, Ust-Labinsk und Protschno-Okop; 4 Kaukasische Festungscompagnien Nr. 1—4; 1 Artilleriearsenal und 1 localer Hauptpark.

2) In der Terekschen Provinz: 2 Festungsstäbe 3. Classe in Wladikawkas und Grosnaja; 3 Kaukasische Festungscompagnien Nr. 5—7; 1 Artilleriearsenal und 1 localer Hauptpark.

3) In der Dagestanschen Provinz: 1 Festungsstab 3. Klasse in Petrowsk; 2 Kaukasische Festungscompagnien Nr. 10 und 11; 1 Artilleriearsenal und 1 localer Hauptpark.

4) Im Generalgouvernement Kutais: 1 Festungsstab 3. Klasse in Suchum-Kale; 1 Kaukasische Festungscompagnie Nr. 14; 1 Artilleriearsenal und 1 localer Park.

5) In Transkaukasien: 4 Festungsstäbe von Tiflis und Alexandropol der 1., Baku der 2. und Achalzich der 3. Klasse; 6 Kaukasische Festungscompagnien Nr. 9, 15, 16, 17, 19 und 20; 2 Artilleriearsenale; das locale Laboratorium von Tiflis mit der Laboratoriencompagnie Nr. 2; 2 locale Hauptparks.

Außerdem stehen unter dem Chef der Artillerie der Kaukasischen Armee noch die 3 abgesonderten Geschütz- und Geschoßdepots von Dubow, Astrachan und Rostow am Don.

In Ostsibirien: 1 Festungsstab 1. Klasse in Nikolaew; 2 Festungsartilleriecompagnien der Küstenprovinz Nr. 1 und 2; 1 Kreisarsenal und die localen Parks in Tschita, Sselenginsk, Irkutsk.

b. Die Garnisonartillerie.

Sie besteht aus 17 Compagnien (Nr. 1—15, 17 und 18) und 2—½ Compagnien Nr. 16. Dieselben haben die Aufsicht über das bei den Abtheilungen der inneren Artillerieverwaltung befindliche Material zu führen und die nöthigen Wachen zu geben. Von den Garnisonartillerietruppen steht: 1 Compagnie Nr. 1 beim Brjansker Arsenal, 4 Nr. 2—5 bei der Tulaschen, 3 Nr. 6—8 bei der Ishewschen und 2 Nr. 9 und 10 bei der Ssestrorezkischen Waffenfabrik, 1 Nr. 11 bei der Ochtaschen, 2 Nr. 12 und 13 bei der Schostenskischen und 1 Nr. 14 bei der Kasanschen Pulverfabrik, 1 Nr. 15 bei den Kalugaschen Depots und localen Parks, ½ Nr. 16 bei dem Moskauschen Waffenarsenal, ½ Nr. 16 bei dem Dubowschen, dem Astrachanschen und dem Rostowschen Depot, und 2 Nr. 17 und 18 bei der Orenburgschen Festungsartillerie.

Von den Garnisonartilleriecompagnien werden einige zu Verwaltungszwecken den Festungsartilleriekreisen zugetheilt, und zwar Nr. 15 und die beim Moskauschen Arsenal stehende ½ Nr. 16 zum Moskauschen Kreis, die andere ½ Nr. 16 zu der Kaukasischen Festungsartillerie, und die 2 Nr. 17 und 18 zum Orenburgschen Kreis.

c. Besondere Anstalten.

Hierzu gehören:

1) Die Artilleriearsenale, und zwar 3 stehende von St. Petersburg, Kiew, Brjansk; und 3 mobile Nr. 1 in St. Petersburg, Nr. 2 in Warschau, Nr. 3 in Kiew. Jene, und im Frieden auch diese, stehen unter einem besondern Inspecteur. Im Kriege treten die mobilen Arsenale, wenn sie ganz oder zum Theil bei der Armee eingetheilt werden, unter den Chef der Artillerie derselben.

2) Die 3 Pulverfabriken von Ochta, Schostensk (im Gouvernement Tschernigow bei Gluchow) und Kasan sind unter einen eigenen Inspecteur gestellt, dessen Leitung sie in allen Dingen unterstehen. Jede Fabrik hat ihren besondern Commandeur und es stehen bei ihnen, wie schon gesagt, Garnisonscompagnien, sowie auch Commandos der Innern Wache und Ingenieurhandwerkercommandos. Bei der Ochtaschen und bei der Schostenskischen Pulverfabrik befinden sich Zündhütchenfabriken, und außerdem bei der ersteren noch eine Handwerkerschule und eine Laboratorienabtheilung.

3) Die 3 Waffenfabriken in Ssestrorezk (bei St. Petersburg), Tula und Ishew (im Gouvernement Wjätka bei Ssarapul) stehen ebenfalls in technischer und disciplinarer Hinsicht unter einem besondern Inspecteur der Waffenfabriken. Jede Fabrik hat außerdem noch ihren eigenen Commandeur.

4) Die 2 Zündhütchenfabriken in Ochta und Schostensk stehen bei den gleichnamigen Pulverfabriken.

5) Die Raketenanstalt in St. Petersburg steht unter einem besondern Vorstand für die Anfertigung und Anwendung von Kriegsraketen, dem auch noch die zweite Fabrik dieser Art, die im südlichen Rußland errichtet werden soll, untergeben ist.

6) Die pyrotechnische, die technische Artillerie- und die Churschmiedeschule befinden sich in St. Petersburg, und sind dem Inspecteur der Artilleriearsenale untergeben.

Etats der Festungs- und Garnisonsartillerie.

	Combattanten.					Nichtcombattanten.		
	Generale.	Stabs- und Oberofficiere.	Feuerwerker.	Spielleute.	Gemeine.	Classenbeamte.	Untere Chargen.	Officiersburschen.
In einem der 8 Kreisstäbe	1	1	—	—	—	1	7	5
„ „ „ 21 Festungsartilleriestäbe der 1. Classe		1	—	—	—	4	26	6
Außerdem noch im Kronstädtischen		5	—	—	—	6	12	17
„ Warschauischen und Brest-Litowskischen		—	—	—	—	1	—	1
„ Nowogeorgiewskischen		—	—	—	—	1	47	1
„ Orenburgischen		—	—	—	—	1	6	1
„ Nikolajewschen		6	—	—	—	—	12	6
In einem der 7 Festungsstäbe 2. Classe		1	—	—	—	3	20	5
„ „ „ 11 „ 3. „		1	—	—	—	2	15	3
„ einer „ 34 Festungscompagnien[1]		5	24	2	250	—	3	5
„ „ „ 9 „ „		3	12	1	125	—	2	3
„ „ „ 4 „ „		2	5	1	63	—	2	2
„ „ „ 4 Kaukasischen Festungscompagnien Nr. 1, 2, 5, 14		9	50	2	300	—	10	9
„ „ „ 3 „ „ „ 15, 16, 19		9	50	2	200	—	10	9
„ „ „ 6 „ „ „ 3, 4, 6, 7, 11, 17		9[2]	40	2	250	—	10	9
„ „ „ 3 „ „ „ 9, 10, 20		9[2]	30	2	200	—	10	9
„ dem Moskauischen Arsenal		2	7	—	—	—	58	9
„ „ Westlichen Kreisarsenal		6	12	—	—	6	504	13
„ den 6 übrigen Kreisarsenalen je		1	4	—	—	1	66	2
„ einem Artilleriearsenal		2	—	—	—	1	42	3
„ „ localen Laboratorium mit Laboratoriencompagnie		5	16	—	—	3	224	9
„ „ „ „ „ „		3	8	—	—	2	116	6
„ „ mobilen „ „ „ „[3]		5	16	—	—	2	188	8
„ „ „ „ „ „ „[4]		3	8	—	—	1	95	4
„ den localen Artillerieparks:								
In den Saratowschen abgesonderten		1	—	—	—	2	6	4
„ „ nicht abgesonderten unter den Commandeuren der Festungsartillerie und anderen Chefs:								
In den 3 von Kaluga, Kiew, Nowogeorgiewsk mit Vorräthen für 12—8 Parks		—	—	—	—	3	8	3
„ „ 2 „ Brest-Litowsk und Cherson „ „ „ 8—4 „		—	—	—	—	2	5	2
„ dem 1 „ Irkutsk mit Vorräthen für 4—1 Park		—	—	—	—	2	4	2
„ den 15 übrigen „ „ „ 4—1 „		—	—	—	—	1	3	1
In den Geschütz- und Geschoßdepots und den Depots fertiger Artillerie:								
In dem abgesonderten Geschütz- und Geschoßdepot von Kaluga		1	—	—	—	3	8	5
„ den 3 „ „ „ „ „ „ Dubow, Astrachan und Rostow am Don, je		1	—	—	—	1	5	3
„ „ 2 Depots bei der Festungsartillerie von St. Petersburg und Cherson, je		—	—	—	—	1	2	1
„ „ 3 „ fertiger Artillerie bei der Festungsartillerie von Dünaburg, Nowogeorgiewsk, Bobruisk, je		—	—	—	—	1	2	1
„ dem abgesonderten Nishegorodschen Waffendepot		1	—	—	—	1	11	3
„ den 10 Waffendepots bei der Festungsartillerie, je		—	—	—	—	1	5	1
Etat der 15 Garnisonsartilleriecompagnien Nr. 1—15[5]		4	16	2	170	—	2	1
„ „ 2 „ „ 17 und 18		2	16	1	170	—	11	2
„ „ 1. „ „ 16 beim Moskauischen Waffenarsenal		3	8	1	85	—	2	3
„ „ 2. „ „ 16 bei den Depots von Astrachan, Dubow, Rostow		4	18	—	125	—	9	4
„ „ Raketenfabrik von St. Petersburg		7	6	—	—	8	168	11

1) In der St. Petersburgischen Compagnie sollen 5 Feuerwerker und 50 Gemeine im Frieden auf Urlaub sein.
2) In jeder der Kaukasischen Compagnien Nr. 4, 7, 11, 14, 20 ist noch 1 Oberofficier mehr angesetzt.
3) Im Kriege noch 17 Trainmannschaften mehr.
4) „ „ „ 11 „ „
5) In den 10 Garnisonsartilleriecompagnien Nr. 1, 6, 7, 8, 9, 10, 11, 12, 13 und 14 sind im Frieden davon 8 Feuerwerker und 70 Gemeine auf Urlaub.

12. Die Truppen und Etablissements des Ingenieurwesens.

Die Garnisonen des Ingenieurwesens.

Dieselben werden in 6 Kreise und 5 Verwaltungen getheilt und bestehen aus:

1) Den Chargen in den Ingenieurcommandos, Distanzen und Kreisverwaltungen.

2) Den 2 Feld- und den 2 Belagerungsingenieurparks, mit Parkcompagnien und ½ Compagnien, von denen schon im Vorigen gesprochen ist.

3) Der Arsenalcompagnie bei dem Ingenieurarsenal der Festung Dünaburg.

4) Den Ingenieurhandwerkercommandos und den Arrestantencompagnien.

5) Außerdem gehören noch hierher die technisch-galvanische Anstalt und die galvanische Lehrcompagnie, von denen noch weiterhin die Rede sein wird.

Die Vertheilung der Ingenieur- und Handwerkercommandos, der Ingenieurdistanzen und der Arrestantencompagnien nach Kreisen und Verwaltungen ist, wie folgt, geordnet:

Der St. Petersburgsche Kreis mit der Kreisverwaltung in Kronstadt: 4 Ingenieurcommandos von St. Petersburg, Narwa, Wiborg und Archangel-Nowdwinsk; 7 Ingenieurdistanzen und zwar 3 von Zarskoe Sselo, Peterhof, Nowgorod der 1., 2 von St. Petersburg und 1 von Peterhof der 2. und die 3. St. Petersburgsche der 3. Klasse; 2 Handwerkercommandos des Ingenieurwesens Nr. 1 und 2; 1 Arrestantencompagnie Nr. 9 und ½ Compagnie Nr. 4.

Der Moskausche Kreis mit der Kreisverwaltung in Moskau: 4 Ingenieurdistanzen und zwar 2 Moskausche der 1., 2 von Jaroslawl und Smolensk der 3. Klasse; 1 Ingenieurhandwerkercommando Nr. 5.

Der Lifländische Kreis mit der Kreisverwaltung in Dünaburg: 4 Ingenieurcommandos von Riga, Reval, Dünaburg, Wilna; 1 Ingenieurdistanz 3. Klasse in Kowno; 1 Ingenieurhandwerkercommando Nr. 6; 7 Arrestantencompagnien Nr. 11, 12, 14, 15, 16, 17, 18 und ½ Compagnie Nr. 13.

Der Kiewsche Kreis mit der Kreisverwaltung in Kiew: 2 Ingenieurcommandos von Kiew und Bobruisk; 1 Ingenieurdistanz 3. Klasse von Gomel; 16 Arrestantencompagnien Nr. 10, 20—24, 27—30, 41—46.

Der Südliche Kreis mit der Kreisverwaltung in Cherson: 2 Ingenieurcommandos von Bender und Cherson; 2 Ingenieurdistanzen von Slawjansk der 1. und Sfimferopol der 2. Klasse; 2 Ingenieurhandwerkercommandos Nr. 12 und 13, ½ Arrestantencompagnie Nr. 39.

Der Orenburgsche Kreis mit der Kreisverwaltung in Orenburg: 1 Ingenieurcommando in Orenburg; 1 Ingenieurhandwerkercommando Nr. 14; 1 Arrestantencompagnie Nr. 54.

Unter dem Chef der Ingenieure im Königreich Polen: 5 Ingenieurcommandos von Nowogeorgiewsk, Brest-Litowsk, Warschau, Samosz, Iwangorod; 4 Ingenieurhandwerkercommandos Nr. 7—10; 7 Arrestantencompagnien Nr. 32—38.

Unter dem Chef der Ingenieure der Kaukasischen Armee: Die Verwaltungen der Chefs der Ingenieure in den 4 Abtheilungen Kaukasiens mit allen, in diesen Abtheilungen befindlichen Festungen, Befestigungen und Militairgebäuden, die Verwaltungen der Vorsteher des Ingenieurwesens in den Festungen Transkaukasiens (Tiflis, Achalzich, Alexandrapol, Eriwan, Schuscha und Baku) und die Verwaltung des Vorstandes des Ingenieurwesens außerhalb dieser Festungen. Unter denselben sind zur unmittelbaren Beaufsichtigung der Militairgebäude am Kaukasus 21 Ingenieurdistanzen eingerichtet, und zwar 5 in der Kubanischen, 6 in der Terekschen, 5 in der Dagestanschen Provinz, 2 in Transkaukasien und 3 im Generalgouvernement Kutais. Zum Dienst dabei 6 Militairarbeitscompagnien Nr. 1—6.

Unter dem Chef der Ingenieure des Abgesonderten Sibirischen Corps: 1 Ingenieurcommando von Omsk; 1 Ingenieurhandwerkercommando Nr. 15; 1 Arrestantencompagnie Nr. 55.

Unter der Verwaltung des Erbauers der Festung Kronstadt: 1 Ingenieurcommando von Kronstadt; 1 Ingenieurhandwerkercommando Nr. 3; 3 Arrestantencompagnien Nr. 1—3.

Unter der Verwaltung des Erbauers der Festung Sweaborg: 1 Ingenieurcommando von Sweaborg; 1 Ingenieurhandwerkercommando Nr. 4; 1 Arrestantencompagnie Nr. 9.

Außerdem befindet sich noch 1 Commando Ingenieurhandwerker Nr. 16 unter der Verwaltung des Departements des Generalstabes.

Im Ganzen also: 21 Ingenieurcommandos, 15 Ingenieurdistanzen (excl. der 21 am Kaukasus), und zwar: 6 der 1., 4 der 2., 5 der 3. Klasse; 16 Handwerkercommandos des Ingenieurwesens; 37 Arrestantencompagnien und 3 Arrestanten ½ Compagnien. Außerdem noch 6 Kaukasische Militairarbeitscompagnien.

Etats der Garnisonsingenieure.

	Combattanten.					Noncombattant.		
	Generale.	Stabs- und Oberofficiere.	Unterofficiere.	Spielleute.	Gemeine.	Classenbeamte.	Nied. Chargen.	Officiersburschen.
In einer Kreisverwaltung	1	3	—	—	—	6	14	13
„ der Verwaltung des Erbauers der Festung Kronstadt oder Sweaborg, je	1	5	—	—	—	1	10	10
„ dem Festungsingenieurcommando von Cherson		4	—	—	—	1	11	6
„ den übrigen, je		2	—	—	—	—	2	2
„ einer der 6 Ingenieurdistanzen 1. Classe		5	—	—	—	—	4	6
„ „ „ 4 „ 2. „		4	—	—	—	—	3	4
„ „ „ 5 „ 3. „		3	—	—	—	—	2	3
Ingenieurchargen, die den hydrotechnischen Arbeiten und den, nicht den Ingenieurcommandos und Distanzen zugetheilten Arbeiten vorstehen		6	—	—	—	—	4	8
In den 16 Handwerkercommandos des Ingenieurwesens von verschiedener Stärke		33	114	6	2517	—	42	33
„ einer Arrestantencompagnie, von verschiedener Stärke		4	17	1	100—225	—	2	4
„ „ Kaukasischen Militairarbeitscompagnie		2	15	2	200	—	8	2
Zur Beaufsichtigung der Militairgebäude in verschiedenen Festungen		21	—	—	—	—	56	21
Aufseher und Kasernenwächter des Ingenieurwesens im Königreich Polen		—	—	—	—	—	245	—
In dem Ingenieurarsenal in Dünaburg		5	—	—	—	2	16	8
„ der Arsenalcompagnie bei demselben		2	15	2	280	—	8	2
„ „ technisch-galvanischen Fabrik		6	—	—	—	—	—	7
„ „ galvanischen Lehrcompagnie		2	20	6	250	—	37	2

Die übrigen Etats, namentlich auch der Ingenieurdistanzen am Kaukasus und der dortigen Verwaltungen sind schon in den früheren Etats der Verwaltung der Truppen im Königreich Polen und der Hauptverwaltung der Kaukasischen Armee, sowie des Abgesonderten Sibirischen Corps mitgerechnet.

13. Die Truppenabtheilungen unter verschiedenen Behörden.

a. Die Compagnie der Pallastgrenadiere, gewöhnlich die goldene Compagnie genannt, steht unter dem Ministerium des Kaiserlichen Hofes und wird zum allgemeinen Bestande der Gardeinfanterie gezählt. Sie ist übrigens nur eine Schloßtruppe und zum inneren Wacht- und Figurirdienst in den Kaiserlichen Schlössern und Pallästen bestimmt.

b. Das Leibgardegarnisonsbataillon steht beim Abgesonderten Gardecorps und ist daselbst schon erwähnt worden.

c. Der Gardeinvalide ist nach Auflösung der früheren Gardeinvalidenbrigade und der Gardeinvalidencompagnien zum Dienst bei den Stäben, Regimentern und übrigen Theilen der Garde und bei den Hospitälern der Gardetruppen bestimmt, und in 38 Regiments- und 7 Hospitalcommandos getheilt.

d. Das Gardeinvalidencommando der Nikolaewschen Schule der Gardejunker ist zum Dienst bei derselben bestimmt.

e. Das Topographencorps besteht aus Offizieren und Topographen; es steht unter der Leitung des Generalquartiermeisters des Hauptstabes Sr. Majestät des Kaisers und wird in 9 Compagnien Nr. 1—9 und 1 besondere Compagnie beim militair-topographischen Depot eingetheilt.

f. Das Feldjägercorps befindet sich zur Disposition des General du jour vom Kaiserlichen Hauptstabe und wird nach Verfügung desselben zur Beförderung wichtiger Depeschen und Acten in der Residenz, im Rußland und im Auslande und als du jouren bei den höchsten Personen und einigen Staats- und Militairverwaltungen benutzt. Es zerfällt in 2 Compagnien.

g. Die mobilen Invalidencompagnien befinden sich bei den verschiedenen Verwaltungen und oeconomischen Anstalten und werden mit einer fortlaufenden Nummer von 1—105 bezeichnet. Davon sind die 24 Compagnien Nr. 1, 5, 12, 15, 16, 17, 20, 23, 24, 25, 26, 27, 28, 30, 32, 34, 35, 36, 43, 55, 69, 73, 91 und 104 aufgelöst, Nr. 14 befindet sich bei der Bergverwaltung, Nr. 21 und 22 bei den Festungen, die übrigen Compagnien aber bei den Hospitälern; und zwar bei den Halbhospitälern ¼, bei den Hospitälern der 1. Classe ¼ oder ½, bei denen der 2. Klasse ½, bei denen der 3. Klasse 1 ganze Compagnie.

h. Endlich besteht noch 1 Compagnie dienender Invaliden unter dem Chef des Bauwesens der Südlichen Colonien zur Bewachung der Staats- und Kronsgebäude in denselben, sowie der, von den Truppen eingenommenen Gebäude und Hospitallocale.

Etat der unter verschiedenen Behörden stehenden Abtheilungen.

	Combattanten.				Noncombattanten.		
	Stabs- und Oberoffiziere.	Unteroffiziere.	Spielleute.	Gemeine.	[illegible]	[illegible]	[illegible]
In der Compagnie der Pallastgrenadiere	8	18	6	142	—	8	11
„ dem Leibgardegarnisonsbataillon	20	40	72	400	3	24	24
„ „ Gardeinvaliden	84	84	—	1018	—	—	34
„ „ „ Commando bei der Nikolaewschen Schule der Gardejunker	—	11	—	173			
„ „ Feldjägercorps	34	46	—	—	—	1	36
„ einer mobilen Invalidencompagnie	1	12	—	150			
„ „ „ „ „	—	8	—	100			
„ „ „ „ „	—	6	—	75			
„ der dienenden Invalidencompagnie bei den Südlichen Colonien	1	16	—	245			

B. Die irregulairen Truppen.

1. Allgemeiner Bestand.

a. Das Donsche Kosakencorps.

Das Donsche Corps hat bei einer Bevölkerung von 455022 männlichen Seelen zu stellen:

2 Regimenter Leibgarde, das Leibgardekosakenregiment und das Leibgardeatamanenregiment Sr. Kaiserlichen Hoh. des Thronfolger Zesarewitsch à 6 Escadrons;

64 Feldregimenter, aus allen 4 Militairkreisen des Corps zu stellen, à 6 Centurien, die mit dem Familiennamen ihrer Commandeure und einer fortlaufenden Nr. bezeichnet werden;

1 Lehrregiment von 6 Centurien mit 1 Trompetercentarie zur Ausbildung von Trompetern für das Donsche Corps;

1 Donsche reitende Leibgardebatterie zu 2 activen und 1—3. Reservedivision mit 12, im Frieden 8 bespannten Geschützen;

13 reitende Feldbatterien, von denen die ersten 9 die Nr. 1—9 führen, die 4 letzten die Bezeichnung von Reservebatterien Nr. 1—4 haben, jede von 8 Geschützen mit 5. Ersatzzügen. Von diesen Batterien sind 12 mit leichten, 1 Nr. 3 mit erleichterten Geschützen versehen; auch ist der Fall vorgesehen, daß eine von jenen mit schweren Geschützen bewaffnet werden kann. Der Dienst aller 13 Batterien ist ganz gleich, und ist die Benennung der Reservebatterien bei ihrer Umformung zu activen nur beibehalten, um nicht die Nummern, die durch sämmtliche Kasakenbatterien fortlaufen, ändern zu müssen.

Außerdem gehören zum Donschen Corps noch die Kasakencommandos, errichtet zur Bewachung der Grenzen gegen die Gouvernements Stawropol und Astrachan, zur Wache beim Olginskischen Damm und zur Aufrechterhaltung der Ordnung auf den Lehnsbesitzungen des Miusschen Kreises, sowie endlich noch die auf den Ländereien des Corps nomadisirenden Kalmücken.

Alle diese genannten Abtheilungen werden aus den, im Alter von 20—42 Jahren stehenden Angehörigen des Donschen Corps ergänzt. Im Frieden wird nur eine gewisse Anzahl von Regimentern und Batterien zum Dienst außerhalb der Corpsgrenzen bestimmt und zwar sind dies normalmäßig: je 1 Division von den beiden Leibgarderegimentern und von der reitenden Leibgardebatterie im Dienst in St. Petersburg beim Abgesonderten Gardecorps, 13 Feldregimenter und 1 Batterie in Polen, Litthauen und Podolien bei der ehemaligen 1. Armee, 8 Regimenter*) und 1 Batterie am Kaukasus, 3 Regimenter in Bessarabien und 1 in Finland. Die übrigen Truppenabtheilungen befinden sich außer Dienst am Don und lösen die im Dienst befindlichen Feldabtheilungen nach 3, die Gardetruppen nach 2 Jahren ab. Die Reservedivision der Leibgardebatterie und die Reservebatterien werden dazu ganz gleichmäßig mit den activen herangezogen.

Von den am Don befindlichen Batterien sind im Frieden 4 Geschütze der Garde- und je 2 von den übrigen Batterien bespannt; alle übrigen — 4 von der Garde- und je 6 von jeder activen und Reservebatterie — werden mit allem Zubehör, den nöthigen Munitionskarren rc. in dem Kiewschen Arsenal aufbewahrt.

Im Kriege erfolgt die Bestimmung der Regimenter zum Dienst nach Maßgabe des Bedarfes in unbeschränkter Anzahl. Im Fall, daß alle etatsmäßig angesetzten Regimenter zum Dienst commandirt sind, werden alle waffenfähigen Mannschaften zur Formation neuer eingezogen. So waren z. B. im letzten Orientalischen Kriege bis zu 84 Donschen Regimentern im Dienst. Im Kriege findet eine Ablösung der Regimenter nach einer bestimmten Dienstzeit nicht statt, sondern die Entlassung erfolgt erst nach Beendigung desselben.

b. Die irregulairen Truppen unter dem Obercommandeur der Kaukasischen Armee.

1) Das Kubansche Kasakencorps zählt 187725 männliche Seelen und hat etatsmäßig zu stellen:

1 Commando zum Bestande der 3 Kaukasischen Leibgardekasakenescadrons des Persönlichen Convois Sr. Kaiserlichen Majestät;**)

28 Regimenter zu Pferde von 6 Centurien, von denen die 9 ersten, gebildet aus den früheren 9 Tschernomorischen, nur die Nr. 1—9 haben, während die übrigen zum Theil noch den Namen des Districtes führen, in dem ihre Ansiedlungen liegen. Diese letzteren sind auch noch zu 2 in Brigaden wie folgt vereinigt: 1. Brigade: 1. und 2. Kaukasisches Regiment (Nr. 10 und 11), 2. Brigade: 1. und 2. Kubansches Regiment (Nr. 12 und 13), 3. Brigade: 1. und 2. Stawropolsches Regiment (Nr. 14 und 15), 4. Brigade: 1. und 2. Chopersches Regiment (Nr. 16 und 17), 5. Brigade: 1. und 2. Urupsches Regiment (Nr. 18 und 19), 6. Brigade: 1. und 2. Labasches Regiment (Nr. 20 und 21), 7. Brigade: Regiment Nr. 22 und 23, 8. Brigade: Regiment Nr. 24 und 25. Außerdem ist noch 1 Regiment formirt, das vorläufig den Namen des Abaguntschen erhalten hat;

1 Kubansche Kasakendivision zur ehemaligen 1. Armee nach Warschau, die alle 3 Jahre abgelöst wird.

13 Bataillone Infanterie Nr. 1—13 à 4 Compagnien.

5 reitende Batterien Nr. 10—14, im Bestande von 12 Geschützen.

1 Handwerkscenturie bei der 6. Brigade von 125 Mann.

Alle diese Truppentheile des Corps haben einen doppelten Dienst im Felde zu leisten, und zwar den Linien- oder Cordondienst im Corps, und den äußern Dienst bei Expeditionen außerhalb der Corpsgrenzen. Der letztere beschränkt sich aber auch immer nur auf den Kaukasus, wo sie in beständig fortschreitender Bewegung mit ihren Stanizen immer tiefer in den, noch nicht unterworfenen Theil von Tscherkessien eindringen. Nach einem unterm 25. Mai 1862 erlassenen Reglement sollen in den nächsten 6 Jahren von dem Corps 17000 Familien zur Besetzung der Vorberge des westlichen Kaukasus bis zu dem Hauptrücken desselben südlich vorgeschoben werden, um somit einen neuen, über 260 Quadratmeilen umfassenden Theil zu unterwerfen, dessen auf 151000 Seelen geschätzte Bevölkerung zur Auswanderung oder Uebersiedlung in die Ebene gezwungen werden soll. Nach den allgemein gültigen Regeln würde jene Uebersiedlung dann 9 Regimenter von je 6 Centurien repräsentiren.

2) Das Tereksche Kasakencorps, 46902 männliche Seelen zählend, stellt etatsmäßig zum Dienst:

1 Commando zu den 3 Kaukasischen Leibgardekasakenescadrons des Persönlichen Convois des Kaisers.**)

5 Brigaden, oder 10 Regimenter zu Pferde à 6 Centurien, wie folgt: 1. Brigade: 1. und 2. Wolgasches Regiment, 2. Brigade: Gorskisches und Mosdokisches Regiment, 3. Brigade: Grebensches und Kisljarsches Regiment, 4. Brigade: 1. und 2. Wladikawkasches Regiment, 5. Brigade: 1. und 2. Ssunshasches Regiment. Außerdem ist nach der neuen

*) Davon 1 zu 5, die anderen zu je 6 Centurien.

**) Das Persönliche Convoi Sr. Kaiserlichen Majestät besteht aus 1 Kaukasischen Leibgardeescadron und 3 Kaukasischen Leibgardekasakenescadrons, von welchen letzteren im Frieden nur 1 im Dienst in St. Petersburg ist. Die Kaukasische Leibgardeescadron wird aus den, dem Russischen Scepter unterworfenen Bewohnern des Kaukasus, aber ausschließlich aus Söhnen der vornehmsten und edelsten Familien gebildet und besteht aus 4 Zügen, und zwar der 1. aus Grusiern, der 2. aus Bergbewohnern, der 3. aus Lesgiern, der 4. aus Muselmännern. Die Kasakenescadrons werden vom Kubanschen und Terekschen Corps, etwa in dem Verhältniß von 3:1 gestellt, und lösen sich alle 2 Jahre ab.

Einrichtung der Verwaltung der Terskschen Provinz vom 7. Juni 1862 das Tereksche Kosakencorps in militairischer Hinsicht in der Weise an die 3 Kreise dieser Provinz vertheilt, daß das Gorskische, das 1. und 2. Wladikawkasische und 1. Sunshasche Regiment zum westlichen, das 2. Sunshasche, das Mosdoksche und Grebensche Regiment zum mittleren, das Kisljarsche zum östlichen Kreise gehören, während die 1. Brigade unter den Militairchef des Kreises der Mineralwässer gestellt ist.

2 reitende Batterien, von denen eine die Nr. 15, die andere den Namen der Reservebatterie führt, ebenfalls im Bestande von 12 Geschützen.

½ Handwerkscenturie von 96 Mann.

Das Tereksche Corps hat denselben Felddienst zu leisten wie das Kubansche, d. h. den Linien- oder Cordondienst und den äußern Dienst bei den Expeditionen.

3) Außerdem stehen noch folgende irregulaire, aus Eingebornen des Kaukasus formirte Truppen unter dem Obercommandeur der Kaukasischen Armee.

Die Grusische Fußdrushina im Bestande eines Bataillons.

Die Transkaukasische Landwache zu Pferde, in 3 Inspectionen, 23 Distanzen und 195 Posten, wird aus den unterworfenen Völkerschaften in den Gouvernements Tiflis, Baku, Eriwan und des Sakatalaschen Kreises für den localen Posten- und Escortendienst gebildet.

3 irregulaire Reiterregimenter zu 3 Divisionen à 2 Centurien: das Tereksche, Dagestansche und Kutaissche. Das erstere besteht aus 1 Kumykischen, 1 Tschetschenzischen und 1 Ossetinschen Division und wird aus Freiwilligen der, dem Namen entsprechenden Völkerschaften completirt; das Dagestansche ergänzt sich aus Freiwilligen des Dagestan, das Kutaissche aus solchen des Generalgouvernements Kutais.

3 reitende Centurien der Dagestanschen Provinz, formirt aus Eingebornen derselben.

2 irregulaire Escadrons: die Labasche und die Kubansche werden aus Einwohnern der, jenseits der Laba und des Kuban wohnenden unterworfenen Völkerschaften und aus Auswanderern der noch nicht unterworfenen Völkerschaften in der Nähe der vorderen Linien der Kubanschen Provinz gebildet, und zwar die Labasche hauptsächlich aus denen im östlichen, die Kubansche aus denen im westlichen Theil von Transkubanien. Eine jede zerfällt in 2 Halbescadrons.

Die Dsharo-Lesgische Centurie zu Pferde.

Die stehende Dagestansche Miliz, im Bestande von 10 Centurien zu Pferde mit einer Abtheilung von Milizionairen zu Fuß, ist theils zur Leibwache bei den Parzellenchefs der Verwaltung der Völker im Dagestan, theils zum polizeilichen Executiv-, dem Posten- und Escortendienst bestimmt, und ergänzt sich aus freiwilligen Eingebornen des Landes.

Die stehende Gurische Miliz ist für den gleichen Zweck in Gurien bestimmt und besteht aus 1 Centurie zu Fuß.

Die Schutzwachen und die Landpolizei in der Terekschen Provinz, von denen die ersteren zur Erhaltung der inneren Ruhe und Ordnung in 9 Kreisen dieser Provinz, letztere nach Maßgabe des Bedarfes zur nächsten unmittelbaren Beaufsichtigung der Einwohner errichtet sind. Beide bilden nur ganz locale Truppen ohne bestimmte etatsmäßige Formation.

Außerdem wird im Nothfall noch in einigen Theilen des Kaukasus eine Miliz zu Pferde und zu Fuß formirt. So waren z. B. im Jahre 1854 im Ganzen 212½ Centurie Miliz im Dienst, aus denen 4 reitende Muselmännische Regimenter und einige Drushinen zu Fuß und Pferde gebildet worden.

c. *Die Kosakentruppen unter dem Generalgouverneur von Neurußland und Bessarabien.*

1) Die Krimsche Leibgardetatarenescadron ist aus Krimschen Tataren formirt; ½ Escadron davon befindet sich im Frieden im Dienst in St. Petersburg und wird alljährlich zugweise abgelöst.

2) Das Neurussische Kosakencorps: 6745 männliche Seelen, hat in beständiger Bereitschaft

2 reitende Regimenter Nr. 1 und 2 à 6 Centurien zu halten, von denen sich ein gewisser Theil abwechselnd im Dienst auf Cordonwache längs der Türkischen Grenze und im Polizeidienst in den Städten von Neurußland befindet.

3) Das Asowsche Kosakencorps: 5122 männliche Seelen zählend, stellt 22 Commandos mit 32 Barkassen der Asowschen Flottille zum Kreuzen längs des östlichen Ufers des Schwarzen Meeres, und zwar 16 Commandos mit 22 Barkassen auf der Sinchumschen, 6 Commandos mit 10 Barkassen auf der Konstantinowschen Station; die sich alle 3 Jahre im halben Bestande ablösen. Im Nothfall dienen die Asowschen Kosaken auch zu Lande zu Fuß oder zu Pferde und stellen dann 10 Centurien.

d. *Das Astrachansche Kosakencorps.*

Es steht unter der Verwaltung des Militairgouverneurs von Astrachan und zählt eine Bevölkerung von 9211 männlichen Seelen. Davon hat es im vollen Bestande zu stellen:

3 Reiterregimenter à 6 Centurien, Nr. 1, 2 und 3;

½ reitende Batterie Nr. 16 zu 4 Geschützen.

Das Corps ist bestimmt, den Cordon an der Caspischen und innern Astrachanschen Linie zu halten, Commandos in die Kalmücken- und Kirgisenhorde auf Quarantaine, an den Schlagbäumen rc. zu schicken, und im Nothfall Regimenter zum Dienst zu stellen, wohin es befohlen wird. Um dem Corps auch Gelegenheit zu einer kriegsmäßigeren Ausbildung zu geben, wird alljährlich 1 Centurie nach dem Kaukasus geschickt. Die reitende ½ Batterie wird alljährlich im Frühjahr zu praktischen Uebungen eingezogen, und zwar das eine Jahr zum Donschen Corps an den Fluß Ajxia zur Zeit der Zusammenziehung der beurlaubten Donschen Batterien daselbst, das nächste Jahr nach Ssaratow zu den dort stattfindenden Sommerübungen der regulairen Truppen.

e. *Die Kosakencorps unter dem Commandeur des Abgesonderten Orenburgschen Corps.*

1) Das Orenburgsche Kosakencorps hat eine Bevölkerung von 104846 männlichen Seelen, und eine Gesammtstreitkraft von 1500 Unteroffizieren und 22000 dienenden Kosaken; es wird in 2 Militair-, 12 Regimentskreise und 7 Cordons eingetheilt, mit 69 Stanizen und 358 bewohnten Orten. Etatsmäßig hat es zu stellen:

12 Reiterregimenter à 6 Centurien Nr. 1—12;

6 Bataillone zu Fuß Nr. 1—6;
1 Brigade reitender Artillerie zu 3 reitenden Batterien Nr. 17—19, à 8 Geschützen;
1 Centurie Corpshandwerker.

Der Zweck des Corps ist, die Orenburgsche und Sfir-Darjinsche Linie und die, unter der Orenburgschen Verwaltung stehenden Punkte der Kirgisensteppe zu bewachen; im Nothfall ist es auch verpflichtet, Commandos zu Expeditionen in die Steppe zu senden, und überhaupt Commandos und Regimenter dahin zu schicken, wohin es für erforderlich gehalten wird. Für gewöhnlich sind vom Corps 4 Centurien im äußern Dienst in Moskau, im Bestande des combinirten Kasakenregiments des Abgesonderten Orenburgschen Corps, die nach 4 Jahren immer abgelöst werden, und ebenso befindet sich beständig 1 Commando bei der Musterkasakendivision.

2) Das Uralsche Kasakencorps, 37302 männliche Seelen, hat zu stellen:
1 Leibgardedivision von 2 Escadrons in St. Petersburg;
12 Reiterregimenter à 6 Centurien, Nr. 1—12.

Von der Uralschen Leibgardedivision befindet sich im Frieden nur 1 Escadron im Dienst bei dem Abgesonderten Gardecorps, die alle 3 Jahre mit der zu Hause befindlichen abwechselt. Die übrigen Regimenter des Corps haben dieselbe Verpflichtung, wie die des Orenburgschen, und stellen beständig 3 Centurien nach Moskau zum Dienst, wie jenes. Im innern Dienst bestehen die Uralschen Regimenter nur aus je 5 Centurien.

3) Das Baschkirencorps zählt 494704 männliche Seelen, und ist nicht in Regimenter, sondern in 28 Cantons getheilt, von denen nur die 6 ersten mit einer Bevölkerung von etwa 71000 männlichen Seelen dienend sind, die übrigen der Civilverwaltung unterstehen. Von jenen werden Abtheilungen zum Dienst nach den Etappenorten der Orenburgschen Linie und der großen Sibirischen Straße geschickt, auch werden auf besondere Verfügung Truppen zum äußern Dienst gestellt, die dann nach Bedarf in Regimentern formirt werden. So stellte das Corps im Orientalischen Kriege 13 Regimenter Baschkiren und 4 Regimenter Meschtscherjaken.

f. Die Kasakentruppen des Abgesonderten Sibirischen Corps.

1) Das Sibirische Kasakencorps, 64401 männliche Seelen, hat etatsmäßig zu stellen:
12 Reiterregimenter Nr. 1—12, à 6 Centurien;
3 Kasaken ½ Bataillone zu Fuß mit Schützen ½ Compagnien;
1 Brigade reitender Artillerie zu 3 leichten reitenden Batterien Nr. 20—22, à 8 Geschützen;
1 Lehrcenturie beim Corpsstabe in Omsk;
1 Centurie Handwerker.

Das Corps steht unter dem Generalgouverneur von Westsibirien, und soll nur nach Maaßgabe des wirklichen Bedarfes zum Dienst herangezogen werden. Die nicht im Dienst befindlichen Mannschaften sind auf Urlaub, bis die Reihe zum Dienst an sie kommt, mit Ausnahme der Zeit, wo sie zu Musterungen oder praktischen Uebungen eingezogen werden. Der Ablösungstermin für den innern Dienst ist auf 2 Jahre festgesetzt. Um den Dienst so viel als angeht, zu erleichtern, sollen möglichst viele Ablösungen gebildet, und daher auch die überzähligen Kasaken nicht vor Ableistung der gesetzlichen Dienstzeit entlassen werden.

2. Die Sibirischen Städtekasakentruppen bestehen nur noch aus folgenden Theilen:
1 Reiterbrigade von 2 Kasakenregimentern zu Pferde: das Irkutskische und das Enisseiskische von je 6 Centurien mit 1 Invalidencommando von 70 Mann, die unter dem Commando des Generalgouverneurs von Ostsibirien stehen;

Das Jakutskische Stadtregiment zu Fuß unter dem Jakutskischen Civilgouverneur, das 2 Centurien in dem Petropawlowskischen Hafen und Abtheilungen in Ochotsk, Kolimsk, Werchojansk, Olekminsk rc. hält.

g. Die Kasakencorps unter dem Generalgouverneur von Ostsibirien.

1) Das Transbaikalsche Kasakencorps hat eine männliche Bevölkerung von 55678 Seelen, und steht unter dem Militairgouverneur der Transbaikalschen Provinz. Es hat etatsmäßig zu stellen:
2 Russische Brigaden oder 4 Regimenter zu Pferde Nr. 1—4, à 6 Centurien;
1 Burjätische Brigade von 2 Regimentern zu Pferde Nr. 5 und 6, à 6 Centurien;
3 Brigaden Infanterie, à 4 Bataillone zu 4 Compagnien und einer 5. Schützencompagnie, die eine fortlaufende Nr. von 1—12 führen;
1 combinirtes Transbaikalsches Kasakenbataillon zu Fuß;
1 Brigade reitender Artillerie von 2 Batterien Nr. 23 und 24, à 8 Geschützen mit 5. Ersatzzügen.

Das Corps hält den Cordon an der Chinesischen Grenze und Wachen in den Städten und bei den Gebirgsfabriken.

2) Das Amursche Kasakencorps hat beständig in Bereitschaft zu halten:
1 reitende Brigade von 2 Kasakenregimentern zu Pferde Nr. 1 und 2, von je 4 Centurien;
2 active Fußbataillone: das Amursche und das Ussurische, und 2 Reservebataillone des gleichen Namens, à 5 Compagnien, incl. 1 Schützencompagnie.

Von diesen Truppen stehen die beiden Reiterregimenter und die Amurschen Bataillone unter der Verwaltung des Militairgouverneurs der Amurschen Provinz, die Ussurischen Bataillone unter dem Militairgouverneur der Küstenprovinz. Die Pflicht des Corps ist, die Verbindung längs der Flüsse Amur und Ussur, und von dem obern Laufe derselben bis zur Meeresküste zu erhalten, die Chinesische Grenze zu bewachen, und den Dienst in der Amurschen und Küstenprovinz, sowie nach Erfordern auch außerhalb derselben zu versehen.

2. Numerische Stärke der Kasakentruppen.

Die Reiterregimenter werden in Centurien, die Infanteriebataillone in Compagnien, die Batterien in Divisionen und Züge getheilt.

Persönlicher Bestand.

	Combattanten.					Nichtcombattanten.			Pferde.	
	Generale.	Stabs- und Oberoffiziere.	Urjadniks.	Trompeter.	Kosaken und Soldaten.	Civilbeamte.	Nichtcomb. Chargen.	Trainsoldaten oder Offiziersdiener.	Reit-	Zug- u. Pack-
a. Verwaltungen und Stäbe.										
In der Verwaltung der Irregulairen Truppen beim Kriegsministerium	1	31	—	—	—	12	101			
" " " des Kubanschen Kosakencorps	2	17	—	—	—	64	141			
" " " " Terekschen "	1	9	—	—	—	21	45			
" " " " Astrachanschen "	1	1	—	—	—	8	10			
" " " " Sibirischen "	1	—	—	—	—	20	38			
Im Stabe der Artillerie des Donschen Kosakencorps	1	1	—	—	—	2	7	8		
In einer Brigadeverwaltung des Terekschen Kosakencorps		2	—	—	—	—	4			
" " " " Transbaikalschen " der Reiterei u. Infanterie		2	—	—	—	1	4			
Dazu in der 1. Reiter- und 8. Infanteriebrigade		—	—	27						
" der reitenden Artilleriebrigade des Transbaikalschen Kosakencorps im Kriege		2	—	1	—	—	4	4	8	
" Frieden		8	—	—	—	—	3	4	2	
" einer Reiterbrigade des Amurschen Kosakencorps		2	—	—	—	1	4			
b. Reitende Truppentheile.										
Im Persönlichen Convoi Sr. Kaiserlichen Majestät im Kriege		26	71	16	560	3	91	27		
" Frieden		16	38	8	240	3	69	20		
Davon in der Kaukasischen Leibgardeescadron		9	20	4	80	2	43	12	104	53
" einer " " Kosakenescadron: vom Kubanschen Corps		4	13	3	120	3	13	7	188	192
" Terekschen "		1	5	1	40					
In einem Feldregiment des Donschen, Orenburgschen und Uralschen Corps von 6 Centurien im äußern Dienst		21	66	19	798	—	2	—	875	90
" dem Lehrregiment des Donschen Corps von 6 Centurien		21	66	10	798	—	2	—	875	90
" der Trompetercenturie desselben[1]		8	25	24	875					
" ein. Kubansch.[2], Teresch.[3], Astrachansch. u. Sibirisch. Kosakenregim. v. 6 Centurien		20	50	13	798	—	2	—	883	25
" " Regim. d. Neurussischen Kosakencorps von 6 Centurien		20	60	—	798	—	—	—	848	88
" " " " Uralschen " im innern Dienst (5 Centurien)		20	38	—	665	—	—	—	703	73
" " " " Baschkirencorps i. äuß. Dienst u. d. Transbaikalsch. Corps v. 6 Cent.		13	50	18	798	—	—	—	861	90
" " " " Amurschen Kosakencorps von 4 Centurien		9	34	9	532	—	14	—	575	141
" dem Irkutskischen od. Cnisseiskisch. Regt. v. 6 Centur. m. d. Invalidencommando[4]		14	49	13	798	—	89	—	860	89
" der Kubanschen Kosakendivision bei der ehemaligen 1. Armee		7	16	4	265	—	—	—	285	32
" " Transkaukasischen Landwache zu Pferde		28	195	—	2017[5]	—	—	—	2212	275
" dem Terekschen irregulairen Reiterregiment		38	86	7	720	4	8	—	796	79
" " Dagestanschen oder Kutaisschen irregulairen Reiterregiment		21	36	7	720	3	18	5	784	87
" der Labaschen oder Kubanschen irregulairen Reiterescadron		4	8	—	100	1	15	—	108	12
" " Dscharo-Lesgischen stehenden Miliz		3	5	—	131	—	6	—	139	
" " Dagestanschen stehenden Miliz[6]		23	70	—	1190	1	3	—	1083	
" " Lehrcenturie des Sibirischen Kosakencorps in Omsk		2	12	2	72	—	2	—	86	
c. Fußbataillone.										
In einem Infanteriebataillon des Kubanschen[7] und Orenburgschen Corps		16	82	18	920	—	27			
" " " " Transbaikalschen Corps		5[8]	82	12	920	—	16			
" " " " Amurschen Corps		7[9]	82	20	920	—	16			
" der Grusischen Fußdruschina		16	40	—	750	—	21	—	—	9
d. Artillerietruppen.										
In der Donschen Leibgardebatterie im Kriege		10	36	6	409	1	46	12	226	249
" Frieden		10	30	6	327	1	46	12	226	92
" " " schweren Batterie, falls eine solche aufgestellt wird; im Kriege		7	25	4	295	1	38	9	157	200
" Frieden		7	20	4	236	1	38	9	157	102
" " " erleichterten Batterie, im Kriege		7	25	4	272	1	38	9	133	174
" Frieden		7	20	4	218	1	38	9	133	84
" einer " leichten " " Kriege		7	25	4	222	1	38	9	125	148
" Frieden		7	20	4	178	1	38	9	125	84
" " Batterie des Kubanschen oder Terekschen Corps		8	20	4	178	—	37	9	141	136
" der ½ Batterie Nr. 16 des Astrachanschen Corps im Kriege		8	30	6	282	1	98	—	76	83
" Frieden		4	10	2	94	1	35	—	76	62
" einer Batterie des Transbaikalschen Corps, im Kriege		7	25	4	222	—	37	8	206	144
" Frieden		4	8	1	41	—	15	5	54	19
" allen übrigen Batterien		6	20	4	178	—	37	—	141	186
" einem Commando des Asowschen Kosakencorps im Marinedienst[10]		—	1	—	12					

1) Die Zahl der Uryadnik und Steven richtet sich nach der Zahl der im äußern Dienst befindlichen Regimenter, deren jedes beim Ausrücken 7 Uryadnik und 15 Kasaken dazu commandirt.
2) Außerdem in den Kubanischen Regimentern Nr. 11, 12, 15, 17, 19, 21, 23 und 25 noch 1 Stabsoffizier als Brigadecommandeur und im ganzen Corps noch 6 Waffenschmiedemeister.
3) Außerdem im ganzen Corps noch 8 Waffenschmiedemeister.
4) In diesen beiden Regimentern sind noch je 7 übercomplette Offiziere und in dem Ssunschenskischen noch 1 Noncombattant mehr unter dem Invalidencommando. Dasselbe besteht bei jedem Regiment aus 1 Offizier, 7 Unteroffizieren, 60 Gemeinen und 8 resp. 4 Noncombattanten.
5) Davon 444 für das Gouvernement Tiflis, 405 für Eriwan, 132 für Baku und 112 für den Sakatalschen Kreis.
6) Darunter 10 Uryadnik und 180 Gemeine zu Fuß.
7) 4 Kubanische Kasakenbataillone haben einen Train von je 4 Patronenkarren und 20 Telegen mit 72 Pferden.
8) Im Kriege werden noch je 3 Offiziere zugetheilt.
9) Dazu im Kriege in den beiden activen Bataillonen noch je 4 Offiziere und 56 Angereihte.
10) Außerdem für alle 22 resp. 24 Offiziere und zur Reserve für jedes Commando 12 Kasaken und für je 2—1 Uryadnik und 1 Prikasni.

3. Bewaffnung und Ausrüstung der irregulairen Truppen.

In allen Kasakencorps muß jeder Kasak seine gesammte kriegerische Ausrüstung auf eigene Kosten beschaffen, mit alleiniger Ausnahme des Amurschen, in dem sie auf Rechnung des Corpsschatzes beschafft wird. Die Kasaken der Reiterregimenter des Donschen, Neurussischen, Astrachanschen, Orenburgschen, Uralschen und Sibirischen Corps sind mit Piken, Schaschkas (d. h. die wenig gekrümmten Kasakensäbel ohne Korb und Bügel) und Flinten bewaffnet. Ihre Kleidung besteht aus der Montur mit weiten Pluderhosen und Mänteln. Als Kopfbedeckung trägt das Donsche Corps Pelzmützen nach Art der Husaren, mit einer Cocarde an der linken Seite, bei der Garde und den Generalen mit Busch, über die gewöhnlich ein Ueberzug von Wachsleinewand gezogen wird. Die übrigen genannten Corps tragen die Papacha, d. h. eine turbanartige Wulst von Schaaffell, die um einen farbigen Tuchkopf gelegt ist. Fußbekleidung und Halstuch sind wie bei den regulairen Truppen. Die Schaschka wird an einem ledernen Koppel getragen, die Patronen in einer gewöhnlichen Cartouche. Das Kasakengepäck besteht aus einer Sattelunterdecke, dem Sattelbock, Kissen, Schabracke und Mantelsack.

Die Kasakenregimenter und übrigen irregulairen Truppen am Kaukasus sind mit Schaschkas, Pistolen, Flinten und Dolchen bewaffnet; die 9 ersten Regimenter des Kubanschen Corps, die früheren Tschernomorischen, außerdem noch mit Piken; das Kubanschen und Terekſche Corps, haben gezogene Gewehre. Alle tragen sie die Papacha, und ihre Bekleidung besteht aus einem engen Unterkleid, dem Beschmet, über den ein weiterer Rock, die Tscherkeska, gezogen wird, auf dem an beiden Seiten der Brust Futterale für die Patronen, Gasiren genannt, eingenäht sind; an Stelle der gewöhnlichen Mäntel haben sie die Burka, d. h. einen Tatarischen Filzmantel, der gleichzeitig als Zelt benutzt werden kann. Die Bekleidung der Fußbataillone des Kubanschen Corps besteht aus der Papacha, einer Montur nach Asiatischem Schnitt, und Pluderhosen; die Bewaffnung aus Bajonetflinten. Ihre Ausrüstung besteht, analog der regulairen Infanterie, aus einem Tornister von etwas kleineren Abmessungen mit Kochgeschirr, und einer besponnenen Glasflasche; zum Transport der Patronen haben sie 2 Taschen wie jene, die Tasche für den nächsten Bedarf von Zündhütchen ist am linken Schooß der Montur angenäht.

Die Orenburgschen Fußbataillone sind ebenso ausgerüstet und bewaffnet, nur haben sie blos eine Cartouche zum Transport der Munition.

Die Asowschen Kasaken sind mit Schaschkas, Carabinern und Dolchen bewaffnet, ihre Bekleidung ist analog der der Donschen Kasaken.

Das Transbaikalsche und das Amursche Kasakencorps haben folgende Bewaffnung: Die Reiterregimenter gezogene Dragonergewehre, Schaschkas und Piken, die activen Fußbataillone gezogene Dragoner-, die Reservebataillone glatte Steinschloßgewehre und Schaschkas. Ihre Bekleidung besteht aus Monturen und weiten Hosen, die Kopfbedeckung und alles Uebrige ist wie bei den andern Kasaken; zur Aufnahme der Patronen dienen Cartouchen für 40 Stück.

Die Artilleristen der Kasakenbatterien haben dieselbe Bekleidung, wie die Kasaken der reitenden Regimenter ihres Corps; bewaffnet sind sie mit Schaschkas und Pistolen, und bei dem Kubanschen und Tereckschen Corps außerdem noch mit Dolchen.

Die Milizen der Kaukasischen Provinzen tragen ihre nationale Tracht, das Baschkirencorps enge Beschmets und darüber eine Montur; Papacha und Fußbekleidung wie bei den Kasaken. Jene sind mit Schaschkas, Flinten, Pistolen und Dolchen, diese wie die Donschen Kasaken bewaffnet.

Der Train der Kasakenregimenter besteht aus je 1 Actenkarren und 1 Apothekerpack mit 3 Trainpferden. An Stelle der Trainfahrzeuge ist den Kasaken das Halten von Packpferden gestattet, für die ihnen vom Aerar Fourage verabreicht wird, und zwar rechnet man im Kriege auf je 10 Kasaken 1 Packpferd.

In den Fußbataillonen werden nur auf Grund besonderer Bestimmungen Trainfahrzeuge gehalten, so bei 4 Infanteriebataillonen des Kubanschen Corps (3 des ehemaligen Tschernomorischen, 1 des früheren Kaukasischen Linienkasakencorps) je 4 Patronenkarren und 20 Telegen mit 72 Trainpferden.

Die reitenden Batterien der Kasakenartillerie haben denselben Train, wie die der regulairen Artillerie, und außerdem noch für jede Batterie ein Apothekerpack.

C. Die Militairlehranstalten.

1. Die Militairlehranstalten unter der Verwaltung Sr. Kaiserlichen Hoheit des Hauptchefs dieser Anstalten.

a. Die Kaiserliche Militairacademie besteht aus 3 Academien: Der Nikolaewschen des Generalstabes, der Nikolaewschen Ingenieur- und der Michailowschen Artillerieacademie.

Die Nikolaewsche Academie des Generalstabs hat im Allgemeinen den Zweck, höhere militairische Bildung unter den Offizieren der Armee zu verbreiten, und im Speciellen den, Generalstabsoffiziere zu erziehen. Die Academie hat zwei Classen, eine theoretische und eine praktische, und eine besondere geodätische Abtheilung. Die Zahl der, am Unterricht Theil nehmenden Offiziere ist unbeschränkt.

Die Nikolaewsche Ingenieuracademie ist zur Ausbildung von Ingenieuroffizieren bestimmt, und besteht aus zwei Offiziersclassen. Mit ihr ist die Nikolaewsche Ingenieurschule verbunden, in der 126 Zöglinge (Conducteure) ausgebildet werden.

Die Michailowsche Artillerieacademie hat als Spezialschule der Artillerie die Heranbildung von Artillerieoffizieren zum Zweck, und ist analog der vorigen mit der Michailowschen Artillerieschule von 148 Zöglingen (Junker) verbunden.

b. Das Pagencorps Seiner Kaiserlichen Majestät mit 150 Pagen.

c. Die Nikolaewsche Lehranstalt der Gardejunker hat einen Etat von 288 Zöglingen, mit 1 Escadron von 108 Junkern und 1 Compagnie von 120 Junkern.

d. Die Residenz-Cadettencorps.

1) In St. Petersburg: Das 1. und das 2. Cadettencorps mit je 600, das Pawlowsche Cadettencorps mit 500 Zöglingen, und die Konstantinowsche Militairlehranstalt. In dieselbe treten ein: Die Zöglinge aller Gouvernements-Cadettencorps, die zur Versetzung in die 3. Specialclasse bestimmt sind; die Adligen, welche einen vollen Cursus auf den Gymnasien beendigt haben, und derselben als überzählige Hospitanten für 2 Jahre im Range von Junkern zugetheilt werden, um den wissenschaftlichen Cursus der Specialclassen durchzumachen; die Adligen oder Unadligen, die nach Beendigung eines Cursus auf der Universität derselben zu gleichem Zweck auf 1 Jahr zugetheilt werden. Zum Eintritt in die 3. Specialclasse bleiben die Gymnasiasten und Studirenden der Universität noch 1 Jahr dort. Die Zahl der Hospitanten und Zöglinge ist unbestimmt.

2) In Moskau. Das 1. und das 2. Moskausche Corps, jenes zu 550 Zöglingen und einer Kinderabtheilung für 100 Zöglinge, dieses für 400 Zöglinge, und das Alexandrinsche Waisencorps von 400 Zöglingen.

Aus allen bisher angeführten Corps werden die Zöglinge nach Beendigung des Cursus auf denselben, als Offiziere zu allen Truppenarten, je nach ihren Leistungen, entlassen.

e. Die Gouvernements-Cadettencorps: Das Nowgorodsche des Grafen Araktschew, das Polozkische, das Alexandrowsche in Wilno, das Petrow-Poltawasche, das Michailow-Woroneshsche, das Orlow-Bachtinsche und das Wladimir-Kiewsche, jedes von 400 Zöglingen.

f. Die nicht einrangirten Cadettencorps: Das Tula-Alexandrowsche von 100 Zöglingen, die die nicht einrangirte Compagnie des Orlow-Bachtinschen Cadettencorps bilden, in das sie nach Erlangung des 11. und 12. Lebensjahres auch versetzt werden; das Tambowsche, ebenfalls von 100 Zöglingen, als nicht einrangirte Compagnie des Michailow-Woroneshschen Cadettencorps.

g. Das Finländische Cadettencorps in Friedrichsham hat 120 Zöglinge aus finländischen Eingebornen; nach Beendigung des Cursus werden die Zöglinge, wie aus den Residenz-Cadettencorps zu allen Truppengattungen als Offiziere entlassen.

h. Das Orenburg-Nepljuewsche Cadettencorps in Orenburg ist für 200 Zöglinge eingerichtet, die nach Beendigung des Cursus als Offiziere an die Orenburgschen Linienbataillone und an die Kasakentruppen des Orenburgschen Landes abgegeben werden.

i. Das Sibirische Cadettencorps in Omsk hat 240 Zöglinge, die zur Entlassung als Offiziere für die Sibirischen Linienbataillone und die Sibirischen Kasakentruppen bestimmt sind.

2. Die Lehranstalten anderer Verwaltungsbehörden.

a. Die Kaiserliche Medicinisch-Chirurgische Academie bildet Militairärzte und Chirurgen aus. Sie steht unter der Verwaltung des Kriegsministeriums.

b. Die Offizierschießschule in Zarskoe Selo und die Schützencompagnie bei ihr. Ihr Zweck ist, die zu ihr commandirten Offiziere theoretisch und praktisch mit allen Gegenständen bekannt zu machen, die sich auf die Kenntniß und den Gebrauch der Handwaffen beziehen, bis zu dem Grade, um sie zu den Stellen der Commandeure der Schützencompagnien und der Vorsteher des Waffengeschäfts in ihren Truppentheilen vorzubereiten, und überhaupt richtige Begriffe über das Schießen und die Schützenwaffe bei den Truppen zu verbreiten. Ferner sollen in ihr gute Schützen aus dem Mannschaftsstande zu Lehrern im Schießen für die niedern Chargen in der Garde und allen Schützenbataillonen herangebildet, und endlich auf ihr nach Vorschlag der Waffencommission des Provisorischen Artilleriecomités Versuche mit Waffen oder Geschossen neuer Systeme ausgeführt werden. Die Schule befindet sich unter dem Curatorium Sr. Kaiserlichen Hoheit des Generalfeldzeugmeisters, und unter der unmittelbaren Leitung und Verwaltung des Stabschefs des Abgesonderten Gardecorps. Die Schule und die Compagnie bestehen aus einer stehenden und einer wechselnden Abtheilung nach Analogie der Mustertruppen. In die letztere treten alljährlich ein: 1) an Oberoffizieren je 2 von jeder activen (excl. der Kaukasischen) und Reservedivision, 1 von jedem activen Schützenbataillon und jeder Sappeurbrigade, 5 von den Infanterietruppen der Kaukasischen Armee, 3 von den Finnischen angesiedelten Schützenbataillonen, 7 von allen Linienbataillonen, und 1 von je 2 Dragonerregimentern der 2. Garde- und der 7 Cavalleriedivisionen; 2) an niedern Chargen: 4 Mann von jedem Infanterieregiment und Schützenbataillon der Garde, je 2 Mann von dem reitenden Leibgardegrenadier- und dem Leibgardedragonerregiment, 6 Mann von der combinirten Sappeurbrigade, je 5 Mann und 1 Hornist von jedem Schützen- *) und Reserveschützenbataillon, und je 3 Mann von jedem Finnischen angesiedelten Schützenbataillon. Außerdem steht bei der Schule noch ein Flottencommando.

---

*) Von dem Kaukasischen Grenadierschützenbataillon wird kein Hornist geschickt.

c. Die Kaukasische Schießschule in Tiflis, mit der bei ihr stehenden Kaukasischen Lehrschützencompagnie, haben dieselbe Bestimmung, wie sie die vorige Schule für die ganze Armee hat, ausschließlich für die Truppen der Kaukasischen. Die Verwaltung und Leitung dieser Schule ist dem Chef des Hauptstabes der Kaukasischen Armee anvertraut. Die für die allgemeine Verwaltung der Schule und ihrer Compagnie bestimmten Chargen bilden die stehende Abtheilung derselben; den wechselnden Bestand der Compagnie bilden die von den Truppen der Kaukasischen Armee zu ihr geschickten Commandos mit 32 Offizieren (von jedem Grenadier-, Infanterie- und Dragonerregiment, jedem Schützen- und Sappeurbataillon 1, und von allen Linienbataillonen 6), 7 Hornisten und 230 Unteroffizieren und Gemeinen (2 Unteroffiziere und 5 Gemeine von jedem Grenadier- und Infanterieregiment, 2 Unteroffiziere und 4 Gemeine von jedem Schützenbataillon, 1 Unteroffizier und 1 Gemeiner von jedem Sappeur- und Linienbataillon, 1 Unteroffizier und 3 Gemeine von jedem Dragonerregiment).

d. Die Cavalleriescule in Elisawetgrad steht unter dem Commandeur des Odessaschen Militairkreises. Sie hat den Zweck, solchen Offizieren der Cavallerie, die schon eine gewisse Dienstkenntniß erworben haben, eine specielle theoretische und praktische Ausbildung zu geben, und sie zu tüchtigen Escadrons- und überhaupt Cavallerieführern vorzubereiten. Sie ist mehr eine höhere Bildungsschule für Cavallerieoffiziere, als eine ausschließliche Reitschule und besteht aus einer stehenden und einer wechselnden Abtheilung, zu der von jedem Cavallerieregiment der 7 Cavalleriedivisionen, und von der 1. und 7. reitenden Artilleriebrigade 1, von der übrigen reitenden Artillerie 3 Offiziere, und außerdem 8 Unteroffiziere und 92 Gemeine als Pferdepfleger und zum Erlernen des Schmiedehandwerks commandirt werden. Der Cursus ist 2jährig, und wird alljährlich die halbe Zahl entlassen.

e. Die technisch-galvanische Fabrik und die galvanische Lehrcompagnie sind zur theoretischen und praktischen Ausbildung im galvanischen Dienst bestimmt. Sie befinden sich beide in voller Abhängigkeit, und gänzlich zur Verfügung des Stabes Sr. Kaiserlichen Hoheit des Generalinspecteurs des Ingenieurwesens; die Aufsicht über die taktische Ausbildung und das Personal der Compagnie, sowie ihre Inspicirung, ist Sache des Chefs der Ingenieure des Abgesonderten Gardecorps. Die bei der Fabrik und bei der Compagnie dauernd befindlichen Chargen bilden den stehenden Cadre; zum wechselnden Bestande werden alljährlich commandirt je 1 Offizier von dem Leibgarde-, dem Grenadiersappeurbataillon und dem Finländischen Sappeur ½ Bataillon, 2 Oberoffiziere von jeder Sappeurbrigade und 1 von den beiden Kaukasischen Sappeurbataillonen; der wechselnde Bestand der Compagnie besteht aus 215 Combattanten und 37 Noncombattanten niedern Ranges, und 3 Mann von dem Leibgarde-, dem Grenadiersappeurbataillon und dem Finländischen Sappeur ½ Bataillon.

f. Der Lehrcadre im Fechten und der Gymnastik ist bestimmt, zur Ausbildung von Offizieren der Gardeinfanterie in der Gymnastik und im Fechten, um durch sie in den Regimentern derselben die Kenntniß darin möglichst zu verbreiten, und zur Ausbildung von Unteroffizieren und Gemeinen zu Turn- und Fechtlehrern für die Infanterie. Der Cadre ist dem Stabschef des Abgesonderten Gardecorps in allen Beziehungen unterstellt, und besteht, wie alle Truppenkörper dieser Art, aus einer stehenden und einer wechselnden Abtheilung. Zu der letzteren werden von jeder Gardeinfanteriebrigade 1 Offizier, von jedem Regiment der Garde und der Armee, von allen Finländischen, allen Orenburgschen, Sibirischen (außer den unter der Bergverwaltung stehenden, und den Dienst der Innern Wache versehenden), und von allen Ostsibirischen Linienbataillonen je 2, von jedem Garde-, dem 1.—16. Armee-, und den 6 Reserveschützenbataillonen, von jedem Sappeurbataillon der Garde, des Grenadiercorps und der Armee, dem Finländischen, dem Reservesappeur ½ Bataillon und den zwei Kronstädtischen Linienbataillonen je 1 Gemeiner commandirt.

Außerdem besteht noch ein Gymnastisches Fechtbataillon beim Grenadiercorps von 3½ Compagnien (3 für die 3 Infanteriedivisionen, und ½ für die Cavallerie und Artillerie des Corps), sowie ein Gymnastisches Fecht ½ Bataillon für die Reserveinfanterie von 2 Compagnien.

g. Die Schule der Topographen besteht aus 120 Topographen der 1. und 2. Classe, welche die Compagnie des militair-topographischen Depots bilden, unter dessen Director auch jene steht.

h. Die Bereiterschule, zur Ausbildung von Bereitern, hat 40 Zöglinge, und befindet sich unter der Verwaltung des Commandeurs des Abgesonderten Gardecorps.

i. Die Auditeurlehranstalt, zur Heranbildung von Auditeuren bestimmt, hat 170 Zöglinge, und steht unter der Leitung der Verwaltung der Schulen des Militairwesens.

k. Die Schulen des Militairwesens: Die St. Petersburgsche von 600 Zöglingen, in 3 Compagnien, 1 Conducteur-, 1 Topographen- und 1 Lehrcompagnie getheilt; die Moskausche von 1000 Zöglingen mit 1 Musikantencompagnie; die Pskowsche von 800 Zöglingen und 1 Musikantencompagnie; die Kiewsche von 800 Zöglingen; die Jaroslawsche, Nishegorodsche und Kasansche von je 600 Zöglingen; die Woronesbsche und Tschuguewsche zu je 400 Zöglingen; die Archangelsche, Smolenskische, Neugeorgiewsche (im Gouvernement Cherson), Permsche, Ssaratowsche und Orenburgsche von je 250 Zöglingen; die Omskische, Tobolskische und Irkutskische von je 200 Zöglingen; endlich die Astrachansche von 150 Zöglingen. In diesen Anstalten werden gebildet: In der St. Petersburgschen Conducteure und Zeichner für das Corps der Militairingenieure, Graveure, Lithographen und Topographen für das militair-topographische Depot, Schreiber für das Kriegsministerium, Lehrer zum Unterrichten in den Militairschulen, und Turnlehrer; in der Moskauschen Schreiber und Topographen für die Truppen und Verwaltungen der Landarmee und Turnlehrer; während in den übrigen Anstalten ausschließlich Schreiber herangebildet werden sollen.

Außerdem sind noch 2 Militairlehranstalten für die Kaukasische Armee, unter dem Obercommandeur derselben stehend, angesetzt, und zwar eine in Tiflis für 500 Zöglinge, eine in Stawropol für 250 Zöglinge. Davon ist jene bereits errichtet, und zur Ausbildung von Conducteuren, Topographen, Graveuren, Lithographen und Schreibern für die Truppen und Militairverwaltungen, und von Turnlehrern für die Truppen der Kaukasischen Armee bestimmt, so wie aus ihr auch Zöglinge zur Ergänzung der Feldscheerschule beim Tiflisschen Militairhospital entlassen werden können. Die Stawropolsche Schule dagegen soll erst errichtet werden, wenn sich die der Tiflisschen Schule gegebene Einrichtung praktisch bewährt hat; auch sollen in ihr nur Schreiber ausgebildet werden.

l. Die Artillerieschulen. Zur Completirung der Artillerie mit erfahrenen Feuerwerkern sind, unabhängig von dem Gardepark, noch folgende Schulen eingerichtet:

1) 18 Divisionsschulen, bei jeder Artilleriedivision, bei der Kaukasischen Artillerie und der Artillerie von Ostsibirien, in denen angesetzt sind: Je 7 Mann von jeder activen Fußbatterie, den Batterien der 7. reitenden Artilleriebrigade, der reitenden Reserveartilleriebrigade und von jedem Park; je 6 Mann von den reitenden Batterien der Garde, der 1.—6. reitenden Artilleriebrigade, und von jeder Batterie und jedem Park der Kaukasischen Artillerie; je 4 Mann von den combinirten Fußreservebatterien der Garde und des Grenadiercorps; je 12 Mann von den Reservebatterien der Feldfußartillerie, und je 9 Mann von den Fuß- und reitenden Batterien der Transbaikalschen Artilleriebrigade.

2) Batterieschulen, bei jeder Batterie. In jeder derselben sind angesetzt: Je 10 Mann in den leichten und den combinirten Reservebatterien der Garde und des Grenadiercorps; je 12 Mann in den schweren und erleichterten Fuß- und reitenden Batterien; 24 Mann in jeder combinirten Reservebatterie und 20 Mann in jedem Park.

Für Versorgung der Garnisons- und Festungsartillerie mit Feuerwerkern, Schreibern und andern Chargen sind eingerichtet:

3) 10 Kreisschulen, in denen 8 Mann von jeder Compagnie, 4 von jeder ½ und 2 Mann von jeder ¼ Compagnie der Festungsartillerie, 6 Mann von jeder Laboratorien- und Garnisonscompagnie, und 3 Mann von jeder Laboratorien- und Garnisons ½ Compagnie angesetzt sind.

4) Compagnie- und Laboratorienschulen für 20 Mann in jeder Compagnie, und 10 Mann in jeder Halbcompagnie der Festungsartillerie, für 12 Mann von einer Laboratorien- und Garnisonscompagnie, und 6 Mann in jeder Laboratorien- und Garnisons ½ Compagnie. Für die Kaukasische Festungsartillerie besteht eine gemeinsame Schule für 209 Mann.

Zur Ausbildung von Handwerkern für die technischen Artillerieetablissements ist noch eine technische und eine pyrotechnische, und für Completirung der Batterien und Parks mit Thierärzten eine Curschmiedeschule errichtet.

m. Die Ingenieurschulen. Zur Ausbildung der Chargen der Ingenieurtruppen sind in aufsteigender Art 3 verschiedene Cathegorien von Schulen bestimmt.

1) Schulen der 1. Classe, Compagnieschulen, — in jeder Compagnie der Sappeurbataillone für 65, in den ½ Bataillonen für 36, in den Pontoniercompagnien und der galvanischen Lehrcompagnie für je 65 Mann;

2) Schulen der 2. Classe, Specialschulen, — in jedem Sappeurbataillon für 4 Oberoffiziere und 104 niedere Chargen, in jedem ½ Bataillon für 1 Oberoffizier und 70 Mann, in jedem Pontonpark und in der galvanischen Lehrcompagnie für 1 Offizier und 30 Mann;

3) Schulen der 3. Classe, höhere oder Brigadeschulen, — in der combinirten Sappeurbrigade für 2 Oberoffiziere und 42 niedere Chargen, in der 1. Sappeurbrigade für 2 Offiziere und 49 Mann, in der 2. Sappeurbrigade für 2 Offiziere und 61 Mann, bei den Kaukasischen Sappeurbataillonen für 2 Offiziere und 28 niedere Chargen.

II.

Tableau

der

Kaiserlich Russischen regulairen activen und Reservetruppen der Feldarmee

am 1. Januar 1863.

Im Kriege.

1. Active Truppen.

a. Abgesondertes Gardecorps.

1. Gardeinfanteriedivision: Preobraschenskisches Leibgarderegiment, Ssemenowsches, Ismailowsches, Gattschinasches; Leibgardeschützenbataillon Sr. Majestät und Leibgardesappeurbataillon.

2. Gardeinfanteriedivision: Moskausches Leibgarderegiment, Leibgardegrenadierregiment, Pawlowsches Leibgarderegiment, Finländisches; Leibgardeschützenbataillon der Kaiserlichen Familie und Gardeequipage.

3. Gardeinfanteriedivision: Litthauisches Leibgarderegiment, Kexholmsches Grenadierregiment des Kaisers von Oesterreich, St. Petersburgsches des Königs Friedrich Wilhelm III., Wolynisches Leibgarderegiment; Zarskoßeloßches Leibgardeschützenbataillon.

1. Gardecavalleriedivision: Chevaliergarderegiment, Leibgarderegiment zu Pferde, Leibgardecuirassierregimenter Sr. und Ihrer Majestät; Leibgardekosakenregiment, Krimsche Leibgardetatarenescadron, Leibgardeatamanenregiment Sr. Kais. Hoheit des Thronfolger Zesarewitsch und Uralsche Leibgardekosakendivision.

2. Gardecavalleriedivision: Leibgardegrenadierregiment zu Pferde, Leibgardedragonerregiment; Leibgardeulanenregiment, Leibgardeulanenregiment Sr. Majestät; Leibgardehusarenregiment Sr. Majestät, Grodnosches Leibgardehusarenregiment.

Gardefußartillerie: 1. Brigade: Schwere Leibgardebatterien Nr. 1 Sr. Kais. Hoh. des Großfürsten Michailo Pawlowitsch und Nr. 2, gezogene leichte Nr. 1; 2. Brigade: Schwere Leibgardebatterien Nr. 3 Sr. Kais. Hoh. des Generalfeldzeugmeisters und Nr. 4, gezogene leichte Nr. 2; 3. Garde- und Grenadierartilleriebrigade: Schwere Leibgardebatterie Nr. 5, schwere Batterie Nr. 6, gezogene leichte Nr. 3.

Reitende Gardeartillerie: Schwere reitende Leibgardebatterie, gezogene leichte Nr. 1, erleichterte Nr. 2 und 3 und Donsche.

Gardeparkartilleriebrigade: Mobile Gardeparks Nr. 1, 2 und 3, fliegender Gardepark.

Beim Abgesonderten Gardecorps stehen: Das Finnische Leibgardeschützenbataillon, die Gardetrainbrigade, die Leibgardegensdarmenhalbescadron, 1 mobiles Hospital und die Feldhospitalcompagnie für das Gardecorps.

b. Abgesondertes Grenadiercorps.

1. Grenadierdivision: 1. Ekaterinoslawsches Leibgrenadierregiment Seiner Majestät, 2. Rostowsches Grenadierregiment des Prinzen Friedrich der Niederlande, 3. Pernowsches des Königs Friedrich Wilhelm IV. 4. Neswishsches des Generalfeldmarschall Fürsten Barklay de Tolly; 1. Grenadierschützenbataillon.

Im Frieden.

1. Active Truppen.

a. Abgesondertes Gardecorps.

1. Gardeinfanteriedivis.: Preobraschenskisch. Leibgarderegmt., Ssemenowsches, Ismailowsches, Gattschinasches; Leibgardeschützenbataillon Sr. Maj. und Leibgardesappeurbataillon.

2. Gardeinfanteriedivision: Moskausches Leibgarderegiment, Leibgardegrenadierregiment, Pawlowsches Leibgarderegiment, Finländisches; Leibgardeschützenbataillon der Kais. Familie und Gardeequipage.

3. Gardeinfanteriedivision: Litthauisches Leibgarderegiment, Kexholmsches Grenadierregiment des Kaisers von Oesterreich, St. Petersburgisches des Königs Friedrich Wilhelm III., Wolynisches Leibgarderegiment, Zarskoßeloßches Leibgardeschützenbataillon.

1. Gardecavalleriedivision: Chevaliergarderegiment, Leibgarderegiment zu Pferde, Leibgardecuirassierregimenter Sr. und Ihrer Majestät; Combinirtes Leibgardekosakenregiment, bestehend aus je 1 Division von dem Leibgardekosaken- und dem Leibgardeatamanenregiment Sr. Kais. Hoh. des Thronfolgers Zesarewitsch, aus 1 Escadron Uralsche Kosaken und 1 Escadron Krimsche Tataren der Leibgarde.

2. Gardecavalleriedivision: Leibgardegrenadierregiment zu Pferde, Leibgardedragonerregiment; Leibgardeulanenregiment, Leibgardeulanenregiment Sr. Majestät, Leibgardehusarenregiment Sr. Majestät, Grodnosches Husarenregiment.

Gardefußartillerie: 1. Brigade: Schwere Leibgardebatterien Nr. 1 Sr. Kais. Hoh. des Großfürsten Michailo Pawlowitsch und Nr. 2, gezogene leichte Nr. 1; 2. Brigade: Schwere Leibgardebatterien Nr. 3 Sr. Kaiserl. Hoh. des Generalfeldzeugmeisters und Nr. 4, gezogene leichte Nr. 2; 3. Garde- und Grenadierartilleriebrigade: Schwere Leibgardebatterie Nr. 5, schwere Batterie Nr. 6, gezogene leichte Nr. 3.

Reitende Gardeartillerie: Schwere reitende Leibgardebatterie, gezogene leichte Nr. 1, erleichterte Nr. 2 und 3 und 1 Division der Donschen.

Beim Abgesonderten Gardecorps stehen: Das Finnische Leibgardeschützenbataillon, der mobile Gardepark, die Gardetrainbrigade, die Leibgardegensdarmenhalbescadron, das Leibgardegarnisonsbataillon und die Gardereiterschule.

Zum Abgesonderten Gardecorps sind commandirt: Das Grenadiersappeurbataillon, das Finländische Sappeurhalbbataillon, das Musterinfanteriebataillon, die Mustercavallerieescadron, die Musterfuß-, die reit. Musterbatterie u. die Musterkosakendivision.

b. Abgesondertes Grenadiercorps.

1. Grenadierdivision: 1. Ekaterinoslawsches Leibgrenadierregiment Sr. Majestät, 2. Rostowsches Grenadierregiment des Prinzen Friedrich der Niederlande, 3. Pernowsches des Königs Friedrich Wilhelm IV., 4. Neswishsches des Generalfeldmarschall Fürsten Barklay de Tolly; 1. Grenadierschützenbataillon.

Im Kriege.

2. Grenadierdivision: 5. Kiewsches Grenadierregiment Sr. Maj. des Königs der Niederlande, 6. Taurisches Sr. Kais. Hoh. des Großfürsten Michailo Nikolaewitsch, 7. Ssamogitisches des Erzherzogs Franz Karl, 8. Moskausches des Großherzogs Friedrich von Mecklenburg; 2. Grenadierschützenbat.

3. Grenadierdivision: 9. Sibirisches Grenadierregiment Sr. Kais. Hoheit des Großfürsten Nikolaj Nikolaewitsch des Aelteren, 10. Kleinrussisches des Generalfeldmarschall Grafen Rumjanzow-Sadunaiskij, 11. Fanagorisches des Generalissimus Fürsten Ssuworow, 12. Astrachansches Sr. Kais. Hoh. des Großfürsten Alexander Alexandrowitsch; 3. Grenadierschützenbataillon.

7. Cavalleriedivision: 13. Dragonerregiment des Kriegsordens, 14. Kleinrussisches des Prinzen Albrecht von Preußen; 13. Wladimirsches Ulanenregiment Sr. Kais. Hoh. des Großfürsten Michailo Nikolaewitsch, 14. Jamburgsches Sr. Kön. Hoh. des Prinzen Friedrich von Württemberg; 13. Narwasches Husarenregiment Sr. Kais. Hoh. des Großfürsten Konstantin Nikolaewitsch, 14. Mitausches Sr. Maj. des Königs von Württemberg.

Grenadierartilleriedivision: 1. Brigade: Schwere Batterien Nr. 1 und 2, erleichterte Nr. 1; 2. Brigade: Schwere Batterien Nr. 3 und 4, gezogene leichte Nr. 2; 3. Brigade: Schwere Batterien Nr. 5 und 6, gezogene leichte Nr. 3; 7. reitende Artilleriebrigade: Schwere Batterie Nr. 13, erleichterte Nr. 14; Grenadierparkartilleriebrigade: Mobile Grenadierparks Nr. 1, 2 und 3, fliegender Grenadierpark.

Beim Corps stehen: Das Grenadiersappeurbataillon, die 7. Trainbrigade, 1 Commando Gensdarmen und 1 mobiles Hospital.

c. Die eigentliche Armee.

1. Armeecorps.

1. Infanteriedivision: 1. Newasches Infanterieregiment, 2. Ssofiasches, 3. Narwasches, 4. Koporjesches Sr. Kön. Hoh. des Kronprinzen von Sachsen; 1. Schützenbataillon.

2. Infanteriedivision: 5. Kalugasches Infanterieregiment Sr. Maj. des Königs von Preußen, 6. Libausches des Prinzen Karl von Preußen, 7. Rewalsches, 8. Estländisches; 2. Schützenbataillon.

3. Infanteriedivision: 9. Alt-Ingermanländisches Infanterieregiment des Generaladjutanten Fürsten Menschikow, 10. Neu-Ingermanländisches, 11. Pskowsches des Generalfeldmarschall Fürsten Kutusow-Smolenskij, 12. Welikoluzkisches; 3. Schützenbataillon.

1. Cavalleriedivision: 1. Moskausches Leibdragonerregiment Sr. Majestät, 2. Pskowsches Ihrer Majestät; 1. St. Petersburgsches Ulanenregiment Sr. Maj. des Königs von Bayern, 2. Kurländisches Leibulanenregiment Sr. Majestät; 1. Ssumisches Husarenregiment des Generaladjutanten Grafen von der Pahlen, 2. Pawlogradsches Leibhusarenregiment Sr. Majestät.

1. Artilleriedivision: 1. Brigade: Schwere Batterien Nr. 1 und 2, gezogene leichte Nr. 1, erleichterte Nr. 2; 2. Brigade: Schwere Batterien Nr. 3 und 4, gezogene leichte Nr. 3, erleichterte Nr. 4; 3. Brigade: Schwere Batterien Nr. 5 und 6, gezogene leichte Nr. 5, erleichterte Nr. 6; 1. reitende Artilleriebrigade: Schwere Batterie Nr. 1, erleichterte Nr. 2; 1. Parkartilleriebrigade: Mobile Parks Nr. 1, 2 und 3, fliegender Park Nr. 1.

Beim Corps stehen: Das 1. Sappeurbataillon mit dem Pontonpark Nr. 1, die 1. Trainbrigade, 1 Commando Gensdarmen und 1 mobiles Hospital.

Im Frieden.

2. Grenadierdivision: 5. Kiewsches Grenadierregiment Sr. Maj. des Königs der Niederlande, 6. Taurisches Sr. Kais. Hoh. des Großfürsten Michailo Nikolaewitsch, 7. Ssamogitisches des Erzherzogs Franz Karl, 8. Moskausches des Großherzogs Friedrich von Mecklenburg; 2. Grenadierschützenbataillon.

3. Grenadierdivision: 9. Sibirisches Grenadierregiment Sr. Kais. Hoh. des Großfürsten Nikolaj Nikolaewitsch des Aelteren, 10. Kleinrussisches des Generalfeldmarschall Grafen Rumjanzow-Sadunaiskij, 11. Fanagorisches des Generalissimus Fürsten Ssuworow, 12. Astrachansches Sr. Kais. Hoh. des Großfürsten Alexander Alexandrowitsch; 3. Grenadierschützenbataillon.

7. Cavalleriedivision: 13. Dragonerregiment des Kriegsordens, 14. Kleinrussisches des Prinzen Albrecht von Preußen; 13. Wladimirsches Ulanenregiment Sr. Kais. Hoh. des Großfürsten Michailo Nikolaewitsch, 14. Jamburgsches Sr. Kön. Hoh. des Prinzen Friedrich von Württemberg; 13. Narwasches Husarenregiment Sr. Kais. Hoh. des Großfürsten Konstantin Nikolaewitsch, 14. Mitausches Sr. Maj. des Königs von Württemberg.

Grenadierartilleriedivision: 1. Brigade: Schwere Batterien Nr. 1 und 2, erleichterte Nr. 1; 2. Brigade: Schwere Batterien Nr. 3 und 4, gezogene leichte Nr. 2; 3. Brigade: Schwere Batterien Nr. 5 und 6, gezogene leichte Nr. 3; 7. reitende Artilleriebrigade: Schwere Batterie Nr. 13, erleichterte Nr. 14; Grenadierparkartilleriebrigade: Mobile Grenadierparks Nr. 1 und 2, fliegender Grenadierpark.

Beim Corps stehen: Die 7. Trainbrigade und 1 Commando Gensdarmen.

c. Die eigentliche Armee.

Verwaltung der Truppen im Königreich Polen.

Warschauer Militairkreis.

2. Infanteriedivision: 6. Libausches Infanterieregiment des Prinzen Karl von Preußen, 7. Rewalsches, 8. Estländisches; 2. Schützenbataillon.

NB. Das 5. Kalugasche Infanterieregiment Sr. Maj. des Königs von Preußen ist dem Bestande des Wilnaschen Kreises zugetheilt.

4. Infanteriedivision: 13. Beloserskisches Infanterieregiment Sr. Kön. Hoh. des Großherzogs von Hessen, 14. Olonezsches Sr. Kön. Hoh. des Prinzen Karl von Bayern, 15. Schlüsselburgsches, 16. Ladogasches; 4. Schützenbataillons.

5. Infanteriedivision: 17. Archangelgorodsches Infanterieregiment Sr. Kais. Hoh. des Großfürsten Wladimir Alexandrowitsch, 18. Wologdasches Sr. Kön. Hoh. des Prinzen von Oranien, 19. Kostromasches, 20. Galizkisches; 5. Schützenbataillon.

6. Infanteriedivision: 21. Muromsches Infanterieregiment, 22. Nishegorodsches, 23. Nisowsches, 24. Ssimbirskisches; 6. Schützenbataillon.

Außerdem sind dieser Division zugetheilt von der 3. Infanteriedivision das 10. Neu-Ingermanländische Infanterieregiment und das 3. Schützenbataillon.

7. Infanteriedivision: 25. Smolenskisches Infanterieregiment des Generaladjutanten Grafen Adlerberg I., 26. Mogilewsches, 27. Witebskisches, 28. Polozkisches; 7. Schützenbataillon.

Husarenbrigade der 1. Cavalleriedivision: 1. Ssumisches Husarenregiment des Generaladjutanten Grafen von der Pahlen, 2. Pawlogradsches Leibhusarenregiment Sr. Majestät.

Im Kriege.

2. Armeecorps

4. Infanteriedivision: 13. Beloserskisches Infanterieregiment Sr. Kön. Hoh. des Großherzogs von Hessen, 14. Olonezsches Sr. Kön. Hoh. des Prinzen Karl von Bayern, 15. Schlüsselburgsches, 16. Ladogasches; 4. Schützenbataillon.

5. Infanteriedivision: 17. Archangelgorodsches Infanterieregiment Sr. Kais. Hoh. des Großfürsten Wladimir Alexandrowitsch, 18. Wologdasches Sr. Kön. Hoh. des Prinzen von Oranien, 19. Kostromasches, 20. Galizkisches; 5. Schützenbataillon.

6. Infanteriedivision: 21. Muromsches Infanterieregiment, 22. Nishegorodsches, 23. Nisowsches, 24. Ssimbirskisches; 6. Schützenbataillon.

2. Cavalleriedivision: 3. Neurussisches Dragonerregiment Sr. Kais. Hoh. des Großfürsten Wladimir Alexandrowitsch, 4. Ekaterinoslawsches Ihrer Kais. Hoh. der Großfürstin Maria Nikolaewna; 3. Smolenskisches Ulanenregiment Sr. Kais. Hoh. des Thronfolgers Zesarewitsch, 4. Charkowsches Sr. Kön. Hoh. des Prinzen Friedrich von Preußen; 3. Elisawetgradsches Husarenregiment Ihrer Kais. Hoh. der Großfürstin Olga Nikolaewna, 4. Mariupolsches des Prinzen Friedrich von Hessen-Kassel.

2. Artilleriedivision: 4. Brigade: Schwere Batterien Nr. 1 und 2, gezogene leichte Nr. 1, erleichterte Nr. 2; 5. Brigade: Schwere Batterien Nr. 3 und 4, gezogene leichte Nr. 3, erleichterte Nr. 4; 6. Brigade: Schwere Batterien Nr. 5 und 6, gezogene leichte Nr. 5, erleichterte Nr. 6; 2. reitende Artilleriebrigade: Schwere Batterie Nr. 3, erleichterte Nr. 4; 2. Parkartilleriebrigade: Mobile Parks Nr. 4, 5 und 6, fliegender Park Nr. 2.

Beim Corps stehen: Das 2. Sapperbataillon mit dem Pontonpark Nr. 2, die 2. Trainbrigade, 1 Commando Gensdarmen und 1 mobiles Hospital.

3. Armeecorps.

7. Infanteriedivision: 25. Smolenskisches Infanterieregiment des Generaladjutanten Grafen Adlerberg I., 26. Mogilewsches, 27 Witebskisches, 28 Polozkisches; 7. Schützenbataillon.

8. Infanteriedivision: 29. Tschernigowsches Infanterieregiment des Generalfeldmarschall Grafen Dibitsch-Sabalkanskij, 30. Poltawasches, 31. Alexopolsches, 32. Krementschugsches; 8. Schützenbataillon.

9. Infanteriedivision: 33. Elezsches Infanterieregiment, 34. Ssewsches, 35. Brjanskisches des Generaladjutanten Fürsten Gortschakow, 36. Orelsches des Generalfeldmarschall Grafen Paskewitsch Eriwanskij; 9. Schützenbataillon.

3. Cavalleriedivision: 5. Kargopolsches Dragonerregiment Sr. Kais. Hoh. des Großfürsten Konstantin Nikolaewitsch, 6. Gluchowsches Ihrer Kais. Hoh. der Großfürstin Alexandra Josifowna; 5. Litthauisches Ulanenregiment Sr. K. K. Hoh. des Erzherzogs Albrecht von Oesterreich, 6. Wolynsches Sr. Kais. Hoh. des Großfürsten Konstantin Nikolaewitsch; 5. Alexandriasches Husarenregiment Sr. Kais. Hoh. des Großfürsten Nikolaj Nikolaewitsch des Aelteren, 6. Kljastizkisches Sr. Großh. Hoh. des Prinzen Ludwig von Hessen.

3. Artilleriedivision: 7. Brigade: Schwere Batterien Nr. 1 und 2, gezogene leichte Nr. 1, erleichterte Nr. 2; 8. Brigade: Schwere Batterien Nr. 3 und 4, gezogene leichte Nr. 3, erleichterte Nr. 4; 9. Brigade: Schwere Batterien Nr. 5 und 6, gezogene leichte Nr. 5, erleichterte Nr. 6; 3. reitende Artilleriebrigade: Schwere Batterie Nr. 5, erleichterte Nr. 6; 3. Parkartilleriebrigade: Mobile Parks Nr. 7, 8 und 9, fliegender Park Nr. 3.

Im Frieden.

2. Cavalleriedivision: 3. Neurussisches Dragonerregiment Sr. Kais. Hoh. des Großfürsten Wladimir Alexandrowitsch, 4. Ekaterinoslawsches Ihrer Kaiserl. Hoheit der Großfürstin Maria Nikolaewna; 3. Smolenskisches Ulanenregiment Sr. Kais. Hoh. des Thronfolgers Zesarewitsch, 4. Charkowsches Sr. Kön. Hoh. des Prinzen Friedrich von Preußen.

NB. Die Husarenbrigade dieser Division gehört zum Bestande des Kiewschen Militairkreises.

2. Artilleriedivision: 4. Brigade: Schwere Batterien Nr. 1 und 2, gezogene leichte Nr. 1, erleichterte Nr. 2; 5. Brigade: Schwere Batterien Nr. 3 und 4, gezogene leichte Nr. 3, erleichterte Nr. 4; 6. Brigade: Schwere Batterien Nr. 5 und 6, gezogene leichte Nr. 5, erleichterte Nr. 6; 2. reitende Artilleriebrigade: Schwere Batterie Nr. 3; 2. Parkartilleriebrigade: Mobile Parks Nr. 4 und 5, fliegender Park Nr. 2.

NB. Die erleichterte reitende Batterie Nr. 4 der 2. reitenden Artilleriebrigade gehört zum Bestande des Kiewschen Militairkreises.

Außerdem sind der 2. Artilleriedivision noch zugetheilt:

Von der 1. Artilleriedivision: Die 2. Brigade: Schwere Batterien Nr. 3 und 4, gezogene leichte Nr. 3, erleichterte Nr. 4; die erleichterte reitende Batterie Nr. 2 der 1. reitenden Artilleriebrigade; und die 1. Parkartilleriebrigade: Mobile Parks Nr. 1 und 2, fliegender Park Nr. 1.

Von der 3. Artilleriedivision: Die 7. Brigade: Schwere Batterien Nr 1. und 2, gezogene leichte Nr. 1, erleichterte Nr. 2; und die 3. Parkartilleriebrigade: Mobile Parks Nr. 7 und 8, fliegender Park Nr. 3.

Beim Kreise stehen: Die 2. Trainbrigade.

Warschauscher Militairkreis.

1. Infanteriedivision: 1. Newasches Infanterieregiment, 2. Ssofiasches, 3. Narwasches, 4. Koporjesches Sr. Kön. Hoh. des Kronprinzen von Sachsen; 1. Schützenbataillon.

3. Infanteriedivision: 9. Alt-Ingermanländisches Infanterieregiment des Generaladjutanten Fürsten Menschikow, 11. Pskowsches des Generalfeldmarschall Fürsten Kutusow-Smolenskij, 12. Welikoluzkisches.

NB. Das 10. Neu-Ingermanländische Infanterieregiment und das 3. Schützenbataillon dieser Division sind im Warschauschen Militairkreis der 6. Infanteriedivision zugetheilt. Dagegen sind der 3. Division noch zugewiesen von der 2. Infanteriedivision: das 5. Kalugasche Infanterieregiment Sr. Maj. des Königs von Preußen.

1. Cavalleriedivision: 1. Moskausches Leibdragonerregiment Sr. Majestät, 2. Pskowsches Ihrer Majestät; 1. St. Petersburgsches Ulanenregiment Sr. Maj. des Königs von Bayern, 2. Kurländisches Leibulanenregiment Sr. Majestät; die 12 abgetrennten Reserveescadrons der 6 Regimenter dieser Division.

NB. Die Husarenbrigade dieser Division gehört zum Bestande des Warschauschen Militairkreises.

1. Artilleriedivision: 1. Brigade: Schwere Batterien Nr. 1 und 2, gezogene leichte Nr. 1, erleichterte Nr. 2; 3. Brigade: Schwere Batterien Nr. 5 und 6, gezogene leichte Nr. 5, erleichterte Nr. 6; 1. reitende Artilleriebrigade: Schwere Batterie Nr. 1.

NB. Die 2. Brigade, die erleichterte reitende Batterie Nr. 2 und die 1. Parkartilleriebrigade dieser Division gehören zum Bestande des Warschauschen Militairkreises.

Beim Kreise stehen: Die 1. Trainbrigade und 1 Commando Gensdarmen.

Im Kriege.

Beim Corps stehen: Das 3. Sappeurbataillon mit dem Pontonpark Nr. 3, die 3. Trainbrigade, 1 Commando Gensdarmen und 1 mobiles Hospital.

4. Armeecorps.

10. Infanteriedivision: 37. Ekaterinburgsches Infanterieregiment Sr. Kais. Hoh. des Großfürsten Alexij Alexandrowitsch, 38. Tobolskisches Sr. Kais. Hoh. des Großfürsten Ssergij Alexandrowitsch, 39 Tomskisches, 40. Kolywansches; 10. Schützenbataillon.

11. Infanteriedivision: 41. Sielenginskisches Infanterieregiment, 42. Jakutskisches, 43. Ochotskisches, 44. Kamtschatkasches; 11. Schützenbataillon.

12. Infanteriedivision: 45. Asowsches Infanterieregiment, 46. Dneprowsches, 47. Ukrainesches, 48. Odessasches; 12. Schützenbataillon.

4. Cavalleriedivision: 7. Kinburnsches Dragonerregiment Sr. Kais. Hoh. des Großfürsten Michailo Nikolaewitsch, 8. Astrachansches Sr. Kais. Hoh. des Großfürsten Nikolaj Nikolaewitsch des Aelteren; 7. Olwiopolsches Ulanenregiment des Generaladjutanten Grafen Osten-Sacken, 8. Wosnessenskisches Sr. Hoh. des Prinzen Alexander von Hessen; 7. Weißrussisches Husarenregiment Sr. Kais. Hoh. des Großfürsten Michailo Nikolaewitsch, 8. Lubnisches Sr. K. K. Hoh. des Erzherzogs Karl Ludwig von Oesterreich.

4. Artilleriedivision: 10. Brigade: Schwere Batterien Nr. 1 und 2, leichte Nr. 1, erleichterte Nr. 2; 11. Brigade: Schwere Batterien Nr. 3 und 4, leichte Nr. 3, erleichterte Nr. 4; 12. Brigade: Schwere Batterien Nr. 5 und 6, leichte Nr. 4, erleichterte Nr. 6; 4. reitende Artilleriebrigade: Schwere Batterie Nr. 7, erleichterte Nr. 8; 4. Parkartilleriebrigade: Mobile Parks Nr. 10, 11 und 12, fliegender Park Nr. 4.

Beim Corps stehen: Das 4. Sappeurbataillon mit dem Pontonpark Nr. 4, die 4. Trainbrigade, 1 Commando Gensdarmen und 1 mobiles Hospital.

5. Armeecorps.

13. Infanteriedivision: 49. Brestsches Infanterieregiment, 50. Belostokisches, 51. Litthauisches, 52. Wilnasches: 13. Schützenbataillon.

14. Infanteriedivision: 53. Wolynisches Infanterieregiment, 54. Minskisches, 55. Podolisches, 56. Shitomirsches; 14. Schützenbataillon.

15. Infanteriedivision: 57. Modlinsches Infanterieregiment, 58. Pragasches des Generaladjutanten Lüders, 59. Ljublinsches, 60. Zamoszsches; 15. Schützenbataillon.

5. Cavalleriedivision: 9. Kasansches Dragonerregiment Sr. K. K. Hoh. des Erzherzogs Leopold von Oesterreich, 10. Nowgorodsches Ihrer Kais. Hoh. der Großfürstin Elena Pawlowna; 9. Bugsches Ulanenregiment des General der Cavallerie Sievers, 10. Odessasches Sr. Hoh. des Herzogs von Nassau; 9. Kiewsches Husarenregiment Sr. Kais. Hoh. des Großfürsten Nikolaj Maximilianowitsch, 10. Ingermanländisches des Großherzogs von Sachsen-Weimar.

5. Artilleriedivision: 13. Brigade: Schwere Batterien Nr. 1 und 2, gezogene leichte Nr. 1, erleichterte Nr. 2; 14. Brigade: Schwere Batterien Nr. 3 und 4, gezogene leichte Nr. 3, erleichterte Nr. 4; 15. Brigade: Gezogene schwere Batterie Nr. 5, schwere Nr. 6, gezogene leichte Nr. 5, erleichterte Nr. 6; 5. reitende Artilleriebrigade: Schwere Batterie Nr. 9, erleichterte Nr. 10; 5. Parkartilleriebrigade: Mobile Parks Nr. 13, 14 und 15, fliegender Park Nr. 5.

Beim Corps stehen: Das 5. Sappeurbataillon mit dem Pontonpark Nr. 5, die 5. Trainbrigade, 1 Commando Gensdarmen und 1 mobiles Hospital.

Im Frieden.

Kiewscher Militairkreis.

8. Infanteriedivision: 29. Tschernigowsches Infanterieregiment des Generalfeldmarschall Grafen Dibitsch Sabalkanskij, 30. Poltawasches, 31. Alexopolsches, 32. Krementschugsches; 8. Schützenbataillon.

9. Infanteriedivision: 33. Elezsches Infanterieregiment, 34. Sewsches, 35. Brjanskisches des Generaladjutanten Fürsten Gortschakow, 36. Orelsches des Generalfeldmarschall Grafen Paskewitsch-Eriwanskij; 9. Schützenbataillon.

Husarenbrigade der 3. Cavalleriedivision: 3. Elisawetgradsches Husarenregiment Ihrer Kais. Hoh. der Großfürstin Olga Nikolaewna, 4. Mariupolsches des Prinzen Friedrich von Hessen-Kassel.

Reservebrigade der 2. Cavalleriedivision: bestehend aus den von ihren Regimentern abgetrennten 12 Reserveescadrons der 6 Regimenter dieser Division.

3. Cavalleriedivision: 5. Kargopolsches Dragonerregiment Sr. Kais. Hoh. des Großfürsten Konstantin Nikolaewitsch, 6. Gluchowsches Ihrer Kais. Hoh. der Großfürstin Alexandra Josifowna, 5. Litthauisches Ulanenregiment Sr. K. K. Hoh. des Erzherzogs Albrecht von Oesterreich, 6. Wolynisches Sr. Kais. Hoh. des Großfürsten Konstantin Nikolaewitsch; 5. Alexandriasches Husarenregiment Sr. Kais. Hoh. des Großfürsten Nikolaj Nikolaewitsch des Aelteren, 6. Kljastizkisches Sr. Großh. Hoh. des Prinzen Ludwig von Hessen; Reservebrigade, bestehend aus den, von ihren Regimentern abgetrennten 12 Reserveescadrons.

3. Artilleriedivision: 8. Brigade: Schwere Batterien Nr. 3 und 4, gezogene leichte Nr. 3, erleichterte Nr. 4; 9. Brigade: Schwere Batterien Nr. 5 und 6, gezogene leichte Nr. 5, erleichterte Nr. 6; 3. reitende Artilleriebrigade: Schwere Batterie Nr. 5, erleichterte Nr. 6.

NB. Die 7. Fuß- und die 3. Parkartilleriebrigade dieser Division gehören zum Bestande des Warschauischen Militairkreises.

Dagegen ist der 3. Artilleriedivision noch von der 2. die erleichterte reitende Batterie Nr. 4 der 2. reitenden Artilleriebrigade; und von der 4. die 4. Parkartilleriebrigade: Mobile Parks Nr. 10 und 11, fliegender Park Nr. 4 zugetheilt.

Beim Kreise stehen: Die 3. Trainbrigade und 1 Commando Gensdarmen.

Bei der Verwaltung der Truppen im Königreich Polen stehen:

1. Sappeurbrigade: 1. 2. 3. Sappeurbataillon, Pontonparks Nr. 1, 2, 3, Gensdarmenescadron Nr. 1.

10. Kreis des Abgesonderten Corps der Inneren Wache: 2 Bataillone und 43 Commandos.

3. Kreis des Gensdarmencorps: Die Warschausche Division und 43 Commandos.

Von der innern Artillerieverwaltung: 1 Kreisarsenal mit dem mobilen Arsenal Nr. 2, das mobile Laboratorium Nr. 1 mit der Laboratoriencompagnie Nr. 3, $9\frac{1}{2}$ Compagnien Festungsartillerie.

Von der innern Ingenieurverwaltung: 4 Commandos Ingenieurhandwerker (Nr. 7—10), 7 Arrestantencompagnien (Nr. 32—38).

An irregulairen Truppen: 13 Regimenter und 1 Batterie vom Donschen Kosakencorps, die Kubansche Kosakendivision.

Odessascher Militairkreis.

13. Infanteriedivision: 49. Brestsches Infanterieregiment, 50. Belostoksches, 51. Litthauisches, 52. Wilnasches; 13. Schützenbataillon.

Im Kriege.

6. Armeecorps.

16. Infanteriedivision: 61. Wladimirsches Infanterieregiment des General der Infanterie Fürsten Gortschakow, 62. Ssusdalsches, 63. Uglizkisches, 64. Kasansches Sr. Kais. Hoh. des Großfürsten Michailo Nikolaewitsch; 16. Schützenbataillon.

17. Infanteriedivision: 65. Moskausches Infanterieregiment, 66. Butirskisches, 67. Borodinosches Leibinfanterieregiment Sr. Majestät, 68. Tarutinosches Infanterieregiment des Großherzogs von Oldenburg; 17. Schützenbataillon.

18. Infanteriedivision: 69. Rjäsansches Infanterieregiment, 70. Rjashskisches, 71. Belewsches, 72. Tulasches; 18. Schützenbataillon.

6. Cavalleriedivision: 11. Rigasches Dragonerregiment Ihrer Kais. Hoh. der Großfürstin Ekaterina Michailowna, 12. Starodubsches Sr. Kais. Hoh. des Prinzen Peter von Oldenburg; 11. Tschuguewsches Ulanenregiment, 12. Belgorodsches Sr. K. K. Hoh. des Erzherzogs Karl Ferdinand von Oesterreich; 11. Isjumsches Husarenregiment des Kronprinzen von Preußen, 12. Achtirkasches Sr. Kön. Hoh. des Prinzen Friedrich Karl von Preußen.

6. Artilleriedivision: 16. Brigade: Schwere Batterien Nr. 1 und 2, leichte Nr. 1, erleichterte Nr. 2; 17. Brigade: Schwere Batterien Nr. 3 und 4, leichte Nr. 3, erleichterte Nr. 4; 18. Brigade: Schwere Batterien Nr. 5 und 6., leichte Nr. 5, erleichterte Nr. 6; 6. reitende Artilleriebrigade: Schwere Batterie Nr. 11, erleichterte Nr. 12; 6. Parkartilleriebrigade: Mobile Parks Nr. 16, 17 und 18, fliegender Park Nr. 6.

Beim Corps stehen: Das 6. Sappeurbataillon mit dem Pontonpark Nr. 6, die 6. Trainbrigade, 1 Commando Gensdarmen und 1 mobiles Hospital.

Im Frieden.

14. Infanteriedivision: 53. Wolynisches Infanterieregiment, 54. Minskisches, 55. Podolisches, 56. Shitomirsches; 14. Schützenbataillon.

15. Infanteriedivision: 57. Modlinsches Infanterieregiment, 58. Pragasches des Generaladjutanten Lüders, 59. Ljublinsches, 60. Zamoszsches; 15. Schützenbataillon.

5. Cavalleriedivision: 9. Kasansches Dragonerregiment Sr. K. K. Hoh. des Erzherzogs Leopold von Oesterreich, 10. Nowgorodsches Ihrer Kais. Hoh. der Großfürstin Elena Pawlowna; 9. Bugsches Ulanenregiment des General der Cavallerie Siewers, 10. Odessasches Sr. Hoh. des Herzogs von Nassau; 9. Kiewsches Husarenregiment Sr. Kais. Hoh. des Großfürsten Nikolaj Maximilianowitsch, 10. Ingermanländisches des Großherzogs von Sachsen-Weimar; Reservebrigade, bestehend aus den von ihren Regimentern abgetrennten 12 Reserveescadrons.

5. Artilleriedivision: 13. Brigade: Schwere Batterien Nr. 1 und 2, gezogene leichte Nr. 1, erleichterte Nr. 2; 14. Brigade: Schwere Batterien Nr. 3 und 4, gezogene leichte Nr. 3, erleichterte Nr. 4; 15. Brigade: Gezogene schwere Batterie Nr. 5, schwere Nr. 6, gezogene leichte Nr. 5, erleichterte Nr. 6; 5. reitende Artilleriebrigade: Schwere Batterie Nr. 9, erleichterte Nr. 10; 5. Parkartilleriebrigade: Mobile Parks Nr. 13 und 14, fliegender Park Nr. 5.

Außerdem ist dieser Division untergeben die reitende Reserveartilleriebrigade: Erleichterte Reservebatterien Nr. 1, 2, 3 u. 4.

Beim Kreise stehen: Die 5. Trainbrigade, die 1 Gensdarmenescadron Nr. 2, 1 Commando Gensdarmen und die Elisawetgradsche Cavallerieschule, sowie endlich das Neurussische und das Asowsche Kasakencorps und die übrigen, im Rayon des Kreises befindlichen irregulairen Truppen, namentlich 3 Regimenter Donscher Kasaken.

1. Reservecorps.

10. Infanteriedivision: 37. Ekaterinburgsches Infanterieregiment Sr. Kais. Hoh. des Großfürsten Alexij Alexandrowitsch, 38. Tobolskisches Sr. Kais. Hoh. des Großfürsten Ssergij Alexandrowitsch, 39. Tomskisches, 40. Kolywansches; 40. Schützenbataillon.

11. Infanteriedivision: 41. Sselenginskisches Infanterieregiment, 42. Jakutskisches. 43. Ochotskisches, 44. Kamtschatkasches; 11. Schützenbataillon.

12. Infanteriedivision: 45. Asowsches Infanterieregiment, 46. Dneprowsches, 47. Ukrainesches, 48. Odessasches; 12. Schützenbataillon.

4. Cavalleriedivision: 7. Kinburnsches Dragonerregiment Sr. Kais. Hoh. des Großfürsten Michailo Nikolaewitsch, 8. Astrachansches Sr. Kais. Hoh. des Großfürsten Nikolaj Nikolaewitsch des Aelteren; 7. Olwiopolsches Ulanenregiment des Generaladjutanten Grafen Osten-Sacken, 8. Wosnessenskisches Sr. Hoh. des Prinzen Alexander von Hessen; 7. Weißrussisches Husarenregiment Sr. Kais. Hoh. des Großfürsten Michailo Nikolaewitsch, 8. Lubnisches Sr. K. K. Hoh. des Erzherzogs Karl Ludwig von Oesterreich.

4. Artilleriedivision: 10. Brigade: Schwere Batterien Nr. 1 und 2, leichte Nr. 1, erleichterte Nr. 2; 11. Brigade: Schwere Batterien Nr. 3 und 4, leichte Nr. 3, erleichterte Nr. 4; 12. Brigade: Schwere Batterien Nr. 5 und 6, leichte Nr. 5, erleichterte Nr. 6; 4. reitende Artilleriebrigade: Schwere Batterie Nr. 7, erleichterte Nr. 8.

NB. Die 4. Parkartilleriebrigade dieser Division ist dem Kiewschen Militairkreis eingetheilt.

Beim Corps stehen: Die 4. Trainbrigade und 1 Commando Gensdarmen.

Im Kriege.

d. Kaukasische Armee.

Truppen in Transkaukasien.

Kaukasische Grenadierdivision: 13. Eriwansches Leibgrenadierregiment Sr. Majestät, 14. Grusisches Grenadierregiment Sr. Kais. Hoh. des Großfürsten Konstantin Nikolaewitsch, 15. Tiflisches Sr. Kais. Hoh. des Großfürsten Konstantin Konstantinowitsch, 16. Mingrelisches Sr. Kais. Hoh. des Großfürsten Dmitrij Konstantinowitsch; Kaukasisches Grenadierschützenbataillon.

18. Perejäslawsches Dragonerregiment Sr. Kais. Hoh. des Großfürsten Alexander Alexandrowitsch.

Kaukasische Grenadierartilleriebrigade Sr. Kais. Hoh. des Großfürsten Michailo Nikolaewitsch: Schwere Batterien Nr. 1 und 2, erleichterte Nr. 1, leichte Nr. 2; fliegender Park.

Inspection der Kaukasischen Linienbataillone in Transkaukasien: Kaukasische Linienbataillone Nr. 20, 21, 22, 23, 24, 25, 26, 27 und 28.

Truppen der Kubanischen Provinz.

19. Infanteriedivision: 73. Krimsches Infanterieregiment, 74. Stawropolsches, 75. Sewastopolsches, 76. Kubansches; 19. Schützenbataillon.

15. Twersches Dragonerregiment Sr. Kais. Hoh. des Großfürsten Nikolaj Nikolaewitsch des Aelteren.

19. Artilleriebrigade: Schwere Batterie Nr. 3, erleichterte Nr. 3 und 4, leichte Nr. 5, Gebirgsbatterie der 19. Artilleriebrigade; fliegender Park.

Inspection der Kaukasischen Linienbataillone der Kubanschen Provinz: Kaukasische Linienbataillone Nr. 1, 2, 3, 4 und 6.

Im Frieden.

8. Reservecorps.

16. Infanteriedivision: 61. Wladimirsches Infanterieregiment des General der Infanterie Fürsten Gortschakow, 62. Ssudalsches, 63. Uglizkisches, 64. Kasansches Sr. Kais. Hoh. des Großfürsten Michailo Nikolaewitsch; 16. Schützenbataillon.

17. Infanteriedivision: 65. Moskausches Infanterieregiment, 66. Butirskisches, 67. Boridinosches Leibinfanterieregiment Sr. Majestät, 68. Tarutinosches Infanterieregiment des Großherzogs von Oldenburg; 17. Schützenbataillon.

18. Infanteriedivision: 69. Rjäsansches Infanterieregiment, 70. Rjashskisches, 71. Belewsches, 72. Tulasches; 18. Schützenbataillon.

6. Cavalleriedivision: 11. Rigasches Dragonerregiment Ihrer Kais. Hoh. der Großfürstin Ekaterina Michailowna, 12. Starodubsches Sr. Kais. Hoh. des Prinzen Peter von Oldenburg; 11. Tschugewsches Ulanenregiment, 12. Belgorodsches Sr. K. K. Hoh. des Erzherzogs Karl Ferdinand von Oesterreich; 11. Isjumsches Husarenregiment des Kronprinzen von Preußen, 12. Achtirkasches Sr. Kön. Hoh. des Prinzen Friedrich Karl von Preußen.

6. Artilleriedivision: 16. Brigade: Schwere Batterien Nr. 1 und 2, leichte Nr. 1, erleichterte Nr. 2; 17. Brigade: Schwere Batterien Nr. 3 und 4, leichte Nr. 3, erleichterte Nr. 4; 18. Brigade: Schwere Batterien Nr. 5 und 6, leichte Nr. 5, erleichterte Nr. 6; 6. reitende Artilleriebrigade: Schwere Batterie Nr. 11, erleichterte Nr. 12; 6. Parkartilleriebrigade: Mobile Parks Nr. 16 und 17, fliegender Park Nr. 6.

Beim Corps stehen: Die 6. Trainbrigade und 1 Commando Gensdarmen.

d. Kaukasische Armee.

Truppen in Transkaukasien.

Kaukasische Grenadierdivision: 13. Eriwansches Leibgrenadierregiment Sr. Majestät, 14. Grusisches Grenadierregiment Sr. Kais. Hoh. des Großfürsten Konstantin Nikolaewitsch, 15. Tiflisches Sr. Kais. Hoh. des Großfürsten Konstantin Konstantinowitsch, 16. Mingrelisches Sr. Kais. Hoheit des Großfürsten Dmitrij Konstantinowitsch; Kaukasisches Grenadierschützenbataillon.

18. Perejäslawsches Dragonerregiment Sr. Kais. Hoh. des Großfürsten Alexander Alexandrowitsch.

Kaukasische Grenadierartilleriebrigade Sr. Kais. Hoh. des Großfürsten Michailo Nikolaewitsch: Schwere Batterien Nr. 1 und 2, erleichterte Nr. 1, leichte Nr. 2; fliegender Park.

Inspection der Kaukasischen Linienbataillone in Transkaukasien: Kaukasische Linienbataillone: Nr. 20, 21, 22, 23, 24, 25, 26, 27 und 28.

Truppen der Kubanischen Provinz.

19. Infanteriedivision: 73. Krimsches Infanterieregiment, 74. Stawropolsches, 75. Ssewastopolsches, 76. Kubansches; 19. Schützenbataillon.

15. Twersches Dragonerregiment Sr. Kais. Hoh. des Großfürsten Nikolaj Nikolaewitsch des Aelteren.

19. Artilleriebrigade: Schwere Batterie Nr. 3, erleichterte Nr. 3 und 4, leichte Nr. 5, Gebirgsbatterie der 19. Artilleriebrigade; fliegender Park.

Inspection der Kaukasischen Linienbataillone der Kubanschen Provinz: Kaukasische Linienbataillone Nr. 1, 2, 3, 4 und 6.

Im Kriege.

Truppen der Tereschen Provinz.

20. Infanteriedivision: 77. Tenginskisches Infanterieregiment, 78. Nawaginskisches, 79. Kurinskisches Sr. Kais. Hoh. des Großfürsten Paul Alexandrowitsch, 80. Kabardasches des Generalfeldmarschall Fürsten Barjatinskij; 20. Schützenbataillon.

16. Nishegorodsches Dragonerregiment Sr. Kön. Hoh. des Kronprinzen von Württemberg.

20. Artilleriebrigade: Schwere Batterie Nr. 4, erleichterte Nr. 6 und 7, leichte Nr. 8; fliegender Park.

Inspection der Kaukasischen Linienbataillone der Tereschen Provinz: Kaukasische Linienbataillone Nr. 5, 7, 8, 9, 10, 11, 12 und 13.

Truppen der Dagestanschen Provinz.

21. Infanteriedivision: 81. Apscheronsches Infanterieregiment, 82. Dagestansches, 83. Ssamursches, 84. Schirwansches Sr. Kais. Hoh. des Großfürsten Nikolaj Konstantinowitsch; 21. Schützenbataillon.

17. Sseweriſches Dragonerregiment Sr. Kais. Hoh. des Thronfolgers Zesarewitsch.

21. Artilleriebrigade: Schwere Batterie Nr. 5, erleichterte Nr. 9 und 10, leichte Nr. 11; fliegender Park.

Inspection der Kaukasischen Linienbataillone der Dagestanschen Provinz: Kaukasische Linienbataillone Nr. 14, 15, 16, 17, 18 und 19.

Truppen im Generalgouvernement Kutais.

Inspection der Kaukasischen Linienbataillone im Generalgouvernement Kutais: Kaukasische Linienbataillone Nr. 29, 30, 31, 32, 33, 34, 35, 36 und 37.

Bei der Armee stehen:

Die mobilen Ersatzparks Nr. 1 und 2; das 1. Kaukasische Sappeurbataillon Sr. Kais. Hoh. des Großfürsten Nikolaj Nikolaewitsch des Aelteren, das 2. Kaukasische Sappeurbataillon; die 9. Trainbrigade; an irregulairen Truppen: das Kubansche und das Teresche Kasakencorps, die Grusische Fußdrushina, die Transkaukasische Landwache, das Teresche, das Dagestansche und das Kutaische irregulaire Reiterregiment, 3 reitende Centurien in der Dagestanschen Provinz, die Labasche und die Kubansche irregulaire Reiterescadron, die Dsharo-Lesgische Centurie, die Dagestansche und die Gurische Miliz, die Schutzwachen und die Landpolizei in der Tereschen Provinz, die in einigen Theilen Kaukasiens im Nothfall zu formirende Miliz zu Pferde und zu Fuß, die Commandos des Asowschen Kasakencorps, die zum Dienst nach Bedarf commandirten Donschen und andern Kasakenregimenter und Batterien; 30 mobile Invaliden-, 20 Festungsartillerie- und 6 Militairarbeitscompagnien, 21 Kaukasische Commandos der Innern Wache, 7 Etappencommandos und 1 Compagnie der Kaukasischen Mineralwässer.

e. Truppen in Finland.

22. Infanteriedivision: Finländische Linienbataillone Nr. 1, 2, 3, 4, 5, 6, 7, 8, 9, 10.

1. angesiedeltes Abosches Finnisches Schützenbataillon, 2. Wasasches, 3. Uleoborgsches, 4. Kuopiosches, 5. St. Michelsches, 6. Tawasthussches, 7. Björneborgsches, 8. Nilandsches, 9. Wiborgsches.

Finländische Artilleriebatterien Nr. 1 und 2.

Finländisches Sappeurbataillon.

3 Festungsartillerie-, 1 Arrestantencompagnie, 1 Ingenieurhandwerks- und 7 Commandos der Innern Wache.

Im Frieden.

Truppen der Tereschen Provinz.

20. Infanteriedivision: 77. Tenginskisches Infanterieregiment, 78. Nawaginskisches, 79. Kurinskisches Sr. Kais. Hoh. des Großfürsten Paul Alexandrowitsch, 80. Kabardasches des Generalfeldmarschall Fürsten Barjatinskij; 20. Schützenbataillon.

16. Nishegorodsches Dragonerregiment Sr. Kön. Hoh. des Kronprinzen von Württemberg.

20. Artilleriebrigade: Schwere Batterie Nr. 4, erleichterte Nr. 6 und 7, leichte Nr. 8; fliegender Park.

Inspection der Kaukasischen Linienbataillone der Tereschen Provinz: Kaukasische Linienbataillone Nr. 5, 7, 8, 9, 10, 11, 12 und 13.

Truppen der Dagestanschen Provinz.

21. Infanteriedivision: 81. Apscheronsches Infanterieregiment, 82. Dagestansches, 83. Ssamursches, 84. Schirwansches Sr. Kais. Hoh. des Großfürsten Nikolaj Konstantinowitsch; 21. Schützenbataillon.

17. Sseweriſches Dragonerregiment Sr. Kais. Hoh. des Thronfolgers Zesarewitsch.

21. Artilleriebrigade: Schwere Batterie Nr. 5, erleichterte Nr. 9 und 10, leichte Nr. 11; fliegender Park.

Inspection der Kaukasischen Linienbataillone der Dagestanschen Provinz: Kaukasische Linienbataillone Nr. 14, 15, 16, 17, 18 und 19.

Truppen im Generalgouvernement Kutais.

Inspection der Kaukasischen Linienbataillone im Generalgouvernement Kutais: Kaukasische Linienbataillone Nr. 29, 30, 31, 32, 33, 34, 35, 36 und 37.

Bei der Armee stehen:

Die mobilen Ersatzparks Nr. 1 und 2; das 1. Kaukasische Sappeurbataillon Sr. Kais. Hoh. des Großfürsten Nikolaj Nikolaewitsch des Aelteren, das 2. Kaukasische Sappeurbataillon; die 9. Trainbrigade; an irregulairen Truppen: das Kubansche und das Teresche Kasakencorps, die Grusische Fußdrushina, die Transkaukasische Landwache, das Teresche, das Dagestansche und das Kutaissche irregulaire Reiterregiment, 3 reitende Centurien in der Dagestanschen Provinz, die Labasche und die Kubansche irregulaire Reiterescadron, die Dsharo-Lesgische Centurie, die Dagestansche und die Gurische Miliz, die Schutzwachen und die Landpolizei in der Tereschen Provinz, 22 Commandos des Asowschen Kasakencorps, 8 zum wechselnden Dienst commandirte Regimenter*) und 1 Batterie vom Donschen, 1 Centurie vom Astrachanschen Kasakencorps; 30 mobile Invaliden-, 20 Festungsartillerie- und 6 Militairarbeitscompagnien, 21 Kaukasische Commandos der Innern Wache, 7 Etappencommandos und 1 Compagnie der Kaukasischen Mineralwässer.

e. Truppen in Finland.

22. Infanteriedivision: Finländische Linienbataillone Nr. 1, 2, 3, 4, 5, 6, 7, 8, 9, 10.

Finländische Artilleriebatterien Nr. 1 und 2.

1 Finländisches Sappeurbataillon.

3 Festungsartillerie-, 1 Arrestantencompagnie, 1 Ingenieurhandwerks- und 7 Commandos der Innern Wache.

Außerdem noch 1 zum abwechselnden Dienst commandirtes Donsches Kasakenregiment.

*) Davon 7 Regimenter à 6, 1 von 5 Centurien.

Im Kriege.

f. Abgesondertes Orenburgsches Corps.

23. Infanteriedivision: 1. und 2. Halbbataillon des Orenburgschen Linienbataillons Nr. 1, Bataillone Nr. 2, 3, 1. Halbbataillon Nr. 5, Bataillone Nr. 6, 10, 11, von denen die beiden letzteren den Dienst der Inneren Wache versehen.

Unter dem Commandeur der Ssir-Darjinschen Linie: Bataillon Nr. 4, 2. Halbbataillon Nr. 5.

Unter dem Oberchef der Bergfabriken des Ural: Bataillone Nr. 7, 8, 9.

Das Orenburgsche Kasakencorps mit seiner Artillerie, das Uralsche und das Baschkirencorps.

Beim Corps stehen: 21 Festungs-, 2 Garnisonsartillerie-, 1 Arrestantencompagnie, 1 Ingenieurhandwerkscommando, 17 Commandos der Innern Wache, 5 Etappencommandos.

g. Abgesondertes Sibirisches Corps.

In Westsibirien.

Unter dem Militairgouverneur der Provinz der Sibirischen Kirgisen: Sibirische Linienbataillone Nr. 2, 3, 4, 5.

Unter dem Militairgouverneur der Ssemipolatinschen Provinz: Bataillone Nr. 6, 7, 8, 9, 12.

Unter dem Oberchef der Altaischen Fabriken: Bataillon Nr. 10.

Sibirische Fußbatterie.

Das Sibirische Kasakencorps mit seiner Artillerie und die noch bestehenden Reste des Städte- und des Grenzkasakencorps.

Beim Corps stehen: Der 11. Kreis der Innern Wache: 3 Bataillone, 12 Commandos der Innern Wache, 2 Invaliden- und 39 Etappencommandos; 4 Compagnien Festungsartillerie, 1 Commando Ingenieurhandwerker, 1 Arrestanten- und 2 mobile Invalidencompagnien.

h. Truppen in Ostsibirien.

Unter dem Militairgouverneur der Transbaikalschen Provinz: Linienbataillone von Ostsibirien Nr. 1, 5.

Unter dem Militairgouverneur der Amurschen Provinz: Bataillon Nr. 2.

Unter dem Militairgouverneur der Küstenprovinz: Bataillone Nr. 3, 4, 6.

Transbaikalsche Linienartilleriebrigade: Schwere Batterie Nr. 1, leichte Nr. 2; 1 mobiler Halbpark.

Das Transbaikalsche Kasakencorps mit seiner Artillerie, das Amursche Kasakencorps und 2 reitende Kasakenregimenter: das Irkutskische und das Enissejskische.

2. Reserve- und Ersatztruppen.

a. Mobile Reservetruppen für active Operationen im Felde.

Mobile Reserven des Gardecorps.

Gardereserveartilleriebrigade: Schwere Leibgardereservebatterien Nr. 1 und 2, erleichterte.

Reservecompagnie des Leibgardesappeurbataillons mit Trainsection für den Pontonpark des Gardecorps.

Mobile Reserven des Grenadiercorps.

7. Reservecavalleriedivision: 13. Reservedragonerregiment des Kriegsordens, 14. Kleinrussisches des Prinzen Albrecht von Preußen; 13. Wladimirsches Reserveulanenregiment Sr. Kais. Hoh. des Großfürsten Michailo Nikolaewitsch, 14. Jamburg-

Im Frieden.

f. Abgesondertes Orenburgsches Corps.

23. Infanteriedivision: 1. und 2. Halbbataillon des Orenburgschen Linienbataillons Nr. 1, Bataillone Nr. 2, 3, 1. Halbbataillon Nr. 5, Bataillone Nr. 6, 10, 11, von denen die beiden letzteren den Dienst der Innern Wache versehen.

Unter dem Commandeur der Ssir-Darjinschen Linie: Bataillon Nr. 4, 2. Halbbataillon Nr. 5.

Unter dem Oberchef der Bergfabriken des Ural: Bataillone Nr. 7, 8, 9.

Das Orenburgsche Kasakencorps mit seiner Artillerie, das Uralsche und das Baschkirencorps.

Beim Corps stehen: 21 Festungs-, 2 Garnisonsartillerie, 1 Arrestantencomp., 1 Ingenieurhandwerkscommando, 17 Commandos der Innern Wache, 5 Etappencommandos.

g. Abgesondertes Sibirisches Corps.

In Westsibirien.

Unter dem Militairgouverneur der Provinz der Sibirischen Kirgisen: Sibirische Linienbataillone Nr. 2, 3, 4, 5.

Unter dem Militairgouverneur der Ssemipolatinschen Provinz: Bataillone Nr. 6, 7, 8, 9, 12.

Unter dem Oberchef der Altaischen Fabriken: Bat. Nr. 10.

Sibirische Fußbatterie.

Das Sibirische Kasakencorps mit seiner Artillerie und die noch bestehenden Reste des Städte- und des Grenzkasakencorps.

Beim Corps stehen: Der 11. Kreis der Innern Wache: 2 Bataillone, 12 Commandos der Innern Wache, 2 Invaliden- und 39 Etappencommandos; 4 Compagnien Festungsartillerie, 1 Commando Ingenieurhandwerker, 1 Arrestanten- und 2 mobile Invalidencompagnien.

h. Truppen in Ostsibirien.

Unter dem Militairgouverneur der Transbaikalschen Provinz: Linienbataillone von Ostsibirien Nr. 1, 5.

Unter dem Militairgouverneur der Amurschen Provinz: Bataillon Nr. 2.

Unter dem Militairgouverneur der Küstenprovinz: Bataillone Nr. 3, 4, 6.

Transbaikalsche Linienartilleriebrigade: Schwere Batterie Nr. 1, leichte Nr. 2; 1 mobiler Halbpark.

Das Transbaikalsche Kasakencorps mit seiner Artillerie; das Amursche Kasakencorps und 2 reitende Kasakenregimenter: das Irkutskische und das Enissejskische.

i. Sappeurbrigade.

4. 5. 6. Sappeurbataillon, Pontonparks Nr. 1, 2, 3. Außerdem steht bei ihr noch das Reservesappeur ½ Bataillon.

2. Reservetruppen.

a. Bei der Infanterie.

Reserven der Armeeinfanterie.

1. Reserveinfanteriedivision: 4. Reservebataillon des Newaschen Infanterieregiments, des 2. Ssofiaschen, des 3. Narwaschen, des 4. Koporjeschen Sr. Kön. Hoh. des Kronprinzen von Sachsen, des 5. Kalugaschen Sr. Maj. des Königs von Preußen, des 6. Libauschen Sr. Kön. Hoh. des Prinzen Karl von Preußen, des 7. Rewalschen, des 8. Estländischen, des 9. Alt-Ingermanländischen des Generaladjutanten Fürsten Menschikow, des 10. Neu-Ingermanländischen, des 11. Pskowschen des Generalfeldmarschall Fürsten Kutusow-Smolenskij, des 12. Welikoluzkischen.

Im Kriege.

sches Sr. Kön. Hoh. des Prinzen Friedrich von Württemberg; 13. Narwasches Reservehusarenregiment Sr. Kais. Hoh. des Großfürsten Konstantin Nikolaewitsch, 14. Mitausches Sr. Maj. des Königs von Württemberg.

Grenadierreserveartilleriebrigade: Schwere Reservebatterien Nr. 1 und 2, erleichterte.

1. Reservearmeecorps.

1. Reserveinfanteriedivision: 1. Newasches Reserveinfanterieregiment, 2. Ssofiasches, 3. Narwasches, 4. Kaporjesches Sr. Kön. Hoh. des Kronprinzen von Sachsen; 1. Reserveschützenbataillon.

2. Reserveinfanteriedivision: 5. Kalugasches Reserveinfanterieregiment Sr. Maj. des Königs von Preußen, 6. Libausches des Prinzen Karl von Preußen, 7. Rewalsches, 8. Estländisches; 2. Reserveschützenbataillon.

3. Reserveinfanteriedivision: 9. Alt-Ingermanländisches Reserveinfanterieregiment des Generaladjutanten Fürsten Menschikow, 10. Neu-Ingermanländisches, 11. Pskowsches des Generalfeldmarschall Fürsten Kutusow-Smolenskij, 12. Welikoluzkisches; 3. Reserveschützenbataillon.

1. Reservecavalleriedivision: 1. Moskausches Leibreservedragonerregiment Sr. Majestät, 2. Pskowsches Ihrer Majestät; 1. St. Petersburgsches Reserveulanenregiment Sr. Maj. des Königs von Bayern, 2. Kurländisches Leibreserveulanenregiment Sr. Majestät; 1. Sumskisches Reservehusarenregiment des Generaladjutanten Grafen von der Pahlen, 2. Pawlogradsches Leibreservehusarenregiment Sr. Majestät.

1. Reserveartilleriedivision: 1. Reservebrigade: Schwere Reservebatterien Nr. 1 und 2, leichte Nr. 1, erleichterte Nr. 2; 2. Reservebrigade: Schwere Reservebatterien Nr. 3 und 4, leichte Nr. 3, erleichterte Nr. 4; 3. Reservebrigade: Schwere Reservebatterien Nr. 5 und 6, leichte Nr. 5, erleichterte Nr. 6.

Beim Corps stehen: Das 1. Reservesappeurbataillon, die 1. Reservetrainbrigade und 1 mobiles Hospital.

2. Reservearmeecorps.

4. Reserveinfanteriedivision: 13. Belosersksches Reserveinfanterieregiment Sr. Kön. Hoh. des Großherzogs von Hessen, 14. Olonezsches Sr. Kön. Hoh. des Prinzen Karl von Bayern, 15. Schlüsselburgsches, 16. Ladogasches; 4. Reserveschützenbataillon.

5. Reserveinfanteriedivision: 17. Archangelogorodsches Reserveinfanterieregiment Sr. Kais. Hoh. des Großfürsten Wladimir Alexandrowitsch, 18. Wologdasches Sr. Kön. Hoh. des Prinzen von Oranien, 19. Kostromasches, 20. Galizkisches; 5. Reserveschützenbataillon.

6. Reserveinfanteriedivision: 21. Muromsches Reserveinfanterieregiment, 22. Nishegorodsches, 23. Nisowsches, 24. Ssimbirsksches; 6. Reserveschützenbataillon.

2. Reservecavalleriedivision: 3. Neurussisches Reservedragonerregiment Sr. Kais. Hoh. des Großfürsten Wladimir Alexandrowitsch, 4. Ekaterinoslawsches Ihrer Kais. Hoh. der Großfürstin Maria Nikolaewna; 3. Smolenskisches Reserveulanenregiment Sr. Kais. Hoh. des Thronfolgers Zesarewitsch, 4. Charkowsches Sr. Kön. Hoh. des Prinzen Friedrich von Preußen; 3. Elisawetgradsches Reservehusarenregiment Ihrer Kais. Hoh. der Großfürstin Olga Nikolaewna, 4. Mariupolsches des Prinzen Friedrich von Hessen-Kassel.

2. Reserveartilleriedivision: 4. Reservebrigade: Schwere Reservebatterien Nr. 1 und 2, leichte Nr. 1, erleichterte Nr. 2; 5. Reservebrigade: Schwere Reservebatterien Nr. 3 und 4, leichte Nr. 3, erleichterte Nr. 4; 6. Reservebrigade: Schwere Reservebatterien Nr. 5 und 6, leichte Nr. 5, erleichterte Nr. 6.

Im Frieden.

2. Reserveinfanteriedivision: 4. Reservebataillon des 13. Belosersksischen Infanterieregiments Sr. Kön. Hoh. des Großherzogs von Hessen, des 14. Olonezschen Sr. Kön. Hoh. des Prinzen Karl von Bayern, des 15. Schlüsselburgschen, des 16. Ladogaschen, des 17. Archangelogorodschen Sr. Kais. Hoh. des Großfürsten Wladimir Alexandrowitsch, des 18. Wologdaschen Sr. Kön. Hoh. des Prinzen von Oranien, des 19. Kostromaschen, des 20. Galizkischen, des 21. Muromschen, des 22. Nishegorodschen, des 23. Nisowschen, des 24. Ssimbirskischen.

3. Reserveinfanteriedivision: 4. Reservebataillon des 25. Smolenskischen Infanterieregiments des Generaladjutanten Grafen Adlerberg I., des 26. Mogilewschen, des 27. Witebskischen, des 28. Polozkischen, des 29. Tschernigowschen des Generalfeldmarschall Grafen Dibitsch-Sabalkanskij, des 30. Poltawaschen, des 31. Alexopolschen, des 32. Krementschugschen, des 33. Elezschen, des 34. Ssewskschen, des 35. Brjanskischen des Generaladjutanten Fürsten Gortschakow, des 36. Orelschen des Generalfeldmarschall Grafen Paskewitsch-Eriwanskij.

4. Reserveinfanteriedivision: 4. Reservebataillon des 37. Ekaterinburgschen Infanterieregiments Sr. Kais. Hoh. des Großfürsten Alexij Alexandrowitsch, des 38. Tobolskischen Sr. Kais. Hoh. des Großfürsten Ssergij Alexandrowitsch, des 39. Tomskischen, des 40. Kolywanschen, des 41. Sselenginskischen, des 42. Jakutskischen, des 43. Ochotskischen, des 44. Kamtschatkaschen, des 45. Asowschen, des 46. Dneprowschen, des 47. Ukrainschen, des 48. Odessaschen.

5. Reserveinfanteriedivision: 4. Reservebataillon des 49. Brestschen Infanterieregiments, des 50. Belostokschen, des 51. Litthauischen, des 52. Wilnaschen, des 53. Wolynischen, des 54. Minskischen, des 55. Podolischen, des 56. Shitomirschen, des 57. Modlinschen, des 58. Pragaschen des Generaladjutanten Lüders, des 59. Ljublinschen, des 60. Samoszschen.

6. Reserveinfanteriedivision: 4. Reservebataillon des 61. Wladimirschen Infanterieregiments des General der Infanterie Fürsten Gortschakow, des 62. Ssusdalschen, des 63. Uglizkischen, des 64. Kasanschen Sr. Kais. Hoh. des Großfürsten Michaila Nikolaewitsch, des 65. Moskauschen, des 66. Butirskischen, des 67. Borodinoschen Leibinfanterieregiments Sr. Majestät, des 68. Tarutinoschen Infanterieregiments des Großherzogs von Oldenburg, des 69. Rjäsanschen, des 70. Rjashskischen, des 71. Belewschen, des 72. Tulaschen.

Kaukasische Reservedivision: 5. Reservebataillon des 13. Eriwanschen Leibgrenadierregiments Sr. Majestät, des 14. Grusischen Grenadierregiments Sr. Kais. Hoh. des Großfürsten Konstantin Nikolaewitsch, des 15. Tiflisschen Sr. Kais. Hoh. des Großfürsten Konstantin Konstantinowitsch, des 16. Mingrelischen Sr. Kais. Hoh. des Großfürsten Dimitrij Konstantinowitsch; 6. Reservebataillon des 73. Krimschen Infanterieregiments, des 74. Stawropolschen, des 75. Ssewastopolschen, des 76. Kubanschen; 5. Reservebataillon des 77. Tenginskischen Infanterieregiments, des 78. Nawaginskischen, des 79. Kurinskischen Sr. Kais. Hoh. des Großfürsten Paul Alexandrowitsch, des 80. Kabardaschen des Generalfeldmarschall Fürsten Barjatinskij, des 81. Apscheronschen, des 82. Dagestanschen, des 83. Ssamurschen, des 84. Schirwanschen Sr. Kais. Hoh. des Großfürsten Nikolaj Konstantinowitsch; Kaukasisches Reservelinienbataillon Nr. 1 und 2; Kaukasisches Reserveschützenbataillon.

b. Bei den Schützen.

Reserveschützenbataillon Nr. 1, 2, 3, 4, 5 und 6; Kaukasisches Reserveschützenbataillon (im Bestande der Kaukasischen Reservedivision).

Im Kriege.

Beim Corps stehen: Das 2. Reservesappeurbataillon, die 2. Reservetrainbrigade und 1 mobiles Hospital.

3. Reservearmeecorps.

7. Reserveinfanteriedivision: 25. Smolenskisches Reserveinfanterieregiment des Generaladjutanten Grafen Adlerberg I., 26. Mogilewsches, 27. Witebskisches, 28. Polozkisches; 7. Reserveschützenbataillon.

8. Reserveinfanteriedivision: 29. Tschernigowsches Reserveinfanterieregiment des Generalfeldmarschall Grafen Dibitsch-Sabalkanskij, 30. Poltawasches, 31. Alexopolsches, 32. Krementschugsches; 8. Reserveschützenbataillon.

9. Reserveinfanteriedivision: 33. Elezsches Reserveinfanterieregiment, 34. Sewsches, 35. Brjanskisches des Generaladjutanten Fürsten Gortschakow, 36. Orelsches des Generalfeldmarschall Grafen Paskewitsch-Eriwanskij; 9. Reserveschützenbataillon.

3. Reservecavalleriedivision: 5. Kargapolsches Reservedragonerregiment Sr. Kais. Hoh. des Großfürsten Konstantin Nikolaewitsch; 6. Gluchowsches Ihrer Kais. Hoh. der Großfürstin Alexandra Josifowna; 5. Litthauisches Reserveulanenregiment Sr. K. K. Hoh. des Erzherzogs Albrecht von Oesterreich, 6. Wolynisches Sr. Kais. Hoh. des Großfürsten Konstantin Nikolaewitsch; 5. Alexandriasches Reservehusarenregiment Sr. Kais. Hoh. des Großfürsten Nikolai Nikolaewitsch des Aelteren, 6. Kljastizkisches Sr. Großh. Hoh. des Prinzen Ludwig von Hessen.

3. Reserveartilleriedivision: 7. Reservebrigade: Schwere Reservebatterien Nr. 1 und 2, leichte Nr. 1, erleichterte Nr. 2; 8. Reservebrigade: Schwere Reservebatterien Nr. 3 und 4, leichte Nr. 3, erleichterte Nr. 4; 9. Reservebrigade: Schwere Reservebatterien Nr. 5 und 6, leichte Nr. 5, erleichterte Nr. 6.

Beim Corps stehen: Das 3. Reservesappeurbataillon, die 3. Reservetrainbrigade und 1 mobiles Hospital.

4. Reservearmeecorps.

10. Reserveinfanteriedivision: 37 Ekaterinburgsches Reserveinfanterieregiment Sr. Kais. Hoh. des Großfürsten Alexij Alexandrowitsch, 38. Tobolskisches Sr. Kais. Hoh. des Großfürsten Ssergij Alexandrowitsch, 39. Tomskisches, 40. Kolywansches; 10. Reserveschützenbataillon.

11. Reserveinfanteriedivision: 41. Sselenginskisches Reserveinfanterieregiment, 42. Jakutskisches, 43. Ochotskisches, 44. Kamtschatkasches; 11. Reserveschützenbataillon.

12. Reserveinfanteriedivision: 45. Asowsches Reserveinfanterieregiment, 46. Dneprowsches, 47. Ukrainesches, 48. Odessasches; 12. Reserveschützenbataillon.

4. Reservecavalleriedivision: 7. Kinburnsches Reservedragonerregiment Sr. Kais. Hoh. des Großfürsten Michailo Nikolaewitsch, 8. Astrachansches Sr. Kais. Hoh. des Großfürsten Nikolaj Nikolaewitsch des Aelteren; 7. Olwiopolsches Reserveulanenregiment des Generaladjutanten Grafen Osten-Sacken, 8. Wosnessenskisches Sr. Hoh. des Prinzen Alexander von Hessen; 7. Weißrussisches Reservehusarenregiment Sr. Kais. Hoh. des Großfürsten Michailo Nikolaewitsch, 8. Lubnisches Sr. K. K. Hoh. des Erzherzogs Karl Ludwig von Oesterreich.

4. Reserveartilleriedivision: 10. Reservebrigade: Schwere Reservebatterien Nr. 1 und 2, leichte Nr. 1, erleichterte Nr. 2; 11. Reservebrigade: Schwere Reservebatterien Nr. 3 und 4, leichte Nr. 3, erleichterte Nr. 4; 12. Reservebrigade: Schwere Reservebatterien Nr. 5 und 6, leichte Nr. 5, erleichterte Nr. 6.

Beim Corps stehen: Das 4. Reservesappeurbataillon, die 4. Reservetrainbrigade und 1 mobiles Hospital.

Im Frieden.

c. Bei den Sappeuren.

Reservesappeurhalbbataillon, bei der 2. Sappeurbrigade stehend; die 5. Reservecompagnien der 2 Kaukasischen Sappeurbataillone, bei diesen stehend.

d. Bei der Cavallerie.

Die 5. Reserveescadrons der Gardecavallerieregimenter, bei diesen stehend.

Die 5. Reserveescadrons der 7. Cavalleriedivision, bei ihren Regimentern stehend.

Die Reservedivisionen der 1. Cavalleriedivision, von ihren Regimentern abgetrennt, bei jener stehend.

Die Reservebrigade der 2. Cavalleriedivision.

Die Reservebrigade der 3. Cavalleriedivision.

Die 6. Reserveescadrons der 4. Cavalleriedivision, bei ihren Regimentern stehend.

Die Reservebrigade der 5. Cavalleriedivision.

Die 5. Reserveescadrons der 6. Cavalleriedivision, bei ihren Regimentern stehend.

Die 5. Reserveescadrons der Kaukasischen Dragonerregimenter, bei diesen stehend.

e. Bei der Artillerie.

Combinirte Gardereservebatterie, unter dem Chef der Artillerie des Gardecorps.

Combinirte Grenadierreservebatterie, unter dem Chef der Grenadierartilleriedivision.

1. combinirte Reserveartilleriedivision: 1. combinirte Reservebrigade: Schwere Reservebatterien Nr. 1, 3 und 5; 2. combinirte Reservebrigade: Schwere Reservebatterien Nr. 1, 3 und 5; 3. combinirte Reservebrigade: Schwere Reservebatterien Nr. 1, 3 und 5.

2. combinirte Reserveartilleriedivision: 4. combinirte Reservebrigade: Schwere Reservebatterien Nr. 1, 3 und 5; 5. combinirte Reservebrigade: Schwere Reservebatterien Nr. 1, 3 und 5; 6. combinirte Reservebrigade: Schwere Reservebatterien Nr. 1, 3 und 5.

Reitende Reserveartilleriebrigade, der 5. Artilleriedivision zugetheilt: Erleichterte Reservebatterien Nr. 1, 2, 3 und 4.

Im Kriege.

Im Frieden.

5. Reservearmeecorps.

13. Reserveinfanteriedivision: 49. Brestisches Reserveinfanterieregiment, 50. Belostokisches, 51. Litthauisches, 52. Wilnaisches; 13. Reserveschützenbataillon.

14. Reserveinfanteriedivision: 53. Wolynisches Reserveinfanterieregiment, 54. Minskisches, 55. Podolisches, 56. Shitomirsches; 14. Reserveschützenbataillon.

15. Reserveinfanteriedivision: 57. Modlinsches Reserveinfanterieregiment, 58. Pragasches des Generaladjutanten Lüders, 59. Ljublinsches, 60. Samoszsches; 15. Reserveschützenbataillon.

5. Reservecavalleriedivision: 9. Kasansches Reservedragonerregiment Sr. K. K. Hoh. des Erzherzogs Leopold von Oesterreich, 10. Nowgorodsches Ihrer Kais. Hoh. der Großfürstin Elena Pawlowna; 9. Bugsches Reserveulanenregiment des General der Cavallerie Siewers, 10. Odessasches Sr. Hoh. des Herzogs von Nassau; 9. Kiewsches Reservehusarenregiment Sr. Kais. Hoh. des Großfürsten Nikolaj Maximilianowitsch, 10. Ingermanländisches des Großherzogs von Sachsen-Weimar.

5. Reserveartilleriedivision: 13. Reservebrigade: Schwere Reservebatterien Nr. 1 und 2, leichte Nr. 1, erleichterte Nr. 2; 14. Reservebrigade: Schwere Reservebatterien Nr. 3 und 4, leichte Nr. 3, erleichterte Nr. 4; 15. Reservebrigade: Schwere Reservebatterien Nr. 5 und 6, leichte Nr. 5, erleichterte Nr. 6.

Beim Corps stehen: Das 5. Reservesappeurbataillon, die 5. Reservetrainbrigade und 1 mobiles Hospital.

6. Reservearmeecorps.

16. Reserveinfanteriedivision: 61. Wladimirsches Reserveinfanterieregiment des General der Infanterie Fürsten Gortschakow, 62. Ssusdalsches, 63. Uglizkisches, 64. Kasansches Sr. Kais. Hoh. des Großfürsten Michailo Nikolaewitsch; 16. Reserveschützenbataillon.

17. Reserveinfanteriedivision: 65. Moskausches Reserveinfanterieregiment, 66. Butirskisches, 67. Borodinsches Leibreserveinfanterieregiment Sr. Majestät, 68. Tarutinosches Reserveinfanterieregiment des Großherzogs von Oldenburg; 17. Reserveschützenbataillon.

18. Reserveinfanteriedivision: 69. Rjäsansches Reserveinfanterieregiment, 70. Rjashskisches, 71. Belewsches, 72. Tulasches; 18. Reserveschützenbataillon.

6. Reservecavalleriedivision: 11. Rigasches Reservedragonerregiment Ihrer Kais. Hoh. der Großfürstin Ekaterina Michailowna, 12. Starodubsches Sr. Kais. Hoh. des Prinzen Peter von Oldenburg; 11. Tschuguewsches Reserveulanenregiment, 12. Belgorodsches Sr. K. K. Hoh. des Erzherzogs Karl Ferdinand von Oesterreich; 11. Isjumsches Reservehusarenregiment des Kronprinzen von Preußen, 12. Achtirkasches Sr. Kön. Hoh. des Prinzen Friedrich Karl von Preußen.

6. Reserveartilleriedivision: 16. Reservebrigade: Schwere Reservebatterien Nr. 1 und 2, leichte Nr. 1, erleichterte Nr. 2; 17. Reservebrigade: Schwere Reservebatterien Nr. 3 und 4, leichte Nr. 3, erleichterte Nr. 4; 18. Reservebrigade: Schwere Reservebatterien Nr. 5 und 6, leichte Nr. 5, erleichterte Nr. 6.

Beim Corps stehen: Das 6. Reservesappeurbataillon, die 6. Reservetrainbrigade und 1 mobiles Hospital.

b. Immobile Reserve- und Ersatztruppen für Ersatzzwecke.

1) Bei der Infanterie.

Reservedivision des Abgesonderten Gardecorps (unter dem Commandeur dieses Corps): 3. Reservebataillon des Preobrashenskischen Leibgarderegiments, des Ssemenowschen, des Ismailowschen, des Gatschinaschen, des Mos-

Im Kriege.	Im Frieden.
kauschen, des Leibgardegrenadierregiments, des Pawlowschen Leibgarderegiments, des Finländischen, des Litthauischen, des Kexholmschen Grenadierregiments des Kaisers von Oesterreich, des St. Petersburgschen des Königs Friedrich Wilhelm III., des Wolynischen Leibgarderegiments. Reservedivision des Abgesonderten Grenadiercorps (unter dem Commandeur dieses Corps): 3. Reservebataillon des 1. Ekaterinoslawschen Leibgrenadierregiments Sr. Majestät, des 2. Rostowschen Grenadierregiments des Prinzen Friedrich der Niederlande, des 3. Pernowschen des Königs Friedrich Wilhelm IV., des 4. Neswishschen des Generalfeldmarschall Fürsten Barklay de Tolly, des 5. Kiewschen Sr. Maj. des Königs der Niederlande, des 6. Taurischen Sr. Kais. Hoh. des Großfürsten Michailo Nikolaewitsch, des 7. Ssamogitischen des Erzherzogs Franz Karl, des 8. Moskauschen des Großherzogs Friedrich von Mecklenburg, des 9. Sibirischen Sr. Kais. Hoh. des Großfürsten Nikolaj Nikolaewitsch des Aelteren, des 10. Kleinrussischen des Generalfeldmarschall Grafen Rumjanzow-Sadunaiskij, des 11. Fanagorischen des Generalissimus Fürsten Ssuworow, des 12. Astrachanschen Sr. Kais. Hoh. des Großfürsten Alexander Alexandrowitsch. Reserven der Armeeinfanterie: Ersatzdivision des 1. Armeecorps: 1. 2. 3. 4. 5. und 6. combinirtes Ersatzinfanterieregiment des 1. Armeecorps. Ersatzdivision des 2. Armeecorps: 1. 2. 3. 4. 5. und 6. combinirtes Ersatzinfanterieregiment des 2. Armeecorps. Ersatzdivision des 3. Armeecorps: 1. 2. 3. 4. 5. und 6. combinirtes Ersatzinfanterieregiment des 3. Armeecorps. Ersatzdivision des 4. Armeecorps: 1. 2. 3. 4. 5. und 6. combinirtes Ersatzinfanterieregiment des 4. Armeecorps. Ersatzdivision des 5. Armeecorps: 1. 2. 3. 4. 5. und 6. combinirtes Ersatzinfanterieregiment des 5. Armeecorps. Ersatzdivision des 6. Armeecorps: 1. 2. 3. 4. 5. und 6. combinirtes Ersatzinfanterieregiment des 6. Armeecorps. Kaukasische Reservedivision (unter dem Obercommandeur der Kaukasischen Armee): 5. Reservebataillon des 13. Eriwanschen Leibgrenadierregiments Sr. Majestät, des 14. Grusischen Grenadierregiments Sr. Kais. Hoh. des Großfürsten Konstantin Nikolaewitsch, des 15. Tiflisschen Sr. Kais. Hoh. des Großfürsten Konstantin Konstantinowitsch, des 16. Mingrelischen Sr. Kais. Hoh. des Großfürsten Dmitrij Konstantinowitsch; 6. Reservebataillon des 73. Krimschen Infanterieregiments, des 74. Stawropolschen, des 75. Ssewastopolschen, des 76. Kubanschen; 5. Reservebataillon des 77. Tenginskischen Infanterieregiments, des 78. Nawaginskischen, des 79. Kurinskischen Sr. Kais. Hoh. des Großfürsten Paul Alexandrowitsch, des 80. Kabardaschen des Generalfeldmarschall Fürsten Barjatinskij, des 81. Apscheronschen, des 82. Dagestanschen, des 83. Ssamurschen, des 84. Schirwanschen Sr. Kais. Hoh. des Großfürsten Nikolaj Konstantinowitsch; Kaukasisches Reservelinienbataillon Nr. 1 und 2; Kaukasisches Reserveschützenbataillon. 2) Bei den Schützen. Leibgardereserveschützenbataillon, Reservecompagnie des Finnischen Leibgardeschützenbataillons; Grenadierreserveschützenbataillon; Ersatzschützenbataillone Nr. 1, 2, 3, 4, 5 und 6; Kaukasisches Reserveschützenbataillon (im Bestande der Kaukasischen Reservedivision). 3) Bei den Sappeuren. Reservecompagnie des Grenadiersappeurbataillons; Ersatzsappeurbataillone Nr. 1, 2, 3, 4, 5 und 6; die 5. Reservecompagnien der 2 Kaukasischen Sappeurbataillone, bei diesen stehend.	

4) Bei der Cavallerie.

Reserven der Gardecavallerie: Reservedivision des Chevaliergarderegiments, des Leibgarderegiments zu Pferde, der Leibgardecuirassierregimenter Sr. und Ihrer Majestät, des Leibgardegrenadierregiments zu Pferde, des Leibgardedragonerregiments, des Leibgardeulanenregiments, des Leibgardeulanenregiments Sr. Majestät, des Leibgardehusarenregiments Sr. Majestät und des Grodnoschen Leibgardehusarenregiments.

Reserven der Armeecavallerie:

Ersatzbrigade der 7. Cavalleriedivision: Ersatzdivision des 13. Dragonerregiments des Kriegsordens, des 14. Kleinrussischen des Prinzen Albrecht von Preußen, des 13. Wladimirschen Ulanenregiments Sr. Kais. Hoh. des Großfürsten Michailo Nikolaewitsch, des 14. Jamburgschen Sr. Kön. Hoh. des Prinzen Friedrich von Württemberg, des 13. Narwaschen Husarenregiments Sr. Kais. Hoh. des Großfürsten Konstantin Nikolaewitsch, des 14. Mitauschen Sr. Maj. des Königs von Württemberg.

Ersatzbrigade der 1. Cavalleriedivision: Ersatzdivision des 1. Moskauschen Leibdragonerregiments Sr. Majestät, des 2. Pskowschen Ihrer Majestät, des 1. St. Petersburgschen Ulanenregiments Sr. Maj. des Königs von Bayern, des 2. Leibulanenregiments Sr. Majestät, des 1. Ssumschen Husarenregiments des Generaladjutanten Grafen von der Pahlen, des 2. Pawlogradschen Leibhusarenregiments Sr. Majestät.

Ersatzbrigade der 2. Cavalleriedivision: Ersatzdivision des 3. Neurussischen Dragonerregiments Sr. Kais. Hoh. des Großfürsten Wladimir Alexandrowitsch, des 4. Ekaterinoslawschen Ihrer Kais. Hoh. der Großfürstin Maria Nikolaewna, des 3. Smolenskischen Ulanenregiments Sr. Kais. Hoh. des Thronfolgers Zesarewitsch, des 4. Charkowschen Sr. Kön. Hoh. des Prinzen Friedrich von Preußen, des 3. Elisawetgradschen Husarenregiments Ihrer Kais. Hoh. der Großfürstin Olga Nikolaewna, des 4. Marinpolschen des Prinzen Friedrich von Hessen-Kassel.

Ersatzbrigade der 3. Cavalleriedivision: Ersatzdivision des 5. Kargopolschen Dragonerregiments Sr. Kais. Hoh. des Großfürsten Konstantin Nikolaewitsch, des 6. Gluchowschen Ihrer Kais. Hoh. der Großfürstin Alexandra Josifowna, des 5. Litthauischen Ulanenregiments Sr. K. K. Hoh. des Erzherzogs Albrecht von Oesterreich, des 6. Wolynischen Sr. Kais. Hoh. des Großfürsten Konstantin Nikolaewitsch, des 5. Alexandriaschen Husarenregiments Sr. Kais. Hoh. des Großfürsten Nikolaj Nikolaewitsch des Aelteren, des 6. Kljastizkischen Sr. Großh. Hoh. des Prinzen Ludwig von Hessen.

Ersatzbrigade der 4. Cavalleriedivision: Ersatzdivision des 7. Kinburnschen Dragonerregiments Sr. Kais. Hoh. des Großfürsten Michailo Nikolaewitsch, des 8. Astrachanschen Sr. Kais. Hoh. des Großfürsten Nikolaj Nikolaewitsch des Aelteren, des 7. Olwiopolschen Ulanenregiments des Generaladjutanten Grafen Osten-Sacken, des 8. Wosnessenskischen Sr. Hoh. des Prinzen Alexander von Hessen, des 7. Weißrussischen Husarenregiments Sr. Kais. Hoh. des Großfürsten Michailo Nikolaewitsch, des 8. Lubnischen Sr. K. K. Hoh. des Erzherzogs Karl Ludwig von Oesterreich.

Ersatzbrigade der 5. Cavalleriedivision: Ersatzdivision des 9. Kasanschen Dragonerregiments Sr. K. K. Hoh. des Erzherzogs Leopold von Oesterreich, des 10. Nowgorodschen Ihrer Kais. Hoh. der Großfürstin Elena Pawlowna, des 9. Bugschen Ulanenregiments des General der Cavallerie Siewers, des 10. Odessaschen Sr. Hoh. des Herzogs von Nassau, des

Im Kriege. | **Im Frieden.**

9. Kiewschen Husarenregiments Sr. Kais. Hoh. des Großfürsten Nikolaj Maximilianowitsch, des 10. Ingermanländischen des Großherzogs von Sachsen-Weimar.

Ersatzbrigade der 6. Cavalleriedivision: Ersatzdivision des 11. Rigaschen Dragonerregiments Ihrer Kais. Hoh. der Großfürstin Ekaterina Michailowna, des 12. Starodubschen Sr. Kais. Hoh. des Prinzen Peter von Oldenburg, des 11. Tschugueswschen Ulanenregiments, des 12. Belgorodschen Sr. K. K. Hoh. des Erzherzogs Carl Ferdinand von Oesterreich, des 11. Isiumschen Husarenregiments des Kronprinzen von Preußen, des 12. Achtirkaschen Sr. Kön. Hoh. des Prinzen Friedrich Karl von Preußen.

Die 5. Reserveescadrons der Kaukasischen Dragonerregimenter, bei diesen stehend.

5) Bei der Artillerie.

Die 5. Ersatzzüge bei allen Fuß- und reitenden activen und mobilen Reservebatterien der Garde-, Grenadier-, Armee- und Kaukasischen Artillerie, bei jenen stehend.

Gardeersatzartilleriebrigade: Ersatzbatterien Nr. 1, 2 und 3; reitende Gardereservebatterie.

Grenadierersatzartilleriebrigade: Ersatzbatterien Nr. 1, 2 und 3; reitende Reservebatterie der 7. reitenden Artilleriebrigade.

1. combinirte Ersatzartilleriedivision: 1. Ersatzbrigade: Ersatzbatterien Nr. 1, 2, 3, 4, 5 und 6; 2. Ersatzbrigade: Ersatzbatterien Nr. 1, 2, 3, 4, 5 und 6; 3. Ersatzbrigade: Ersatzbatterien Nr. 1, 2, 3, 4, 5 und 6.

2. combinirte Ersatzartilleriedivision: 4. Ersatzbrigade: Ersatzbatterien Nr. 1, 2, 3, 4, 5 und 6; 5. Ersatzbrigade: Ersatzbatterien Nr. 1, 2, 3, 4, 5 und 6; 6. Ersatzbrigade: Ersatzbatterien Nr. 1, 2, 3, 4, 5 und 6.

Reitende Reserveartilleriedivision: Reitende Reservebatterien der 1., der 2., der 3., der 4., der 5. und der 6. reitenden Artilleriebrigade.

Reservebatterien der Kaukasischen Artillerie: Nach Bedarf aufgestellt.

III.

Berechnung

der

etatsmäßigen Stärke des Mannschafts- und Pferdestandes

der

gesammten

Kaiserlich Russischen Truppen

im

Kriege und Frieden

am

1. Januar 1863.

Diese Berechnung kann in doppelter Weise aufgestellt werden, entweder nach den einzelnen Waffen, oder nach der taktischen Eintheilung. Die letztere Art ist vorzuziehen, weil sie als die praktisch brauchbarste erscheint, um sofort die etatsmäßige Stärke einer jeden, irgendwo auftretenden Truppenabtheilung bestimmen zu können. Demnach ist die nachstehende Berechnung für die regulairen Feldtruppen in dieser Weise unter Zugrundelegung des vorher gegebenen Tableau's ausgeführt, während für die nicht zu diesen gehörenden Truppen der Kürze wegen eine summarische Berechnung ohne Rücksicht auf ihre taktische oder administrative Einrichtung stattgefunden hat.

Im Kriege.

	Zahl der																	
					Mannschaften.											Pferde.		
					Combattanten.						Noncombattanten.							
	Bataillons.	Escadrons.	Batterien.	Parks.	Generale.	Stabs- u. Oberoffiziere.	Unteroffiziere.	Spielleute.	Gemeine.	Summa.	Classenbeamte.	Niedere Chargen.	Offiziersburschen.	Summa.	Total.	Reitpferde.	Zugpferde.	Summa.
A. Die regulairen Truppen.																		
1. Active Truppen.																		
a. Abgesondertes Gardecorps.																		
Stab des Abgesonderten Gardecorps	—	—	—	—	2	19	—	—	—	21	4	17	37	58	79	—	39	39
1. Gardeinfanteriedivision.																		
Divisionsstab	—	—	—	—	2	5	—	1	—	8	2	12	15	29	37	1	11	12
Preobrashenski'sches Leibgarderegiment	2	—	—	—	1	53	204	168	1800	2226	7	101	68	176	2402	—	163	163
3 Leibgarderegimenter	6	—	—	—	3	159	612	360	5400	6534	18	309	201	528	7062	—	489	489
1 Leibgardeschützenbataillon	1	—	—	—	—	25	88	67	900	1080	4	66	31	101	1181	—	73	73
1 Leibgardesappeurbataillon	1	—	—	—	—	24	86	87	900	1097	4	99	30	133	1230	—	113	113
Summa der 1. Garde-Inf.-Div.	10	—	—	—	6	266	990	683	9000	10945	35	587	345	967	11912	1	849	850
2. Gardeinfanteriedivision.																		
Divisionsstab	—	—	—	—	2	5	—	1	—	8	2	12	15	29	37	1	11	12
4 Leibgarderegimenter	8	—	—	—	4	212	816	480	7200	8712	24	412	268	704	9416	—	652	652
1 Leibgardeschützenbataillon	1	—	—	—	—	25	88	67	900	1080	4	66	31	101	1181	—	73	73
1 Gardeequipage	—	—	—	—	1	36	107	95	1150	1389	6	68	46	120	1509	—	53	53
Summa der 2. Garde-Inf.-Div.	9	—	—	—	7	278	1011	643	9250	11189	36	558	360	954	12143	1	789	790
3. Gardeinfanteriedivision.																		
Divisionsstab	—	—	—	—	2	5	—	1	—	8	2	12	15	29	37	1	11	12
2 Leibgarderegimenter	4	—	—	—	2	106	408	240	3600	4356	12	206	134	352	4708	—	326	326
2 Grenadierregimenter	4	—	—	—	—	108	408	240	3600	4356	12	206	132	350	4706	—	326	326
1 Leibgardeschützenbataillon	1	—	—	—	—	25	88	67	900	1080	4	66	31	101	1181	—	73	73
Summa der 3. Garde-Inf.-Div.	9	—	—	—	4	244	904	548	8100	9800	30	490	312	832	10632	1	736	737
1. Gardecavalleriedivision.																		
Divisionsstab	—	—	—	—	2	5	—	—	—	7	2	12	15	29	36	1	11	12
4 Leibgardekuirassierregimenter	—	16	—	—	4	140	352	68	2400	2964	28	308	196	532	3496	2244	296	2540
2 Leibgardekosakenregimenter	—	12	—	—	—	42	112	38	1596	1788	—	4	—	4	1792	1750	180	1930
1 Uralsche Leibgardekosakendivision, etwa	—	2	—	—	—	7	16	4	265	292	—	—	—	—	292	285	32	317
1 Krimsche Leibgardetatarenescadron, etwa	—	1	—	—	—	5	7	4	133	149	—	—	—	—	149	144	18	162
Summa der 1. Garde-Cav.-Div.	—	31	—	—	6	199	487	114	4394	5200	30	324	211	565	5765	4424	537	4961
2. Gardecavalleriedivision.																		
Divisionsstab	—	—	—	—	2	5	—	—	—	7	2	12	15	29	36	1	11	12
6 Leibgardecavallerieregimenter	—	24	—	—	6	210	528	102	3600	4446	42	462	294	798	5244	3366	444	3810
Summa der 2. Garde-Cav.-Div.	—	24	—	—	8	215	528	102	3600	4453	44	474	309	827	5280	3367	455	3822
Gardefußartillerie.																		
Stab	—	—	—	—	1	2	—	—	—	3	1	10	6	17	20	—	6	6
1. Brigade.																		
Brigadestab	—	—	—	—	—	4	—	55	—	59	4	7	9	20	79	1	6	7
2 schwere Leibgardebatterien	—	—	2	—	—	14	54	8	496	572	—	70	16	86	658	18	396	414
1 gezogene leichte	—	—	1	—	—	7	27	4	185	223	—	34	7	41	264	9	144	153
Summa der 1. Brig.	—	—	3	—	—	25	81	67	681	854	4	111	32	147	1001	28	546	574
2. Brigade.																		
Brigadestab	—	—	—	—	—	4	—	1	—	5	3	7	9	19	24	1	6	7
3 Batterien, wie oben	—	—	3	—	—	21	81	12	681	795	—	104	23	127	922	27	540	567
Summa der 2. Brig.	—	—	3	—	—	25	81	13	681	800	3	111	32	146	946	28	546	574
3. Brigade, wie die 2.	—	—	3	—	—	25	81	13	681	800	3	111	32	146	946	28	546	574
Summa der Garde-Fuß-Art.	—	—	9	—	1	77	243	93	2043	2457	11	343	102	456	2913	84	1644	1728
Reitende Gardeartillerie.																		
Stab	—	—	—	—	1	3	—	1	—	5	5	9	11	25	30	1	8	9
1 schwere Leibgardebatterie	—	—	1	—	—	7	27	11	323	368	—	42	8	50	418	180	221	401
1 gezogene leichte	—	—	1	—	—	7	27	6	256	296	—	39	8	47	343	143	148	291
2 erleichterte	—	—	2	—	—	14	54	12	588	668	—	80	16	96	764	304	394	698
1 Donsche	—	—	1	—	—	10	35	6	409	460	1	46	12	59	519	226	249	475
Summa der reit. Garde-Art.	—	—	5	—	1	41	143	36	1576	1797	6	216	55	277	2074	854	1020	1874

Im Frieden.

	Zahl der																		
					Mannschaften											Pferde		
					Combattanten						Noncombattanten							
	Bataillons.	Escadrons.	Batterien.	Parks.	Generale.	Stabs- u. Oberoffiziere.	Unteroffiziere.	Spielleute.	Gemeine.	Summa.	Classbeamte.	Niedere Chargen.	Offiziersburschen.	Summa.	Total.	Reitpferde.	Zugpferde.	Summa.
A. Die regulairen Truppen.																		
I. Active Truppen.																		
a. Abgesondertes Gardecorps.																		
Stab des Abgesonderten Gardecorps	—	—	—	—	2	19	—	—	—	21	4	17	37	58	79	—	—	—
1. Gardeinfanteriedivision.																		
Divisionsstab	—	—	—	—	2	5	—	—	—	7	2	8	15	25	32	—	—	—
Preobrashenskisches Leibgarderegiment	2	—	—	—	1	59	174	159	1400	1793	7	90	74	171	1964	—	51	51
3 Leibgarderegimenter	6	—	—	—	3	177	522	333	4200	5235	18	276	219	513	5748	—	153	153
1 Leibgardeschützenbataillon	1	—	—	—	—	33	88	67	600	788	4	56	40	100	888	—	31	31
1 Leibgardesappeurbataillon	1	—	—	—	—	28	86	87	600	801	4	72	34	110	911	—	28	28
Summa der 1. Garde-Inf.-Div.	10	—	—	—	6	302	870	646	6800	8624	35	502	382	919	9543	—	263	263
2. Gardeinfanteriedivision.																		
Divisionsstab	—	—	—	—	2	5	—	—	—	7	2	8	15	25	32	—	—	—
4 Leibgarderegimenter	8	—	—	—	4	236	696	444	5600	6980	24	368	292	684	7664	—	204	204
1 Leibgardeschützenbataillon	1	—	—	—	—	31	88	67	600	786	4	56	38	98	884	—	31	31
1 Gardeequipage		—	—	—	1	86	107	95	1150	1439	6	68	46	120	1559	—	—	—
Summa der 2. Garde-Inf.-Div.	9	—	—	—	7	358	891	606	7350	9162	36	500	391	927	10089	—	235	235
3. Gardeinfanteriedivision.																		
Divisionsstab	—	—	—	—	2	5	—	—	—	7	2	8	15	25	32	—	—	—
2 Leibgarderegimenter	4	—	—	—	2	118	348	222	3040	3730	12	184	146	342	4072	—	102	102
2 Grenadierregimenter	4	—	—	—	—	120	348	222	3040	3730	12	184	144	340	4070	—	102	102
1 Leibgardeschützenbataillon	1	—	—		—	31	88	67	720	906	4	56	37	97	1003	—	31	31
Summa der 3. Garde-Inf.-Div.	9	—	—	—	4	271	784	511	6800	8373	30	432	342	804	9177	—	235	235
1. Gardecavalleriedivision.																		
Divisionsstab	—	—	—	—	2	5	—	—	—	7	1	8	15	24	31	—	—	—
2 Leibgardecuirassierregimenter	—	10	—	—	2	94	228	136	1184	1644	14	170	124	308	1952	1162	46	1208
2 "	—	10	—		2	94	228	50	1184	1558	14	170	124	308	1866	1162	46	1208
1 comb. Leib-G.-Kas.-Rgt.: 2 Divisionen Don. Kasaken		4	—	—	—	14	37	13	532	596	—	4	—	4	600	586	60	646
1 Eskadr. Uralische Kasaken		1				4	8	2	133	147	—	—	—	—	147	143	18	161
½ " Krimische Tataren	—	½	—	—	—	3	4	2	66	75	—	—	—	—	75	72	9	81
Summa der 1. Garde-Cav.-Div.	—	25½	—	—	6	214	505	203	3099	4027	29	352	263	644	4671	3125	179	3304
2. Gardecavalleriedivision.																		
Divisionsstab	—	—		—	2	5	—	—	—	7	1	8	15	24	31	—	—	—
6 Leibgardecavallerieregimenter	—	30	—	—	6	282	684	150	4152	5274	42	510	372	924	6198	3486	138	3624
Summa der 2. Garde-Cav.-Div.	—	30		—	8	287	684	150	4152	5281	43	518	387	948	6229	3486	138	3624
Gardefußartillerie.																		
Stab	—	—	—	—	1	2	—	—	—	3	2	10	7	19	22	—	—	—
1. Brigade.																		
Brigadestab	—	—		—	—	4	—	55	—	59	3	7	8	18	77	1	—	1
2 schwere Leibgardebatterien	—	—	2	—	—	18	42	8	298	366	—	50	20	70	436	10	92	102
1 gezogene leichte	—	—	1	—	—	9	21	4	111	145	—	25	9	34	179	5	37	42
Summa der 1. Brig.	—	—	3	—		31	63	67	409	570	3	82	37	122	692	16	129	145
2. Brigade.																		
Brigadestab	—	—	—	—	—	4	—	1	—	5	2	7	8	17	22	1	—	1
3 Batterien, wie oben	—	—	3	—	—	27	63	12	409	511	—	75	29	104	615	15	129	144
Summa der 2. Brig.	—	—	3			31	63	13	409	516	2	82	37	121	637	16	129	145
3. Brigade, wie die 2.	—	—	3	—	—	31	63	13	409	516	2	82	37	121	637	16	129	145
Summa der Garde-Fuß-Art.	—	—	9	—	1	95	189	93	1227	1605	9	256	118	383	1988	48	387	435
Reitende Gardeartillerie.																		
Stab	—	—	—	—	1	4	—	1	—	6	5	8	13	26	32	1	—	1
1 schwere Leibgardebatterie	—	—	1		—	9	22	11	258	300	—	32	10	42	342	172	102	274
1 gezogene leichte	—	—	1			9	22	6	205	242	—	30	10	40	282	135	69	204
2 erleichterte	—	—	2	—		16	44	12	470	542	—	60	18	78	620	288	170	458
1 Division der Deutschen Leibgardebatt.	—	—	½	—	—	4	10	2	108	124	1	19	5	25	149	75	46	121
Summa der reit. Garde-Art.		—	4½	—	1	42	98	32	1041	1214	6	149	56	211	1425	671	387	1058

Im Kriege.

	Bataillons.	Escadrons.	Batterien.	Parks.	Mannschaften. Combattanten. Generale.	Stabs- u. Oberofficiere.	Unterofficiere.	Spielleute.	Gemeine.	Summa.	Noncombattanten. Classbeamte.	Niedere Chargen.	Officiersburschen.	Summa.	Total.	Pferde. Reitpferde.	Zugpferde.	Summa.
Gardeparkartilleriebrigade.																		
3 mobile Gardeparks	—	—	—	3	—	18	78	12	996	1104	12	81	33	126	1230	—	1212	1212
1 fliegender	—	—	—	1	—	6	26	4	332	368	4	27	11	42	410	—	404	404
Summa der Gardepark.-Artill.-Brig.	—	—	—	4	—	24	104	16	1328	1472	16	108	44	168	1640	—	1616	1616
Beim Abgesonderten Gardecorps stehen:																		
1 Finnisches Leibgardeschützenbataillon	1	—	—	—	—	25	88	55	900	1068	6	104	—	110	1178	—	68	68
½ Escadron Leibgardegensdarmen .	—	½	—	—	—	4	16	2	84	106	—	8	4	12	118	86	—	86
1 Feldhospitalcompagnie	—	—	—	—	—	5	17	2	80	104	1	188	—	189	293	5	38	43
Summa der Truppen beim Corps	1	½	—	—	—	34	121	59	1064	1278	7	300	4	311	1589	91	106	197
Recapitulation.																		
Corpsstab	—	—	—	—	2	19	—	—	—	21	4	17	37	58	79	—	39	39
1. Gardeinfanteriedivision	10	—	—	—	6	266	990	683	9000	10945	35	587	345	967	11912	1	849	850
2. „	9	—	—	—	7	278	1011	643	9250	11189	36	558	360	954	12143	1	789	790
3. „	9	—	—	—	4	244	904	548	8100	9800	30	490	312	832	10632	1	736	737
1. Gardecavalleriedivision	—	31	—	—	6	199	487	114	4394	5200	30	324	211	565	5765	4424	537	4961
2. „	—	24	—	—	8	215	528	102	3600	4453	44	474	309	827	5280	3367	455	3822
Gardefußartillerie	—	—	9	—	1	77	243	93	2043	2457	11	343	102	456	2913	84	1644	1728
Reitende Gardeartillerie	—	—	5	—	1	41	143	36	1576	1797	6	216	55	277	2074	854	1020	1874
Gardeparkartilleriebrigade	—	—	—	4	—	24	104	16	1328	1472	16	108	44	168	1640	—	1616	1616
Beim Gardecorps stehende Truppen .	1	½	—	—	—	34	121	59	1064	1278	7	300	4	311	1589	91	106	197
Total des Gardecorps	29	55½	14	4	35	1397	4531	2294	40355	48612	219	3417	1779	5415	54027	8823	7791	16614
b. Abgesondertes Grenadiercorps.																		
Stab des Abgesonderten Grenadiercorps	—	—	—	—	2	15	—	—	—	17	6	19	32	57	74	—	30	30
1. Grenadierdivision.																		
Divisionsstab	—	—	—	—	2	5	—	1	—	8	3	13	17	33	41	1	14	15
4 Grenadierregimenter	8	—	—	—	—	216	808	424	7200	8648	20	412	264	696	9344	—	652	652
1 Grenadierschützenbataillon	1	—	—	—	—	25	88	21	900	1034	3	66	31	100	1134	—	73	73
Summa der 1. Grenadierdivision	9	—	—	—	2	246	896	446	8100	9690	26	491	312	829	10519	1	739	740
2. Grenadierdivision, wie die 1. . . .	9	—	—	—	2	246	896	446	8100	9690	26	491	312	829	10519	1	739	740
3. Grenadierdivision, ebenso	9	—	—	—	2	246	896	446	8100	9690	26	491	312	829	10519	1	739	740
7. Cavalleriedivision.																		
Divisionsstab	—	—	—	—	3	5	—	—	—	8	3	12	20	35	43	1	14	15
6 Cavallerieregimenter	—	24	—	—	—	216	528	102	4176	5022	36	462	282	780	5802	3942	444	4386
Summa der 7. Cavalleriedivision	—	24	—	—	3	221	528	102	4176	5030	39	474	302	815	5845	3943	458	4401
Grenadierartilleriedivision.																		
Divisionsstab	—	—	—	—	1	2	—	—	—	3	1	6	6	13	16	—	6	6
1. Brigade.																		
Brigadestab	—	—	—	—	—	4	—	1	—	5	3	7	9	19	24	1	6	7
2 schwere Batterien	—	—	2	—	—	14	54	8	496	572	—	70	16	86	658	18	396	414
1 erleichterte	—	—	1	—	—	7	27	4	234	272	—	35	8	43	315	9	194	203
Summa der 1. Brigade	—	—	3	—	—	25	81	13	730	849	3	112	33	148	997	28	596	624
2. Brigade.																		
Brigadestab	—	—	—	—	—	4	—	1	—	5	3	7	9	19	24	1	6	7
2 schwere Batterien	—	—	2	—	—	14	54	8	496	572	—	70	16	86	658	18	396	414
1 gezogene leichte	—	—	1	—	—	7	27	4	185	223	—	34	7	41	264	9	144	153
Summa der 2. Brigade	—	—	3	—	—	25	81	13	681	800	3	111	32	146	946	28	546	574
3. Brigade, wie die 2.	—	—	3	—	—	25	81	13	681	800	3	111	32	146	946	28	546	574
7. reitende Artilleriebrigade.																		
Brigadestab	—	—	—	—	—	4	—	1	—	5	4	9	10	23	28	1	8	9
1 schwere Batterie	—	—	1	—	—	7	27	4	323	361	—	42	8	50	411	180	221	401
1 erleichterte	—	—	1	—	—	7	27	4	294	332	—	40	8	48	380	152	197	349
Summa der 7. reit. Artill.-Brig.	—	—	2	—	—	18	54	9	617	698	4	91	26	121	819	333	426	759

Im Frieden.

	Zahl der																	
					Mannschaften.											Pferde.		
					Combattanten.						Noncombattanten.							
	Bataillons.	Escadrons.	Batterien.	Parks.	Generale.	Stabs- u. Oberoffiziere.	Unteroffiziere.	Spielleute.	Gemeine.	Summa.	Classenbeamte.	Niedere Chargen.	Officiersburschen.	Summa.	Total.	Reitpferde.	Zugpferde.	Summa.
Beim Abgesonderten Gardecorps stehen:																		
1 Finnisches Leibgardeschützenbataillon	1	—	—	—	—	28	88	55	600	771	6	91	—	97	868	—	22	22
1 mobiler Gardepark	—		—	1	—	6	16	2	90	114	3	27	10	40	154	—	11	11
½ Escadron Leibgardegensdarmen	—	½	—	—	—	4	16	2	84	106	—	8	4	12	118	86	—	86
Summa der Truppen beim Corps	1	½	—	1	—	38	120	59	774	991	9	126	14	149	1140	86	33	119
Zum Abgesond. Gardecorps sind command.:																		
1 Grenadiersappeurbataillon	1	—	—	—	—	27	86	27	600	740	3	70	33	106	846	—	28	28
½ Finländisches Sappeurbataillon	½	—	—	—	—	22	83	26	460	591	1	36	25	62	653	—	27	27
1 Musterinfanteriebataill., im steh. Cadre	1	—	—	—	—	20	112	63	—	195	6	152	28	186	381	—	—	—
1 Mustercavallerieescadron „ „ „	—	1	—	—	—	8	24	5	39	76	5	121	14	140	216	201	12	213
1 Musterfußbatterie „ „ „	—	—	1	—	—	9	16	1	20	46	1	54	11	66	112	12	47	59
1 reitende Musterbatterie „ „ „	—	—	1	—	—	9	18	1	20	48	3	58	13	74	122	32	87	119
1 Musterlafetendivision „ „ „	—	—	½	—	—	4	9	1	16	30	—	16	4	20	50	64	44	108
Summa der zum Corps com. Truppen	2½	1	2½	—	—	99	348	124	1155	1726	19	507	128	654	2380	359	195	554
Recapitulation.																		
Corpsstab	—	—	—	—	2	19	—	—	—	21	4	17	37	58	79	—	—	—
1. Gardeinfanteriedivision	10	—	—	—	6	302	870	646	6800	8624	35	502	382	919	9543	—	263	263
2. „	9	—	—	—	7	308	891	606	7350	9162	36	500	391	927	10089	—	235	235
3. „	9	—	—	—	4	274	784	511	6800	8373	30	432	342	804	9177	—	235	235
1. Gardecavalleriedivision	—	25½	—	—	6	214	505	203	3099	4027	29	352	263	644	4671	3125	179	3304
2. „	—	30	—	—	8	287	684	150	4152	5281	43	518	387	948	6229	3486	138	3624
Gardefußartillerie	—	—	9	—	1	95	189	93	1227	1605	9	256	118	383	1988	48	397	445
Reitende Gardeartillerie	—	—	4½	—	1	42	98	32	1041	1214	6	149	56	211	1425	671	387	1058
Beim Corps stehende Truppen	1	½	—	1	—	38	120	59	774	991	9	126	14	149	1140	86	33	119
Zum Corps commandirte Truppen	2½	1	2½	—	—	99	348	124	1155	1726	19	507	128	654	2380	359	195	554
Total des Gardecorps	31½	57	15½	1	35	1678	4489	2421	32398	41024	220	3359	2118	5697	46721	7775	2052	9827
b. Abgesondertes Grenadiercorps.																		
Stab des Abgesonderten Grenadiercorps	—	—	—	—	2	15	—	—	—	17	5	11	32	48	65	—	—	—
1. Grenadierdivision.																		
Divisionsstab			—	—	2	5	—	—	—	7	2	9	17	28	35	—	—	—
4 Grenadierregimenter	8	—	—	—	—	240	648	356	3968	5212	20	332	288	640	5852	—	140	140
1. Grenadierschützenbataillon	1	—	—	—	—	34	88	21	600	743	3	56	41	100	843	—	31	31
Summa der 1. Grenad.-Divis.	9	—	—	—	2	279	736	377	4568	5962	25	397	346	768	6730	—	171	171
2. Grenadierdivision.																		
Divisionsstab	—	—	—	—	2	5	—	—	—	7	2	9	17	28	35	—	—	—
4 Grenadierregimenter	8	—	—	—	—	240	648	356	3968	5212	20	332	288	640	5852	—	140	140
2. Grenadierschützenbataillon	1	—	—	—	—	33	88	21	600	742	3	56	40	99	841	—	31	31
Summa der 2. Grenad.-Divis.	9	—		—	2	278	736	377	4568	5961	25	397	345	767	6728	—	171	171
3. Grenadierdivision.																		
Divisionsstab	—	—	—	—	2	5	—	—	—	7	2	9	17	28	35	—	—	—
4 Grenadierregimenter	8	—	—	—	—	240	648	356	3968	5212	20	332	288	640	5852	—	140	140
3. Grenadierschützenbataillon	1	—	—	—	—	33	88	21	600	742	3	56	39	98	840	—	31	31
Summa der 3. Grenad.-Divis.	9		—	—	2	278	736	377	4568	5961	25	397	344	766	6727	—	171	171
7. Cavalleriedivision.																		
Divisionsstab	—	—	—	—	3	5	—	—	—	8	2	9	20	31	39	—	—	—
3 Cavallerieregimenter	—	15	—	—	—	150	294	63	1500	2007	15	255	183	453	2460	1473	69	1542
3 „	—	15	—	—	—	150	294	63	1500	2007	12	255	177	444	2451	1473	69	1542
Summa der 7. Cavall.-Divis.	—	30	—	—	3	305	588	126	3000	4022	29	519	380	928	4950	2946	138	3084
Grenadierartilleriedivision.																		
Divisionsstab	—	—	—	—	1	2	—	—	—	3	2	6	7	15	18	—	—	—
1. Brigade.																		
Brigadestab	—	—	—	—	—	5	—	1	—	6	2	7	10	19	25	1	—	1
2 schwere Batterien	—	—	2	—	—	18	42	8	298	366	—	50	20	70	436	10	74	84
1 erleichterte	—	—	1	—	—	9	21	4	140	174	—	25	10	35	209	5	37	42
Summa der 1. Brigade	—	—	3	—	—	32	63	13	438	546	2	82	40	124	670	16	111	127

Im Kriege.

	Zahl der				Mannschaften. Combattanten.						Noncombattanten.					Pferde.		
	Bataillons.	Escadrons.	Batterien.	Parks.	Generale.	Stabs- u. Oberoffiziere.	Unteroffiziere.	Spielleute.	Gemeine.	Summa.	Classenbeamte.	Niedere Chargen.	Offizierburschen.	Summa.	Total.	Reitpferde.	Zugpferde.	Summa.
Grenadierparkartilleriebrigade, 3 mobile und 1 fliegender Park	—	—	—	4	—	24	104	16	1328	1472	16	108	44	168	1640	—	1616	1616
Summa der Gren.-Art.-Div.	—	—	11	4	1	119	401	64	4037	4622	30	539	173	742	5364	417	3736	4153
Beim Corps stehen:																		
1 Bataillon Sappeurs	1	—	—	—	—	23	86	27	900	1036	3	97	29	129	1165	—	113	113
1 Commando Gensdarmen	—	—	—	—	—	1	2	—	27	30	—	—	1	1	31	27	—	27
Summa der Truppen beim Corps	1	—	—	—	—	24	88	27	927	1066	3	97	30	130	1196	27	113	140
Recapitulation.																		
Corpsstab.	—	—	—	—	2	15	—	—	—	17	6	19	32	57	74	—	30	30
1. Grenadierdivision	9	—	—	—	2	246	896	446	8100	9690	26	491	312	829	10519	1	739	740
2. "	9	—	—	—	2	246	896	446	8100	9690	26	491	312	829	10519	1	739	740
3. "	9	—	—	—	2	246	896	446	8100	9690	26	491	312	829	10519	1	739	740
7. Cavalleriedivision	—	24	—	—	8	221	528	102	4176	5039	39	474	302	815	5845	3943	458	4401
Grenadierartilleriedivision	—	—	11	4	1	119	401	64	4037	4622	30	539	173	742	5364	417	3736	4153
Beim Corps stehende Truppen	1	—	—	—	—	24	88	27	927	1066	3	97	30	130	1196	27	113	140
Total des Grenadiercorps	28	24	11	4	12	1117	3705	1531	33440	[illegible]	156	2602	1473	4231	44036	4390	6554	10944
c. Die eigentliche Armee.																		
1. Armeecorps.																		
Corpsstab	—	—	—	—	2	15	—	—	—	17	6	19	32	57	74	—	30	30
1. Infanteriedivision.																		
Divisionsstab	—	—	—	—	2	5	—	1	—	8	3	13	17	33	41	1	14	15
4 Infanterieregimenter	12	—	—	—	—	312	1212	548	10800	12872	24	568	372	964	13836	—	652	652
1 Schützenbataillon	1	—	—	—	—	25	88	21	900	1034	3	66	31	100	1134	—	73	73
Summa der 1. Inf.-Div.	13	—	—	—	2	342	1300	570	11700	13914	30	647	420	1097	15011	1	739	740
2. Infanteriedivision, wie die 1.	13	—	—	—	2	342	1300	570	11700	13914	30	647	420	1097	15011	1	739	740
3. " ebenso	13	—	—	—	2	342	1300	570	11700	13914	30	647	420	1097	15011	1	739	740
1. Cavalleriedivision, wie die 7.	—	24	—	—	8	221	528	102	4176	5039	39	474	302	815	5845	3943	458	4401
1. Artilleriedivision.																		
Divisionsstab	—	—	—	—	1	2	—	—	—	3	1	6	6	13	16	—	6	6
1. Brigade.																		
Brigadestab	—	—	—	—	—	4	—	1	—	5	3	7	9	19	24	1	6	7
2 schwere Batterien	—	—	2	—	—	14	54	8	496	572	—	70	16	86	658	18	396	414
1 gezogene leichte	—	—	1	—	—	7	27	4	186	223	—	34	7	41	264	9	144	153
1 erleichterte	—	—	1	—	—	7	27	4	234	272	—	35	8	43	315	9	194	203
Summa der 1. Brigade	—	—	4	—	—	32	108	17	915	1072	3	146	40	189	1261	37	740	777
2. Brigade, wie die 1.	—	—	4	—	—	32	108	17	915	1072	3	146	40	189	1261	37	740	777
3. Brigade, ebenso	—	—	4	—	—	32	108	17	915	1072	3	146	40	189	1261	37	740	777
1. reitende Artilleriebrigade, wie die 7.	—	—	2	—	—	18	54	9	617	698	4	91	26	121	819	333	426	759
1. Parkartilleriebrig., w. b. Gren.-Corps	—	—	—	4	—	24	104	16	1328	1472	16	108	44	168	1640	—	1616	1616
Summa der 1. Art.-Div.	—	—	14	4	1	140	482	76	4690	5389	30	643	196	869	6258	444	4268	4712
Beim Corps stehen:																		
1 Sappeurbataillon	1	—	—	—	—	23	86	87	900	1096	3	97	29	129	1225	—	113	113
Pontonpark Nr. 1	—	—	—	1	—	8	20	6	230	264	1	189	10	200	464	—	400	400
1 Commando Gensdarmen	—	—	—	—	—	1	2	—	27	30	—	—	1	1	31	27	—	27
Summa der Truppen beim Corps	1	—	—	1	—	32	108	93	1157	1390	4	286	40	330	1720	27	513	540

Im Frieden.

	Zahl der																	
					Mannschaften.											Pferde.		
					Combattanten.						Noncombattanten.							
	Bataillons.	Escadrons.	Batterien.	Parks.	Generale.	Stabs- u. Oberofficiere.	Unteroffiziere.	Spielleute.	Gemeine.	Summa.	Classenbeamte.	Niedere Chargen.	Offiziersburschen.	Summa.	Total.	Reitpferde.	Zugpferde.	Summa.
2. Brigade.																		
Brigadestab	—	—	—	—	—	4	—	1	—	5	2	7	8	17	22	1	—	1
2 schwere Batterien	—	—	2	—	—	18	42	8	298	366	—	50	20	70	436	10	74	84
1 gezogene leichte	—	—	1	—	—	9	21	4	111	145	—	25	9	34	179	5	28	33
Summa der 2. Brigade	—	—	3	—	—	31	63	13	409	516	2	82	37	121	637	16	102	118
3. Brigade wie die 2.	—	—	3	—	—	31	63	13	409	516	2	82	37	121	637	16	102	118
7. reitende Artillerie-Brigade.																		
Brigadestab	—	—	—	—	—	4	—	1	—	5	4	8	10	22	27	1	8	9
1 schwere Batterie	—	—	1	—	—	8	22	4	258	292	—	32	9	41	333	92	48	140
1 erleichterte	—	—	1	—	—	8	22	4	235	269	—	30	9	39	308	77	37	114
Summa der 7. reit. Art.-Brig.	—	—	2	—	—	20	44	9	493	566	4	70	28	102	668	170	93	263
Grenadierparkartilleriebrigade.																		
Brigadestab	—	—	—	—	—	1	—	—	—	1	1	4	3	8	9	—	—	—
1 mobiler Park	—	—	—	1	—	7	16	2	90	115	3	27	11	41	156	—	6	6
1 mobiler und 1 liegender	—	—	—	2	—	16	32	4	180	232	6	54	24	84	316	—	12	12
Summa der Gren.-Park-Art.-Brig.	—	—	—	3	—	24	48	6	270	348	10	85	38	133	481	—	18	18
Summa der Gren.-Art.-Div.	—	—	11	3	1	140	281	54	2019	2495	22	407	187	616	3111	218	426	644
Beim Corps stehen:																		
1 Commando Gensdarmen	—	—	—	—	—	1	2	—	27	30	—	—	1	1	31	27	—	27
Recapitulation.																		
Corpsstab	—	—	—	—	2	15	—	—	—	17	5	11	32	48	65	—	—	—
1. Grenadierdivision	9	—	—	—	2	279	736	377	4568	5962	25	397	346	768	6730	—	171	171
2. „	9	—	—	—	2	278	736	377	4568	5961	25	397	345	767	6728	—	171	171
3. „	9	—	—	—	2	278	736	377	4568	5961	25	397	344	766	6727	—	171	171
7. Cavalleriedivision	—	30	—	—	3	305	588	126	3000	4022	29	519	380	928	4950	2946	138	3084
Grenadierartilleriedivision	—	—	11	3	1	140	281	54	2019	2495	22	407	187	616	3111	218	426	644
Beim Corps stehende Truppen	—	—	—	—	—	1	2	—	27	30	—	—	1	1	31	27	—	27
Total des Grenadiercorps	27	30	11	3	12	1296	3079	1311	18750	24446	131	2128	1635	3894	28342	3191	1077	4268
c. Die eigentliche Armee.																		
Verwaltung der Truppen im Königreich Polen.																		
Verwaltung der Truppen im Königr. Polen	—	—	—	—	14	51	—	—	—	65	106	266	95	467	532	—	—	—
Warschauscher Militairkreis.																		
2. Infanteriedivision.																		
Divisionsstab	—	—	—	—	2	5	—	—	—	7	2	9	17	28	35	—	—	—
3 Infanterieregimenter	9	—	—	—	—	258	774	372	6840	8244	18	375	312	705	8949	—	225	225
1 Schützenbataillon	1	—	—	—	—	31	88	21	600	740	3	56	38	97	837	—	31	31
Summa der 2. Inf.-Div.	10	—	—	—	2	294	862	393	7440	8991	23	440	367	830	9821	—	256	256
4. Infanteriedivision.																		
Divisionsstab	—	—	—	—	2	5	—	—	—	7	2	9	17	28	35	—	—	—
4 Infanterieregimenter	12	—	—	—	—	344	1032	496	9120	10992	24	500	416	940	11932	—	300	300
1 Schützenbataillon	1	—	—	—	—	31	88	21	600	740	3	56	38	97	837	—	31	31
Summa der 4. Inf.-Div.	13	—	—	—	2	380	1120	517	9720	11739	29	565	471	1065	12804	—	331	331
5. Infanteriedivision.																		
Divisionsstab	—	—	—	—	2	5	—	—	—	7	2	9	17	28	35	—	—	—
4 Infanterieregimenter	12	—	—	—	—	344	1032	496	9120	10992	24	500	416	940	11932	—	300	300
1 Schützenbataillon	1	—	—	—	—	30	88	21	600	739	3	56	36	95	834	—	31	31
Summa der 5. Inf.-Div.	13	—	—	—	2	379	1120	517	9720	11738	29	565	469	1063	12801	—	331	331
6. Infanteriedivision.																		
Divisionsstab	—	—	—	—	2	5	—	—	—	7	2	9	17	28	35	—	—	—
5 Infanterieregimenter	15	—	—	—	—	430	1290	620	11400	13740	30	625	520	1175	14915	—	375	375
2 Schützenbataillone	2	—	—	—	—	60	176	42	1200	1478	6	112	72	190	1668	—	62	62
Summa der 6. Inf.-Div.	17	—	—	—	2	495	1466	662	12600	15225	38	746	609	1393	16618	—	437	437
7. Infanteriedivision, wie die 4.	13	—	—	—	2	380	1120	517	9720	11739	29	565	471	1065	12804	—	331	331

Im Kriege.

	Zahl der																	
					Mannschaften.											Pferde.		
					Combattanten.						Noncombattanten.							
	Bataillons.	Escadrons.	Batterien.	Parks.	Generale.	Stabs- u. Oberoffiziere.	Unteroffiziere.	Spielleute.	Gemeine.	Summa.	Classenbeamte.	Niedere Chargen.	Offiziersdiener.	Summa.	Total.	Reitpferde.	Zugpferde.	Summa.
Recapitulation.																		
Corpsstab	—	—	—	—	2	15	—	—	—	17	6	19	32	57	74	—	30	30
1. Infanteriedivision	13	—	—	—	2	342	1300	570	11700	13914	30	647	420	1097	15011	1	739	740
2. „	13	—	—	—	2	342	1300	570	11700	13914	30	647	420	1097	15011	1	739	740
3. „	13	—	—	—	2	342	1300	570	11700	13914	30	647	420	1097	15011	1	739	740
1. Cavalleriedivision	—	24	—	—	3	221	528	102	4176	5030	39	474	302	815	5815	3943	458	4401
1. Artilleriedivision	—	—	14	4	1	140	482	76	4690	5389	30	643	196	869	6258	444	4268	4712
Beim Corps stehende Truppen	1	—	—	1	—	32	108	93	1157	1390	4	286	40	330	1720	27	513	540
Total des 1. Armeecorps	40	24	14	5	12	1434	5018	1981	45123	53568	169	3363	1830	5362	58930	4417	7486	11903
2. Armeecorps.																		
Corpsstab	—	—	—	—	2	15	—	—	—	17	6	19	32	57	74	—	30	30
4. Infanteriedivision, wie die 1.	13	—	—	—	2	342	1300	570	11700	13914	30	647	420	1097	15011	1	739	740
5. „ „	13	—	—	—	2	342	1300	570	11700	13914	30	647	420	1097	15011	1	739	740
6. „ „	13	—	—	—	2	342	1300	570	11700	13914	30	647	420	1097	15011	1	739	740
2. Cavalleriedivision, „	—	24	—	—	3	221	528	102	4176	5030	39	474	302	815	5845	3943	458	4401
2. Artilleriedivision, „	—	—	14	4	1	140	482	76	4690	5389	30	643	196	869	6258	444	4268	4712
Beim Corps stehen:																		
2. Sappeurbataillon	1	—	—	—	—	28	86	27	900	1036	3	97	29	129	1165	—	113	113
Pontonpark No. 2	—	—	—	1	—	8	20	6	230	264	1	189	10	200	464	—	400	400
1 Commando Gensdarmen	—	—	—	—	—	1	2	—	27	30	—	—	1	1	31	27	—	27
Summa der Truppen beim Corps	1	—	—	1	—	32	108	33	1157	1330	4	286	40	330	1660	27	513	540
Total des 2. Armeecorps	40	24	14	5	12	1434	5018	1921	45123	53508	169	3363	1830	5362	58870	4417	7486	11903
3. Armeecorps. (wie das 2.)																		
Corpsstab	—	—	—	—	2	15	—	—	—	17	6	19	32	57	74	—	30	30
7. Infanteriedivision, wie die 1.	13	—	—	—	2	342	1300	570	11700	13914	30	647	420	1097	15011	1	739	740
8. „ „	13	—	—	—	2	342	1300	570	11700	13914	30	647	420	1097	15011	1	739	740
9. „ „	13	—	—	—	2	342	1300	570	11700	13914	30	647	420	1097	15011	1	739	740
3. Cavalleriedivision, „	—	24	—	—	3	221	528	102	4176	5030	39	474	302	815	5845	3943	458	4401
3. Artilleriedivision, „	—	—	14	4	1	140	482	76	4690	5389	30	643	196	869	6258	444	4268	4712
Beim Corps stehende Truppen	1	—	—	1	—	32	108	33	1157	1330	4	286	40	330	1660	27	513	540
Total des 3. Armeecorps	40	24	14	5	12	1434	5018	1921	45123	53508	169	3363	1830	5362	58870	4417	7486	11903
4. Armeecorps. (wie das 1.)																		
Corpsstab	—	—	—	—	2	15	—	—	—	17	6	19	32	57	74	—	30	30
10. Infanteriedivision, wie die 1.	13	—	—	—	2	342	1300	570	11700	13914	30	647	420	1097	15011	1	739	740
11. „ „	13	—	—	—	2	342	1300	570	11700	13914	30	647	420	1097	15011	1	739	740
12. „ „	13	—	—	—	2	342	1300	570	11700	13914	30	647	420	1097	15011	1	739	740
4. Cavalleriedivision, „	—	24	—	—	3	221	528	102	4176	5030	39	474	302	815	5845	3943	458	4401
4. Artilleriedivision, „	—	—	14	4	1	140	482	76	4690	5389	30	643	196	869	6258	444	4268	4712
Beim Corps stehende Truppen	1	—	—	1	—	32	108	93	1157	1390	4	286	40	330	1720	27	513	540
Total des 4. Armeecorps	40	24	14	5	12	1434	5018	1981	45123	53568	169	3363	1830	5362	58930	4417	7486	11903
5. Armeecorps. (wie das 2.)																		
Corpsstab	—	—	—	—	2	15	—	—	—	17	6	19	32	57	74	—	30	30
13. Infanteriedivision, wie die 1.	13	—	—	—	2	342	1300	570	11700	13914	30	647	420	1097	15011	1	739	740
14. „ „	13	—	—	—	2	342	1300	570	11700	13914	30	647	420	1097	15011	1	739	740
15. „ „	13	—	—	—	2	342	1300	570	11700	13914	30	647	420	1097	15011	1	739	740
5. Cavalleriedivision „	—	24	—	—	3	221	528	102	4176	5030	39	474	302	815	5845	3943	458	4401
5. Artilleriedivision, „	—	—	14	4	1	140	482	76	4690	5389	30	643	196	869	6258	444	4268	4712
Beim Corps stehende Truppen	1	—	—	1	—	32	108	33	1157	1330	4	286	40	330	1660	27	513	540
Total des 5. Armeecorps	40	24	14	5	12	1434	5018	1921	45123	53508	169	3363	1830	5362	58870	4417	7486	11903

Im Frieden.

	Zahl der																	
					Mannschaften.											Pferde.		
					Combattanten.					Noncombattanten.								
	Bataillons.	Escadrons.	Batterien.	Parks.	Generale.	Stabs- u. Oberofficiere.	Unterofficiere.	Spielleute.	Gemeine.	Summa.	Classenbeamte.	Niedere Chargen.	Officierburschen.	Summa.	Total.	Reitpferde.	Zugpferde.	Summa.
Husarenbrigade der 1. Cavalleriedivision.																		
2 Husarenregimenter	—	8	—	—	—	88	168	34	1120	1410	10	140	108	258	1668	1122	38	1160
2. Cavalleriedivision.																		
Divisionsstab	—	—	—	—	3	5	—	—	—	8	2	9	20	31	39	1	14	15
4 Cavallerieregimenter	—	16	—	—	—	176	336	68	2240	2820	20	280	216	516	3336	2244	76	2320
Summa der 2. Cav.-Div.	—	16	—	—	3	181	336	68	2240	2828	22	289	236	547	3375	2245	90	2335
2. Artilleriedivision.																		
Divisionsstab	—	—	—	—	1	2	—	—	—	3	2	6	7	15	18	—	—	—
2. Brigade.																		
Brigadestab	—	—	—	—	—	5	—	1	—	6	2	7	10	19	25	1	—	1
2 schwere Batterien	—	—	2	—	—	26	42	8	298	374	—	50	29	79	453	10	74	84
1 gezogene leichte	—	—	1	—	—	12	21	4	111	148	—	25	13	38	186	5	28	33
1 erleichterte	—	—	1	—	—	12	21	4	140	177	—	25	13	38	215	5	37	42
Summa der 2. Brigade	—	—	4	—	—	55	84	17	549	705	2	107	65	174	879	21	139	160
4. Brigade, wie die 2.	—	—	4	—	—	55	84	17	549	705	2	107	65	174	879	21	139	160
5. „ „	—	—	4	—	—	55	84	17	549	705	2	107	65	174	879	21	139	160
6. „ „	—	—	4	—	—	55	84	17	549	705	2	107	65	174	879	21	139	160
7. „ „	—	—	4	—	—	55	84	17	549	705	2	107	65	174	879	21	139	160
2. reitende Artilleriebrigade, wie die 7.	—	—	2	—	—	20	44	9	493	566	4	70	28	102	668	170	93	263
1. Parkartilleriebrig., w. d. Gren.-Corps	—	—	—	3	—	24	48	6	270	348	10	85	38	133	481	—	18	18
2. „ „ „	—	—	—	3	—	24	48	6	270	348	10	85	38	133	481	—	18	18
3. „ „ „	—	—	—	3	—	24	48	6	270	348	10	85	38	133	481	—	18	18
Summa der 2. Art.-Div.	—	—	22	9	1	369	608	112	4048	5138	46	866	474	1386	6524	275	842	1117
Recapitulation.																		
2. Infanteriedivision	10	—	—	—	2	294	862	393	7440	8991	23	440	367	830	9821	—	256	256
4. „	13	—	—	—	2	380	1120	517	9720	11739	29	565	471	1065	12804	—	331	331
5. „	13	—	—	—	2	379	1120	517	9720	11738	29	565	469	1063	12801	—	331	331
6. „	17	—	—	—	2	495	1466	662	12600	15225	38	746	609	1393	16618	—	437	437
7. „	13	—	—	—	2	380	1120	517	9720	11739	29	565	471	1065	12804	—	331	331
Husarenbrigade der 1. Cavalleriedivision	—	8	—		—	88	168	34	1120	1410	10	140	108	258	1668	1122	38	1160
2. Cavalleriedivision	—	16	—	—	3	181	336	68	2240	2828	22	289	236	547	3375	2245	90	2335
2. Artillerie	—	—	22	9	1	369	608	112	4048	5138	46	866	474	1386	6524	275	842	1117
Total des Warschauer Militairkreises	56	24	22	9	14	2566	6800	2820	56868	68868	226	1176	3206	7607	76415	3642	2656	6298
Wilnaer Militairkreis.																		
Verwaltung der Truppen des Wilnaer Militairkreises	—	—	—	—	2	17	—	—	—	19	31	64	37	132	151	—	—	—
1. Infanteriedivision.																		
Divisionsstab	—	—	—	—	2	5	—	—	—	7	2	9	17	28	35	—	—	—
4 Infanterieregimenter	12	—	—	—	—	344	1032	496	9120	10992	24	500	416	940	11932	—	300	300
1 Schützenbataillon	1	—	—	—	—	31	88	21	600	740	3	56	37	96	836	—	31	31
Summa der 1. Inf.-Div.	13	—	—	—	2	380	1120	517	9720	11739	29	565	470	1064	12803	—	331	331
3. Infanteriedivision.																		
Divisionsstab	—	—	—	—	2	5	—	—	—	7	2	9	17	28	35	—	—	—
4 Infanterieregimenter	12	—	—		—	344	1032	496	9120	10992	24	500	416	940	11932	—	300	300
Summa der 3. Inf.-Div.	12	—	—	—	2	349	1032	496	9120	10999	26	509	433	968	11967	—	300	300
1. Cavalleriedivision.																		
Divisionsstab	—	—	—	—	3	6		—		9	3	15	22	40	49	—	—	—
4 Cavallerieregimenter	—	16	—	—	—	176	336	68	2240	2820	20	280	216	516	3336	2244	76	2320
6 Reservedivisionen	—	12	—		—	114	312	54	1632	2112	18	210	150	378	2490	1398	48	1446
Summa der 1. Cav.-Div.	—	28	—	—	3	296	648	122	3872	4941	41	505	388	934	5875	3642	124	3766
1. Artilleriedivision.																		
Divisionsstab	—	—	—	—	1	2	—	—	—	3	2	6	7	15	18	—	—	—
1. Brigade	—	—	4	—	—	55	84	17	549	705	2	107	65	174	879	21	139	160

Im Kriege.

	Zahl der																	
					Mannschaften.											Pferde.		
					Combattanten.						Noncombattanten.							
	Bataillons.	Escadrons.	Batterien.	Parks.	Generale.	Stabs- u. Oberoffiziere.	Unteroffiziere.	Spielleute.	Gemeine.	Summa.	Classenbeamte.	Niedere Chargen.	Offiziersburschen.	Summa.	Total.	Reitpferde.	Zugpferde.	Summa.
6. Armeecorps. (wie das 2.)																		
Corpsstab	—	—	—	—	2	15	—	—	—	17	6	19	32	57	74	—	30	30
16. Infanteriedivision, wie die 1. . . .	13	—	—	—	2	342	1300	570	11700	13914	30	647	420	1097	15011	1	739	740
17. " " . . .	13	—	—	—	2	342	1300	570	11700	13914	30	647	420	1097	15011	1	739	740
18. " " . . .	13	—	—	—	2	342	1300	570	11700	13914	30	647	420	1097	15011	1	739	740
6. Cavalleriedivision " . . .	—	24	—	—	3	221	528	102	4176	5030	39	474	302	815	5845	3943	458	4401
6. Artilleriedivision " . . .	—	—	14	4	1	140	482	76	4690	5389	30	643	196	869	6258	444	4268	4712
Beim Corps stehende Truppen . . .	1	—	—	1	—	32	108	33	1157	1330	4	286	40	330	1660	27	513	540
Total des 6. Armeecorps	40	24	14	5	12	1434	5018	1921	45123	53508	169	3363	1830	5362	58870	4417	7486	11903

Im Frieden.

	Zahl der																	
					Mannschaften.											Pferde.		
					Combattanten.					Nichtcombattanten.								
	Bataillons.	Escadrons.	Batterien.	Parks.	Generale.	Stabs- u. Oberoffiziere.	Unteroffiziere.	Spielleute.	Gemeine.	Summa.	Classenbeamte.	Niedere Chargen.	Offiziersdiener.	Summa.	Total.	Reitpferde.	Zugpferde.	Summa.
3. Brigade	—	—	4	—	—	55	84	17	549	705	2	107	65	174	879	21	139	160
1. reitende Artilleriebrigade.																		
Brigadestab	—	—	—	—	—	5	—	1	—	6	4	8	12	24	30	1	—	1
1 schwere Batterie	—	—	1	—	—	8	22	4	258	292	—	32	9	41	333	172	89	261
Summa der 1. Art.-Div.	—	—	2	—	1	125	190	39	1356	1711	10	[illegible]	158	428	2139	215	367	582
Beim Kreise stehen: 1 Comm. Gensdarmen	—	—	—	—	—	1	2	—	27	30	—	—	1	1	31	27	—	27
Recapitulation.																		
Verwaltungsstab	—	—	—	—	2	17	—	—	—	19	31	64	37	132	151	—	—	—
1. Infanteriedivision	13	—	—	—	2	380	1120	517	9720	11739	29	565	470	1064	12803	—	331	331
3. "	12	—	—	—	2	342	1032	436	9126	10698	25	509	433	968	11667	—	300	300
1. Cavallerie "	—	28	—	—	3	290	645	122	3872	4941	41	565	388	931	5872	3645	121	3766
1. Artillerie "	—	—	2	—	1	125	190	39	1356	1711	10	250	168	428	2139	215	367	582
Beim Kreise stehende Truppen	—	—	—	—	—	1	2	—	27	30	—	—	1	1	31	27	—	27
Total des Wilnaischen Militairkreises	25	28	2	—	10	1168	[illegible]	1171	24095	[illegible]	137	[illegible]	[illegible]	[illegible]	[illegible]	[illegible]	[illegible]	[illegible]
Kiewscher Militairkreis.																		
Verwalt. d. Truppen d. Kiewschen Militairkr.	—	—	—	—	2	17	—	—	—	19	31	64	37	132	151	—	—	—
8. Infanteriedivision, wie die 4.	13	—	—	—	2	380	1120	517	9720	11739	29	565	471	1065	12804	—	331	331
9. "	13	—	—	—	2	380	1120	517	9720	11739	29	565	470	1064	12803	—	331	331
Husarenbrigade der 2. Cav.-Div., wie der 1.	—	8	—	—	—	28	168	34	1180	1410	10	140	108	258	1668	1122	38	1160
Reserve " " 2.																		
Brigadestab	—	—	—	—	1	1	—	—	—	2	1	6	5	12	14	—	—	—
6 Reservedivisionen	—	12	—	—	—	114	312	51	1632	2112	18	210	150	378	2490	1398	48	1446
Summa der Reserve-Brig.	—	12	—	—	1	115	312	51	1632	2114	19	216	155	390	2504	1398	48	1446
3. Cavalleriedivision.																		
Divisionsstab	—	—	—	—	3	5	—	—	—	8	2	9	20	31	39	—	—	—
6 Cavallerieregimenter	—	24	—	—	—	264	504	102	[illegible]	[illegible]	31	420	324	774	5004	3366	114	3480
1 Reservebrigade, wie oben	—	12	—	—	1	115	312	54	1632	2114	19	216	155	390	2504	1398	48	1446
Summa der 3. Cav.-Div.	—	36	—	—	4	384	816	156	4992	6352	51	645	499	1195	7547	4764	162	4926
3. Artilleriedivision.																		
Divisionsstab	—	—	—	—	1	2	—	—	—	3	2	6	7	15	18	—	—	—
8. Brigade	—	—	1	—	—	55	84	17	549	705	2	107	65	171	879	21	139	160
9. "	—	—	1	—	—	55	84	17	549	705	2	107	65	174	879	21	139	160
3. reitende Artilleriebrigade.																		
Brigadestab	—	—	—	—	—	5	—	1	—	6	4	8	12	24	30	1	—	1
1 schwere Batterie	—	—	1	—	—	8	22	4	258	292	—	32	9	41	333	172	89	261
2 leichte "	—	—	2	—	—	16	44	8	470	538	—	60	18	78	616	288	140	428
Summa der 3. reit. Art.-Brig.	—	—	3	—	—	29	66	13	728	836	4	100	39	143	979	461	229	690
4. Parkbrigade, w. d. Gren.-Corps	—	—	—	1	—	21	18	6	270	315	10	85	28	123	438	—	18	18
Summa der 3. Art.-Div.	—	—	11	1	1	165	282	53	[illegible]	2587	20	405	214	639	[illegible]	503	525	1028
Beim Kreise stehen: 1 Comm. Gensdarmen	—	—	—	—	—	1	2	—	27	30	—	—	1	1	31	27	—	27
Recapitulation.																		
Verwaltungsstab	—	—	—	—	2	17	—	—	—	19	31	64	37	132	151	—	—	—
8. Infanteriedivision	13	—	—	—	2	380	1120	517	9720	11739	29	565	471	1065	12804	—	331	331
9. "	13	—	—	—	2	380	1120	517	9720	11739	29	565	470	1064	12803	—	331	331
Husarenbrigade der 2. Cavalleriedivision	—	8	—	—	—	28	168	34	1180	1410	10	140	108	258	1668	1122	38	1160
Reserve " 2. "	—	12	—	—	1	115	312	51	1632	2114	19	216	155	390	2504	1398	48	1446
3. Cavalleriedivision	—	36	—	—	4	384	816	156	4992	6352	51	645	499	1195	7547	4764	162	4926
3. Artillerie "	—	—	11	1	1	165	282	53	[illegible]	2587	20	405	211	639	[illegible]	503	525	1028
Beim Kreise stehende Truppen	—	—	—	—	—	1	2	—	27	30	—	—	1	1	31	27	—	27
Total des Kiewschen Militairkreises	26	56	11	1	12	[illegible]	[illegible]	[illegible]	[illegible]	[illegible]	160	[illegible]	1955	1744	40744	7814	1435	9249
Bei der Verwaltung der Truppen im Königreich Polen stehen:																		
1. Sappeurbrigade.																		
Brigadestab	—	—	—	—	1	1	—	—	—	2	—	2	4	6	8	—	—	—
1. Sappeurbataillon	1	—	—	—	—	31	86	27	660	804	3	70	39	112	916	—	38	38

Im Kriege.

Im Frieden.

	Zahl der																	
					Mannschaften.											Pferde.		
					Combattanten.						Noncombattanten.							
	Bataillons.	Escadrons.	Batterien.	Parks.	Generale.	Stabs- u. Oberoffiziere.	Unteroffiziere.	Spielleute.	Gemeine.	Summa.	Classbeamte.	Niedere Chargen.	Offizierburschen.	Summa.	Total.	Reitpferde.	Zugpferde.	Summa.
2. und 3. Sappeurbataillon	2	—	—	—	—	69	172	54	1200	1495	6	140	83	229	1724	—	76	76
3 Pontonparks	—		—	3	—	24	60	18	690	792	3	567	30	600	1392	—	78	78
Summa der 1. Sappeurbrigade	3	—		3	1	127	318	159	2490	3085	12	779	156	947	4042	.	192	192
Gensdarmenescadron Nr. 1	—	1	—	—	—	7	20	5	116	148	1	23	10	34	182	121	-	121
Summa der Truppen bei der Verw.	3	1	–	3	1	134	338	161	2606	3243	13	802	166	981	4224	121	192	313
Recapitulation.																		
Verwaltung der Truppen im Königr. Polen	—	-	-	-	14	51	—	—	—	65	106	266	95	467	532	—	—	—
Warschauischer Militairkreis	66	21	22	9	14	2566	6800	2820	56608	68808	226	4176	3205	7607	76415	3642	2656	6298
Wilnaischer „	25	28	9	—	10	1168	2992	1174	24085	29439	137	1903	1487	3527	32966	3884	1122	5006
Kiewscher „	26	56	11	3	12	1510	3825	1331	29307	36[illegible]	189	2600	1955	4711	40744	7814	1435	9249
Bei der Verwaltung der Truppen im Königreich Polen	3	1	—	3	1	134	338	164	2606	3243	13	802	166	981	4224	121	192	313
Total der unter d. Verw. d. Truppen im Königreich Polen stehenden Corps	120	105	42	15	51	5449	13950	5489	112616	137555	671	9747	6908	17326	154881	15461	5405	20866
Odessaischer Militairkreis.																		
Verw. d. Truppen d. Odessaisch. Militairkr.	-	-	-		2	21	—	—	—	23	7	35	45	87	110	—	—	—
13. Infanteriedivision, wie die 4.	13	-	-	—	2	380	1120	517	9720	11739	29	565	471	1065	12804	—	331	331
14. „ „ 5.	13	—	—	—	2	379	1120	517	9720	11738	29	565	469	1063	12801	—	331	331
15. „ ebenso	13	—	—	—	2	379	1120	517	9720	11738	29	565	469	1063	12801	—	331	331
5. Cavalleriedivision, wie die 3.	—	36	—		4	384	816	156	4992	6352	51	645	499	1195	7547	4764	162	4926
5. Artilleriedivision.																		
Divisionsstab	—	—	—	—	1	2		—	—	3	2	6	7	15	18	—	—	—
13. Brigade	—	—	4			55	84	17	549	705	2	107	65	174	879	21	139	160
14. „	—	—	4	—	—	55	84	17	549	705	2	107	65	174	879	21	139	160
15. „		—	4	—	—	55	84	17	549	705	2	107	65	174	879	21	139	160
5. reitende Artilleriebrigade.																		
Brigadestab	—	—		—	—	5	—	1	—	6	4	8	12	24	30	1	—	1
1 schwere Batterie	—	—	1	—	—	8	22	4	258	292	—	32	9	41	333	172	89	261
1 erleichterte „	—	—	1	—	—	8	22	4	235	269	—	30	9	39	308	144	70	214
Summa der 5. reit. Art.-Brig.	—	—	2	—	—	21	44	9	493	567	4	70	30	104	671	317	159	476
Reitende Reserveartilleriebrigade.																		
Brigadestab	—	—	—		—	4	—	1	—	5	2	6	6	14	19	1	—	1
2 erleichterte Batterien (Nr. 1 u. 3.)	—	—	2	—	—	16	44	8	470	538	4	64	22	90	628	154	74	228
2 „ „ (Nr. 2 u. 4.)	—	—	2	—	—	16	44	8	470	538	2	62	18	82	620	154	74	228
Summa der reit. Res.-Art.-Brig.	—	—	4	—	—	36	88	17	940	1081	8	132	46	186	1267	309	148	457
5. Parkartilleriebrigade	—	—	—	3	—	24	48	6	270	348	10	85	38	133	481	—	18	18
Summa der 5. Art.-Div.	—	—	18	3	1	248	432	83	3350	4114	30	614	316	960	5074	689	742	1431
Beim Kreise stehen:																		
½ Escadron Gensdarmen	—	½	—	—	—	4	11	3	58	76	—	13	4	17	93	61	—	61
1 Commando „	—		-	—	—	1	2	—	27	30	—		1	1	31	27	—	27
Summa der Truppen beim Kreise		—	-	—	-	5	13	3	85	106	-	13	5	18	124	88	—	88
Recapitulation.																		
Verwaltungsstab	—	—	—	-	2	21	—	—	—	23	7	35	46	87	110	—	—	—
13. Infanteriedivision	13	-	—	—	2	380	1120	517	9720	11739	29	566	471	1066	12804	—	331	331
14. „	1	—	-		2	379	1120	517	9720	11738	29	565	469	1063	12801	—	331	331
15. „	13	—	-	—	2	379	1120	517	9720	11738	29	565	469	1063	12801	—	331	331
5. Cavalleriedivision	—	36	—	—	4	384	816	156	4992	6352	51	645	499	1195	7547	4764	162	4926
5. Artilleriedivision	—	-	18	3	1	248	432	83	3350	4114	30	614	316	960	5074	689	742	1431
Beim Kreise stehende Truppen	—	½	-	—	-	5	13	3	85	106	—	13	5	18	124	88	—	88
Total des Odessaischen Militairkreises	39	36½	18	3	13	1796	4621	1793	37587	45810	175	3002	2274	5451	51261	5541	1897	7438
1. Reservecorps.																		
Stab des 1. Reservecorps	—	—	—	—	2	15	—	—	—	17	5	11	32	48	65	—	—	—
10. Infanteriedivision, wie die 5.	13	—	—	—	2	379	1120	517	9720	11738	29	565	469	1063	12801	—	331	331
11. „ „ 4.	13	—	—	—	2	380	1120	517	9720	11739	29	565	471	1065	12804	-	331	331
12. „ „ 5.	13	—	—	—	2	379	1120	517	9720	11738	29	565	469	1063	12801	—	331	331

Im Kriege.

	Zahl der																	
					Mannschaften.											Pferde.		
					Combattanten.						Noncombattanten.							
	Bataillons.	Escadrons.	Batterien.	Parks.	Generale.	Stabs- u. Oberofficiere.	Unterofficiere.	Spielleute.	Gemeine.	Summa.	Classbeamte.	Niedere Chargen.	Officierburschen.	Summa.	Total.	Reitpferde.	Zugpferde.	Summa.
d. Kaukasische Armee.																		
Stab der Kaukasischen Armee	—	—	—	—	17	227	—	—	—	244	460	882	—	1342	1586	—	—	—
Truppen in Transkaukasien.																		
Kaukasische Grenadierdivision.																		
Divisionsstab	—	—	—	—	2	5	—	1	—	8	4	14	17	35	43	1	14	15
4 Grenadierregimenter	16	—	—	—	—	412	1576	668	16640	19296	32	1776	484	2292	21588	—	880	880
1 Grenadierschützenbataillon	1	—	—	—	—	25	88	21	920	1054	3	136	31	170	1224	—	67	67
Summa der Kaukas. Grenad.-Div.	17	—	—	—	2	442	1664	690	17560	20358	39	1926	532	2497	22855	1	961	962
1 Dragonerregiment	—	5	—	—	—	40	100	21	720	881	6	364	50	420	1301	581	84	665
Kaukasische Grenadierartilleriebrigade.																		
Brigadestab	—	—	—	—	—	4	—	1	—	5	3	7	9	19	24	1	6	7
2 schwere Batterien	—	—	2	—	—	14	54	8	496	572	—	80	16	96	668	18	396	414
1 erleichterte	—	—	1	—	—	7	27	4	234	272	—	40	8	48	320	9	194	203
1 leichte	—	—	1	—	—	7	27	4	185	223	—	38	7	45	268	9	144	153
1 fliegender Park	—	—	—	1	—	6	26	2	225	259	2	26	9	37	296	—	176	176
Summa der Kaukas. Grenad.-Art.-Brig.	—	—	4	1	—	38	134	19	1140	1331	5	191	49	245	1576	37	916	953
Inspection der Kaukas. Linienbat. dort.																		
Verwaltungsstab	—	—	—	—	1	2	—	—	—	3	1	8	6	15	18	—	—	—
9 Linienbataillone	9	—	—	—	—	180	774	162	7830	8946	27	333	225	585	9531	—	—	—
Dazu noch in den Bataill. Nr. 20-26	—	—	—	—	—	—	—	—	—	—	6	13	12	31	31	—	—	—
Summa der Insp. der Lin.-Bat.	9	—	—	—	1	182	774	162	7830	8949	34	354	243	631	9580	—	—	—
Total der Truppen in Transkaukasien	26	5	4	1	3	702	2672	892	27250	31519	84	2835	874	3793	35312	619	1961	2580
Truppen der Kubanschen Provinz.																		
Verwaltung d. Truppen d. Kubansch. Prov.	—	—	—	—	6	44	—	—	—	50	33	107	—	140	190	—	—	—
19. Infanteriedivision.																		
4 Infanterieregimenter	20	—	—	—	—	408	1920	692	20800	23820	36	2000	492	2528	26348	—	1076	1076
1 Schützenbataillon	1	—	—	—	—	25	88	21	920	1064	3	136	31	170	1224	—	67	67
Summa der 19. Inf.-Div.	21	—	—	—	—	433	2008	713	21720	24874	39	2136	523	2698	27572	—	1143	1143
1 Dragonerregiment	—	5	—	—	—	40	100	21	720	881	6	364	50	420	1301	581	84	665
19. Artilleriebrigade.																		
1 schwere Batterie	—	—	1	—	—	7	27	4	248	286	—	40	8	48	334	9	198	207
2 erleichterte	—	—	2	—	—	14	54	8	468	544	—	80	16	96	640	18	388	406

Im Frieden.

	Zahl der																	
					Mannschaften.											Pferde.		
					Combattanten.						Noncombattanten.							
	Bataillons.	Escadrons.	Batterien.	Parks.	Generale.	Stabs- u. Oberoffiziere.	Unteroffiziere.	Spielleute.	Gemeine.	Summa.	Classenbeamte.	Niedere Chargen.	Offiziersburschen.	Summa.	Total.	Reitpferde.	Zugpferde.	Summa.
4. Cavalleriedivision, wie die 7.	—	30	—	—	3	305	588	126	3000	4022	29	519	380	928	4950	2946	138	3084
4. Artilleriedivision.																		
Divisionsstab	—	—	—	—	1	2	—	—		3	2	6	7	15	18	—	—	—
10. Brigade	—	—	4	—	—	55	84	17	549	705	2	107	65	174	879	21	139	160
11. „	—	—	4	—		56	84	17	549	705	2	107	65	174	879	21	139	160
12. „	—	—	4	—	—	56	84	17	549	705	2	107	65	174	879	21	139	160
4. reitende Artilleriebrigade, wie die 7.	—	—	2	—	—	20	44	9	493	566	4	70	28	102	668	170	93	263
Summa der 4. Art.-Div.	—	—	14	—	1	187	296	60	2140	2684	12	397	230	639	3323	233	510	743
Beim Corps stehen: 1 Comm. Gensdarmen	—	—	—	—	—	1	2		27	30	—	—	1	1	31	27	—	27
Total des 1. Reservecorps	39	30	14	—	12	1646	4246	1737	34327	41968	133	2622	2052	4807	46775	3206	1641	4847
2. Reservecorps.																		
Stab des 2. Reservecorps	—	—		..	2	15	—	...	—	17	5	11	32	48	65	—	—	—
16. Infanteriedivision, wie die 4.	13	—	—	—	2	380	1120	517	9720	11739	29	565	471	1065	12804	—	331	331
17. „ „ 4.	13	..	—	—	2	380	1120	517	9720	11739	29	565	471	1065	12804	—	331	331
18. „ „ 5.	13	—	—	—	2	379	1120	517	9720	11738	29	565	469	1063	12801	—	331	331
6. Cavalleriedivision „ 7.	—	30	—	—	3	305	588	126	3000	4022	29	519	380	928	4950	2946	138	3084
6. Artilleriedivision „ 4.	—	—	14	—	1	187	296	60	2140	2684	12	397	230	639	3323	233	510	743
6. Parkartilleriebrigade	—	—	—	3	—	24	48	6	270	348	10	85	38	133	481	—	18	18
Beim Corps stehen: 1 Comm. Gensdarmen	—	—	—	—	—	1	2	—	27	30	—	—	1	1	31	27	—	27
Total des 2. Reservecorps	39	30	14	3	12	1671	4294	1743	34597	42317	143	2707	2092	4942	47259	3206	1659	4865
d. Kaukasische Armee.																		
Stab der Kaukasischen Armee		—	—	—	17	227	—	—	—	244	460	882	—	1342	1586	—	—	
Truppen in Transkaukasien.																		
Kaukasische Grenadierdivision.																		
Divisionsstab	—	—		—	2	5	—	—	—	7	4	11	17	32	39	—	—	
4 Grenadierregimenter	16	—	—	—	—	412	1536	636	14480	17064	32	1736	484	2252	19316		736	736
1 Grenadierschützenbataillon	1	—	—	—	—	25	88	21	920	1054	3	136	31	170	1224	—	27	27
Summa der Kaukas. Grenad.-Div.	17		—	—	2	442	1624	657	15400	18125	39	1883	532	2454	20579	—	763	763
1 Dragonerregiment	—	5	—	—	—	40	100	21	720	881	6	364	50	420	1301	581	84	665
Kaukasische Grenadierartilleriebrigade.																		
Brigadestab	—	—	—	—	—	4	—	1	—	5	3	7	9	19	24	1		1
2 schwere Batterien	—	—	2	—	—	18	54	8	496	576		118	20	138	714	10	188	198
1 erleichterte		—	1	—	—	9	27	4	234	274	—	59	10	69	343	5	94	99
1 leichte	—	—	1	—	—	9	27	4	185	225	—	55	9	64	289	5	67	72
1 fliegender Park	—	—	—	1	—	6	20	2	225	253	2	26	9	37	290	—	6	6
Summa der Kaukas. Grenad.-Art.-Brig.	—	—	4	1	—	46	134	19	1140	1339	5	265	57	327	1666	21	355	376
Inspection der Kaukas. Linienbat. dort.																		
Verwaltungsstab	—	—	—	—	1	2	—	—	—	3	1	8	6	15	18	—	—	—
9 Linienbataillone	9	—	—	—	—	180	774	162	7830	8946	27	333	225	585	9531	—	—	—
Dazu noch in den Bataill. No. 20-26	—	—	—	—	—	—		—	—	—	6	13	12	31	31	—	—	—
Summa der Insp. der Lin.-Bat.	9	—	—		1	182	774	162	7830	8949	34	354	243	631	9580	—	—	
Total der Truppen in Transkaukasien	26	5	4	1	3	710	2632	859	25090	29294	84	2866	882	3832	33126	602	1202	1804
Truppen der Kubanschen Provinz.																		
Verwaltung d. Truppen d. Kubansch. Provinz	—	—	—		6	44		—	—	50	33	107	—	140	190			
19. Infanteriedivision.																		
4 Infanterieregimenter	20	—	—		—	380	1920	676	18720	21696	36	2000	452	2488	24184	—	620	620
1 Schützenbataillon	1		—		—	25	88	21	920	1054	3	136	31	170	1224	—	27	27
Summa der 19. Inf.-Div.	21	—	—	—	—	405	2008	697	19640	22750	39	2136	483	2658	25408	—	647	647
1 Dragonerregiment	—	5	—	—	—	40	100	21	720	881	6	364	50	420	1301	581	84	665
19. Artilleriebrigade.	—																	
1 schwere Batterie	—	—	1	—	—	9	27	4	248	288	—	59	10	69	357	—	116	116
2 erleichterte	—	—	2	—	—	18	54	8	468	548	—	118	20	138	686	—	230	230

Im Kriege.

	Zahl der																	
					Mannschaften.											Pferde.		
					Combattanten.					Noncombattanten.								
	Bataillons.	Escadrons.	Batterien.	Parks.	Generale.	Stabs- u. Oberoffiziere.	Unteroffiziere.	Spielleute.	Gemeine.	Summa.	Classenbeamte.	Niedere Chargen.	Offizierburschen.	Summa.	Total.	Reitpferde.	Zugpferde.	Summa.
1 leichte	—	—	1	—	—	7	27	4	185	223	—	38	7	45	268	9	144	153
1 Gebirgsbatterie	—	—	1	—	—	9	22	4	167	202	—	109	9	118	320	—	185	185
1 fliegender Park	—	—	—	1	—	6	26	2	225	259	2	26	9	37	296	—	176	176
Summa der 19. Art.-Brig.	—	—	5	1	—	43	156	22	1293	1514	2	298	49	344	1858	36	1091	1127
5 Linienbataillone	5	—	—	—	—	100	430	90	4350	4970	15	185	125	325	5295	—	—	—
Dazu noch in den Bataill. Nr. 2 u. 4	—	—	—	—	—	—	—	—	—	—	2	4	4	10	10	—	—	—
Total der Truppen der Kubanschen Prov.	26	5	5	1	6	660	2694	846	28083	32289	97	3089	751	3937	36226	617	2318	2935
Truppen der Terekschen Provinz.																		
Verwaltung d. Truppen d. Terekschen Prov.	—	—	—	—	9	75		—	—	84	194	160	—	354	438	—	—	—
20. Infanteriedivision.																		
4 Infanterieregimenter	16	—	—	—	—	412	1576	668	16640	19296	32	1776	484	2292	21588	—	880	880
1 Schützenbataillon	1	—	—	—	—	25	88	21	920	1054	3	136	31	170	1224	—	67	67
Summa der 20. Inf.-Div.	17	—	—	—	—	437	1664	689	17560	20350	35	1912	515	2462	22812	—	947	947
1 Dragonerregiment	—	5	—	—	—	40	100	21	720	881	6	364	50	420	1301	581	84	665
20. Artilleriebrigade.																		
1 schwere Batterie	—	—	1	—	—	7	27	4	248	286	—	40	8	48	334	9	198	207
2 erleichterte	—	—	2	—	—	14	54	8	468	544	—	80	16	96	640	18	388	406
1 leichte	—	—	1	—	—	7	27	4	185	223	—	38	7	45	268	9	144	153
1 fliegender Park	—	—	—	1	—	6	26	2	225	259	2	26	9	37	296	—	176	176
Summa der 20. Art.-Brig.	—	—	4	1	—	34	134	18	1126	1312	2	184	40	226	1538	36	906	942
8 Linienbataillone	8	—	—	—	—	160	688	144	6960	7952	24	296	200	520	8472	—	—	—
Dazu noch in den Bataill. Nr. 7, 12, 13		—	—	—	—	—	—	—	—	—	1	4	2	7	7	—	—	—
Total der Truppen der Terekschen Prov.	25	5	4	1	9	746	2586	872	26366	30579	262	2920	807	3989	34568	617	1937	2554
Truppen der Dagestanschen Provinz.																		
Verwalt. d. Truppen d. Dagestanschen Prov.	—	—	—	—	5	43	—	—	—	48	42	90	—	132	180	—	—	—
21. Infanteriedivision, wie die 20.	17	—			—	437	1664	689	17560	20350	35	1912	515	2462	22812	—	947	947
1 Dragonerregiment	—	5	—	—	—	40	100	21	720	881	6	364	50	420	1301	581	84	665
21. Artilleriebrigade, wie die 20.	—	—	4	1	—	34	134	18	1126	1312	2	184	40	226	1538	36	906	942
6 Linienbataillone	6	—	—	—	—	120	516	108	5220	5964	18	222	150	390	6354	—	—	—
Dazu noch in den Bataill. Nr. 15, 18, 19	—	—	—	—	—	—	—	—	—	—	1	4	2	7	7	—	—	—
Total d. Truppen d. Dagestanschen Prov.	23	5	4	1	5	674	2414	836	24626	28555	104	2776	757	3637	32192	617	1937	2554
Truppen im Generalgouvernement Kutais.																		
Verwalt. d. Trupp. im Generalgouv. Kutais	—	—	—	—	2	23	—	—	—	25	17	45	—	62	87	—	—	—
9 Linienbataillone	9	—	—	—	—	180	774	162	7830	8946	27	333	225	585	9531	—	—	—
Dazu noch in den Bataill. Nr. 31—37	—	—	—	—	—	—	—	—	—	—	7	14	14	35	35	—	—	—
Total der Trupp. im Generalgouv. Kutais	9	—	—	—	2	203	774	162	7830	8971	51	392	239	682	9653	—	—	—
Bei der Armee stehen:																		
1. Kaukasisches Sappeurbataillon	1	—	—	—	—	30	117	32	1268	1447	3	169	36	208	1655	—	132	132
2. " "	1	—	—	—	—	28	117	32	1268	1445	3	102	34	139	1584	—	113	113
Summa der Truppen bei der Armee	2	—	—	—	—	58	234	64	2536	2892	6	271	70	347	3239	—	245	245
Recapitulation.																		
Armeestab	—	—	—	—	17	227	—	—	—	244	460	882	—	1342	1586	—	—	—
Truppen in Transkaukasien	26	5	4	1	3	702	2672	892	27250	31519	84	2835	874	3793	35312	619	1961	2580
" der Kubanschen Provinz	26	5	5	1	6	660	2694	846	28089	32289	97	3089	751	3937	36226	617	2318	2935
" der Terekschen "	25	5	4	1	9	746	2586	872	26366	30579	262	2920	807	3989	34568	617	1937	2554
" der Dagestanschen "	23	5	4	1	5	674	2414	836	24626	28555	104	2776	757	3637	32192	617	1937	2554
" im Generalgouv. Kutais	9	—	—	—	2	203	774	162	7830	8971	51	392	239	682	9653	—	—	—
Bei der Armee stehende Truppen	2	—	—	—	—	58	234	64	2536	2892	6	271	70	347	3239	—	245	245
Total der Kaukasischen Armee	111	20	17	4	42	3270	11574	3672	116691	135049	1064	13165	3498	17727	152776	2470	8398	10868

Im Frieden.

	Zahl der																	
					Mannschaften.											Pferde.		
					Combattanten.						Noncombattanten.							
	Bataillons.	Escadrons.	Batterien.	Parks.	Generale.	Stabs- u. Oberoffiziere.	Unteroffiziere.	Spielleute.	Gemeine.	Summa.	Classbeamte.	Niedere Chargen.	Offiziersburschen.	Summa.	Total.	Reitpferde.	Zugpferde.	Summa.
1 leichte	—	—	1	—	—	9	27	4	185	225	—	55	9	64	289	—	94	94
1 Gebirgsbatterie	—	—	1	—	—	9	22	4	167	202	—	109	9	118	320	—	187	187
1 fliegender Park	—	—	—	1	—	6	26	2	225	259	2	26	9	37	296	—	6	6
Summa der 19. Art.-Brig.	—	—	5	1	—	51	156	22	1293	1522	2	367	57	426	1948	—	631	631
5 Linienbataillone	5	—	—	—	—	100	430	90	4350	4970	15	185	125	325	5295	—	—	—
Dazu noch in den Bataill. Nr. 2 u. 4	—	—	—	—	—	—	—	—	—	—	2	4	4	10	10	—	—	—
Total der Truppen der Kubanschen Prov.	26	5	5	1	6	640	2694	830	26003	30173	97	3163	719	3979	34152	581	1362	1943
Truppen der Tereksschen Provinz.																		
Verwaltung d. Truppen d. Tereksschen Prov.	—	—	—	—	9	75	—	—	—	84	194	160	—	354	438	—	—	—
20. Infanteriedivision.																		
4 Infanterieregimenter	16	—	—	—	—	412	1536	636	14480	17064	32	1736	484	2252	19316	—	736	736
1 Schützenbataillon	1	—	—	—	—	25	88	21	920	1054	3	136	31	170	1224	—	27	27
Summa der 20. Inf.-Div.	17	—	—	—	—	437	1624	657	15400	18118	35	1872	515	2422	20540	—	763	763
1 Dragonerregiment	—	5	—	—	—	40	100	21	720	881	6	364	50	420	1301	581	84	665
20. Artilleriebrigade.																		
1 schwere Batterie	—	—	1	—	—	9	27	4	248	288	—	59	10	69	357	5	94	99
2 erleichterte	—	—	2	—	—	18	54	8	468	548	—	118	20	138	686	10	188	198
1 leichte	—	—	1	—	—	9	27	4	185	225	—	55	9	64	289	5	67	72
1 fliegender Park	—	—	—	1	—	6	26	2	225	259	2	26	9	37	296	—	6	6
Summa der 20. Art.-Brig.	—	—	4	1	—	42	134	18	1126	1320	2	258	48	308	1628	20	355	375
8 Linienbataillone	8	—	—	—	—	160	688	144	6960	7952	24	296	200	520	8472	—	—	—
Dazu noch in den Bataill. Nr. 7, 12, 13	—	—	—	—	—	—	—	—	—	—	1	4	2	7	7	—	—	—
Total der Truppen der Tereksschen Prov.	25	5	4	1	9	754	2546	840	24206	28355	262	2954	815	4031	32386	601	1202	1803
Truppen der Dagestanschen Provinz.																		
Verwalt. d. Truppen d. Dagestanschen Prov.	—	—	—	-	5	43	—	—	—	48	42	90	—	132	180	—	—	—
21. Infanteriedivision, wie die 20.	17	—	—	—	—	437	1624	657	15400	18118	35	1872	515	2422	20540	—	763	763
1 Dragonerregiment	—	5	—	—	—	40	100	21	720	881	6	364	50	420	1301	581	84	665
21. Artilleriebrigade, wie die 20.	—	—	4	1	—	42	134	18	1126	1320	2	258	48	308	1628	20	355	375
6 Linienbataillone	6	—	—	—	—	120	516	108	5220	5964	18	222	150	390	6354	—	—	—
Dazu noch in den Bataill. Nr. 15, 18, 19	—	—	—	—	—	—	—	—	—	—	1	4	2	7	7	—	—	—
Total d. Truppen d. Dagestanschen Prov.	23	5	4	1	5	682	2374	801	22466	26331	104	2810	765	3679	30010	601	1202	1803
Truppen im Generalgouvernement Kutais.																		
Verwalt. d. Trupp. im Generalgouv. Kutais	—	—	—	—	2	23	—	—	—	25	17	45	—	62	87	—	—	—
9 Linienbataillone	9	—	—	—	—	180	774	162	7830	8946	27	333	225	585	9531	—	—	—
Dazu noch in den Bataill. Nr. 31—37	—	—	—	—	—	—	—	—	—	—	7	14	14	35	35	—	—	—
Total der Trupp. im Generalgouv. Kutais	9	—	—	—	2	203	774	162	7830	8971	51	392	239	682	9653	—	—	—
Bei der Armee stehen:																		
1 Kaukasisches Sappeurbataillon	1	—	—	—	—	30	117	32	1268	1447	3	169	36	208	1655	—	43	43
2. „ „	1	—	—	—	—	28	117	32	1268	1445	3	102	34	139	1584	—	28	28
Summa der Truppen bei der Armee	2	—	—	—	—	58	234	64	2536	2892	6	271	70	347	3239	—	71	71
Recapitulation.																		
Armeestab	—	—	—	—	17	227	—	—	—	244	460	882	—	1342	1586	—	—	—
Truppen in Transkaukasien	26	5	4	1	8	710	2632	859	25090	29294	84	2866	882	3832	33126	602	1202	1804
„ der Kubanschen Provinz	26	5	5	1	6	640	2694	830	26003	30173	97	3163	719	3979	34152	581	1362	1943
„ der Tereksschen „	25	5	4	1	9	754	2546	840	24206	28355	262	2954	815	4031	32386	601	1202	1803
„ der Dagestanschen „	23	5	4	1	5	682	2374	804	22466	26331	104	2810	765	3679	30010	601	1202	1803
„ im Generalgouvernement Kutais	9	—	—	—	2	203	774	162	7830	8971	51	892	239	682	9653	—	—	—
Bei der Armee stehende Truppen	2	—	—	—	—	58	234	64	2536	2892	6	271	70	347	3239	—	71	71
Total der Kaukasischen Armee	111	20	17	4	42	3274	11254	3559	108131	126260	1064	13338	3490	17892	144152	2385	5039	7424

Im Kriege.

	Zahl der																	
					Mannschaften.											Pferde.		
					Combattanten.						Noncombattanten.							
	Bataillons.	Escadrons.	Batterien.	Parks.	Generale.	Stabs- u. Oberofficiere.	Unterofficiere.	Spielleute.	Gemeine.	Summa.	Classenbeamte.	Niedere Chargen.	Officiersburschen.	Summa.	Total.	Reitpferde.	Zugpferde.	Summa.
e. Truppen in Finland.																		
Verwaltung der Truppen in Finland .	—	—	—	—	1	13	—	—	—	14	2	19	21	42	56	—	—	—
22. Infanteriedivision.																		
Divisionsstab	—	—	—	—	2	4	—	53	—	59	3	13	13	29	88	—	—	—
10 Linienbataillone	10	—	—	—	—	200	860	180	6000	7240	30	370	250	650	7890	—	—	—
Summa der 22. Inf.-Div.	10	—	—	—	2	204	860	233	6000	7299	33	383	263	679	7978	—	—	—
9 angefid. Schützenbat. in d. frühern Stärke des Finnisch. L. G. Schützenbat. berechnet	9	—	—	—	—	225	792	495	6480	7992	54	936	—	990	8982	—	612	612
2 leichte Fußbatterien	—	—	2	—	—	14	54	8	370	446	—	68	16	84	530	18	288	306
1 Sappeurbataillon	1	—	—	—	—	22	86	26	900	1034	1	95	25	121	1155	—	105	105
Total der Truppen in Finland	20	—	2	—	3	478	1792	762	13750	16785	90	1501	325	1916	18701	18	1005	1023
f. Abgesond. Orenburgsch. Corps.																		
Stab des Abgesond. Orenburgschen Corps	—	—	—	—	4	48	—	—	—	52	17	65	85	167	219	—	—	—
23. Infanteriedivision.																		
Divisionsstab	—	—	—	—	2	2	—	—	—	4	2	6	11	19	23	—	—	—
3 Linienbataillone auf Feldfuß . .	3	—	—	—	—	60	258	54	2760	3132	9	111	75	195	3327	—	—	—
2 „ „ im Dienst d. Inn. Wache	2	—	—	—	—	68	160	34	1840	2092	4	74	66	144	2236	—	—	—
3 „ ½ „	1½	—	—	—	—	38	132	30	1380	1575	5	89	41	135	1710	—	63	63
Summa der 23. Inf.-Div.	6½	—	—	—	2	153	550	118	5980	6803	20	280	193	493	7296	—	63	63
Unt. d. Command. d. Orsk-Tarjinsch. Linie	1½	—	—	—	—	31	130	28	1380	1569	4	66	38	108	1677	—	21	21
„ „ Oberchef der Bergfabriken des Ural	3	—	—	—	—	60	258	54	2760	3132	9	111	75	195	3327	—	—	—
Total des Orenburgschen Corps	11	—	—	—	6	292	958	200	10120	11550	50	522	391	963	12519	—	84	84
g. Abgesond. Sibirisches Corps.																		
Stab des Abgesonderten Sibirischen Corps	—	—	—	—	2	22	—	—	—	24	10	66	43	119	143	—	—	—
Stab des Militairgouverneurs der Provinz der Sibir. Kirgisen	—	—	—	—	1	3	—	—	—	4	2	10	7	19	23	—	—	—
4 Linienbataillone	4	—	—	—	—	80	344	72	3680	4176	12	148	100	260	4406	—	—	—
Stab des Militairgouverneurs der Semipolatinschen Provinz	—	—	—	—	1	3	—	—	—	4	2	10	7	19	23	—	—	—
5 Linienbataillone	5	—	—	—	—	100	430	90	4600	5220	15	185	125	325	5545	—	—	—
Unter dem Oberchef der Altaischen Fabriken	1	—	—	—	—	20	86	18	920	1044	3	37	25	65	1109	—	—	—
1 schwere Fußbatterie	—	—	1	—	—	7	22	4	198	231	—	35	8	43	274	9	198	207
Total des Sibirischen Corps	10	—	1	—	—	235	882	184	9398	10709	44	491	315	850	11553	9	198	207
h. Truppen in Ostsibirien.																		
Unter dem Militairgouvernement der Transbaikalschen Provinz	2	—	—	—	—	40	172	36	1840	2088	6	74	50	130	2218	—	—	—
Verwalt. der Truppen der Amurschen Prov.	—	—	—	—	1	3	—	—	—	4	4	6	12	22	26	—	—	—
1 Linienbataillon	1	—	—	—	—	20	86	18	920	1044	3	37	25	65	1109	—	—	—
Verwaltung der Truppen der Küstenprovinz	—	—	—	—	1	2	—	—	—	3	—	3	6	9	12	—	—	—
Stab der Inspection der dort dislocirten Linienbataillone	—	—	—	—	1	1	—	—	—	2	1	4	5	10	12	—	—	—
3 Linienbataillone	3	—	—	—	—	60	258	54	2760	3132	9	111	75	195	3327	—	—	—
Transbaikalsche Linienartilleriebrigade.																		
Brigadestab	—	—	—	—	—	3	—	—	—	3	1	7	6	14	17	—	6	6
1 schwere Fußbatterie	—	—	1	—	—	8	37	6	330	381	—	81	8	89	470	9	287	296
1 leichte.	—	—	1	—	—	9	37	6	267	319	—	80	10	90	409	9	237	246
1 mobiler Halbpark	—	—	—	½	—	2	6	—	50	58	1	9	3	13	71	—	—	—
Total der Truppen in Ostsibirien	6	—	2	½	3	148	596	120	6167	7034	25	412	200	637	7671	18	530	548

Im Frieden.

	Zahl der																	
					Mannschaften.											Pferde.		
					Combattanten.						Noncombattanten.							
	Bataillons.	Escadrons.	Batterien.	Parks.	Generale.	Stabs- u. Oberofficiere.	Unterofficiere.	Spielleute.	Gemeine.	Summa.	Classenbeamte.	Niedere Chargen.	Officiersburschen.	Summa.	Total.	Reitpferde.	Zugpferde.	Summa.
e. Truppen in Finland.																		
Verwaltung der Truppen in Finland .	—	—	—	—	1	13	—	—	—	14	2	19	21	42	56	—	—	—
22. Infanteriedivision.																		
Divisionsstab	—	—	—	—	2	4	—	53	—	59	3	13	13	29	88	—	—	—
10 Linienbataillone	10	—	—	—		200	860	180	6000	7240	30	370	250	650	7890	—	—	—
Summa der 22. Inf.-Div.	10	—	—	—	2	204	860	233	6000	7299	33	383	263	679	7978	—	—	—
2 leichte Fußbatterien	—	—	2	—	—	14	44	8	296	362	—	50	16	66	428	10	56	66
Total der Truppen in Finland.	10	—	2	—	3	231	904	241	6296	7675	35	452	300	787	8462	10	56	66
f. Abgesond. Orenburgsch. Corps.																		
Stab des Abgesond. Orenburgschen Corps	—	—	—	—	4	48	—	—	—	52	17	65	85	167	219	—	—	—
23. Infanteriedivision.																		
Divisionsstab	—	—	—	—	2	2	—	—	—	4	2	6	11	19	23	—	—	—
3 Linienbataillone auf Feldfuß . .	3	—	—	—	—	60	258	54	2760	3132	9	111	75	195	3327	—	—	—
2 „ „ im Dienst d. Inn. Wache	2	—	—	—	—	58	160	34	1840	2092	4	74	66	144	2236	—	—	—
3 „ ½ „	1½	—	—	—	—	33	132	30	1380	1575	5	89	41	135	1710	—	63	63
Summa der 23. Inf.-Div.	6½	—	—	—	2	153	550	118	5980	6803	20	280	193	493	7296	—	63	63
Unt. d. Command. d. Syr Darjinsch. Linie	1½	—	—	—	—	31	130	28	1380	1569	4	66	38	108	1677	—	21	21
„ „ Oberchef der Bergfabriken des Ural	3	—	—	—	—	60	258	54	2760	3132	9	111	75	195	3327	—	—	—
Total des Orenburgschen Corps	11	—	—	—	6	292	938	200	10120	11556	50	522	391	963	12519	—	84	84
g. Abgesond. Sibirisches Corps.																		
Stab des Abgesonderten Sibirischen Corps	—	—	—	—	2	22	—	—	—	24	10	66	43	119	143	—	—	—
Stab des Militairgouverneurs der Provinz der Sibir. Kirgisen	—	—	—	—	1	3	—	—	—	4	2	10	7	19	23	—	—	—
4 Linienbataillone	4	—	—	—	—	80	344	72	3680	4176	12	148	100	260	4436	—	—	—
Stab des Militairgouverneurs der Semipolatinschen Provinz	—	—	—	—	1	3	—	—	—	4	2	10	7	19	23	—	—	—
5 Linienbataillone	5	—	—	—	—	100	430	90	4600	5220	15	185	125	325	5545	—	—	—
Unter dem Oberchef der Altai'schen Fabriken:	1	—	—	—	—	20	86	18	920	1044	3	37	25	65	1109	—	—	—
1 schwere Fußbatterie	—	—	1	—	—	7	22	4	198	231	—	25	8	33	264	6	46	52
Total des Sibirischen Corps	10	—	1	—	4	235	882	184	9398	10703	44	481	315	840	11543	6	46	52
h. Truppen in Ostsibirien.																		
Unter dem Militairgouverneur der Transbaikalschen Provinz	2	—	—	—	—	40	172	36	1840	2088	6	74	50	130	2218	—	—	—
Verwalt. der Truppen der Amurschen Prov.	—	—	—	—	1	3	—	—	—	4	4	6	12	22	26	—	—	—
1 Linienbataillon	1	—	—	—	—	20	86	18	920	1044	3	37	25	65	1109	—	—	—
Verwaltung der Truppen der Küstenprovinz	—	—	—	—	1	2	—	—	—	3	—	3	6	9	12	—	—	—
Stab der Inspection der dort dislocirten Linienbataillone	—	—	—	—	1	1	—	—	—	2	1	4	5	10	12	—	—	—
3 Linienbataillone	3	—	—	—	—	60	258	54	2760	3132	9	111	75	195	3327	—	—	—
Transbaikal'sche Linienartilleriebrigade.																		
Brigadestab	—	—	—	—	—	3	—	—	—	3	1	7	6	14	17	—	—	—
1 schwere Fußbatterie	—	—	1	—	—	8	31	6	239	284	—	32	8	40	324	5	37	42
1 leichte	—	—	1	—	—	9	31	6	189	235	—	32	10	42	277	5	28	33
1 mobiler Halbpark.	—	—	—	½	—	2	6	—	50	58	1	9	3	13	71	—	—	—
Total der Truppen in Ostsibirien	6	—	2	½	3	148	584	120	5998	6853	25	315	200	540	7393	10	65	75
i. 2. Sappeurbrigade.																		
Brigadestab	—	—	—	—	1	1	—	—	—	2	—	2	4	6	8	—	—	—
4. Sappeurbataillon	1	—	—	—	—	35	86	87	600	808	3	70	42	115	923	—	38	38
5. und 6. Sappeurbataillon	2	—	—	—	—	70	172	174	1200	1616	6	140	84	230	1846	—	76	76
3 Pontonparks	—	—	—	3	—	24	60	18	690	792	3	567	30	600	1392	—	52	52
½ Reservesappeurbataillon	½	—	—	—		21	80	26	540	667	1	36	24	61	728	—	20	20
Summa der 2. Sappeurbrigade	3½	—	—	3	1	151	398	305	3030	3885	13	815	184	1012	4897		186	186

Im Kriege.

	Zahl der																	
					Mannschaften.											Pferde.		
					Combattanten.						Noncombattanten.							
	Bataillons.	Escadrons.	Batterien.	Parks.	Generale.	Stabs- u. Oberofficiere.	Unterofficiere.	Spielleute.	Gemeine.	Summa.	Classenbeamte.	Niedere Chargen.	Officiersburschen.	Summa.	Total.	Reitpferde.	Zugpferde.	Summa.
Hauptrecapitulation.																		
Abgesondertes Gardecorps	29	55½	14	4	35	1397	4531	2291	40355	48612	219	3417	1779	5415	54027	8823	7791	10614
" Grenadiercorps	28	24	11	4	12	1117	3705	1531	33440	39805	156	2602	1473	4231	44036	4390	6554	10944
1. Armeecorps	40	24	14	5	12	1434	5018	1981	45123	53568	169	3363	1830	5362	58930	4417	7486	11903
2. "	40	24	14	5	12	1434	5018	1921	45123	53508	169	3363	1830	5362	58870	4417	7486	11903
3. "	40	24	14	5	12	1434	5018	1921	45123	53508	169	3363	1830	5362	58870	4417	7486	11903
4. "	40	24	14	5	12	1434	5018	1981	45123	53568	169	3363	1830	5362	58930	4417	7486	11903
5. "	40	24	14	5	12	1434	5018	1921	45123	53508	169	3363	1830	5362	58870	4417	7486	11903
6. "	40	24	14	5	12	1434	5018	1921	45123	53508	169	3363	1830	5362	58870	4417	7486	11903
Kaukasische Armee	111	20	17	4	42	3270	11374	3672	116691	135049	1064	13165	3498	17727	152776	2470	8398	10868
Truppen in Finland	20	—	2	—	3	478	1792	762	13750	16785	90	1501	325	1916	18701	18	1005	1023
Abgesondertes Orenburgisches Corps	11	—	—	—	6	292	938	200	10126	11556	50	522	391	963	12519	—	84	84
" Sibirisches Corps	10	—	1	—	4	235	882	184	9398	10703	44	491	315	850	11553	9	198	207
Truppen in Ostsibirien	6	—	2	1	3	148	596	120	6167	7034	25	412	200	637	7671	18	530	548
Total der activen Feldtruppen	455	243½	131	42½	177	15541	53926	20409	500659	560712	2062	42288	18961	63311	634023	42230	69476	111706
Davon sind abzurechnen die nach der taktischen Eintheilung bereits in Rechnung gestellten:																		
Irreguläre Truppen des Gardecorps.	—	15	1	—	—	64	170	52	2403	2689	1	50	12	63	2752	2405	479	2884
4 Res.-Escadr. der Kaukas. Drag.-Regim.	—	4	—	—	—	24	80	16	576	696	—	32	24	56	752	128	16	144
2 Res.-Comp. der Kaukas. Sappeurbataill.	—	—	—	—	—	10	62	12	696	780	—	10	10	20	800	—	—	—
Summa	—	19	1	—	—	98	312	80	3675	4165	1	92	46	139	4304	2533	495	3028
Total der activen regulairen Truppen	455	224½	130	42½	177	15443	53614	20329	496984	556547	2061	42196	18915	63172	629719	39697	68981	108678
2. Reserve- und Ersatztruppen.																		
a. Mobile Reservetruppen für active Operationen im Felde.																		
Mobile Reserven des Gardecorps.																		
Gardereserveartilleriebrigade.																		
Brigadestab	—	—	—	—	—	4	—	1	—	5	3	7	9	19	24	1	6	7
2 schwere Leibgardereservebatterien	—	—	2	—	—	14	54	8	496	572	—	70	16	86	658	18	396	414
1 erleichterte	—	—	1	—	—	7	27	4	234	272	—	35	8	43	315	9	194	203
Summa der Garde-Res.-Art.-Brig.	—	—	3	—	—	25	81	13	730	849	3	112	33	148	997	28	596	624
Res.-Compagnie des Leibgardesappeurbat. m. Trainlert. f. d. Pontonpark d. Gardecorps	—	—	—	1	—	7	20	6	230	263	1	189	8	198	461	—	427	427
Total der mob. Res. d. Gardecorps	—	—	3	1	—	32	101	19	960	1112	4	301	41	346	1458	28	1023	1051
Mobile Reserven d. Grenadiercorps.																		
7. Reservecavalleriedivision.																		
Divisionsstab	—	—	—	—	3	5	—	—	—	8	3	12	20	35	43	1	14	15
6 Reservecavallerieregimenter	—	24	—	—	—	216	528	102	4920	5766	36	492	282	810	6576	4326	186	4512
Summa der 7. Res.-Cav.-Div.	—	24	—	—	3	221	528	102	4920	5774	39	504	302	845	6619	4327	200	4527
Grenadier-Res.-Art.-Brig., w. die der Garde	—	—	3	—	—	25	81	13	730	849	3	112	33	148	997	28	596	624
Total der mob. Res. d. Gren.-Corps	—	24	3	—	3	246	609	115	5650	6623	42	616	335	993	7616	4355	796	5151

	Zahl der																	
					Mannschaften.											Pferde.		
					Combattanten.						Noncombattanten.							
	Bataillons.	Escadrons.	Batterien.	Parks.	Generale.	Stabs- u. Oberoffiziere.	Unteroffiziere.	Spielleute.	Gemeine.	Summa.	Classbeamte.	Niedere Chargen.	Offiziersburschen.	Summa.	Total.	Reitpferde.	Zugpferde.	Summa.
Hauptrecapitulation.																		
Abgesondertes Gardecorps	31½	57	15½	1	35	1678	4489	2424	32398	41024	220	3359	2118	5697	46721	7775	2052	9827
" Grenadiercorps	27	30	11	3	12	1298	3078	1311	18750	24448	131	2128	1635	3894	28342	3191	1077	4268
Truppen unt. d. Obercommandeur in Polen	120	109	42	15	51	5449	13950	5489	112616	137555	671	9747	6908	17326	154881	15461	5405	20866
Odessaer Militairkreis	39	36½	18	3	13	1796	4621	1793	37587	45810	175	3002	2274	5451	51261	6541	1897	7438
1. Reservecorps	39	30	14	—	12	1646	4246	1737	34327	41968	138	2622	2052	4807	46775	3206	1641	4847
2. "	39	30	14	3	12	1671	4294	1743	34597	42317	143	2707	2092	4942	47259	3206	1659	4865
Kaukasische Armee	111	20	17	4	42	3274	11254	3559	108131	126260	1064	13338	3490	17892	144152	2385	5039	7424
Truppen in Finland	10	—	2	—	3	231	904	241	6296	7675	35	452	300	787	8462	10	56	66
Abgesondertes Orenburgisches Corps	11	—	—	—	6	292	938	200	10120	11556	50	522	391	963	12519	—	84	84
" Sibirisches Corps	10	—	1	—	4	235	882	184	9398	10703	44	481	315	840	11543	6	46	52
Truppen in Ostsibirien	6	—	2	½	3	148	584	120	5998	6858	25	815	200	540	7393	10	65	75
2. Sappeurbrigade	3½	—	—	8	1	151	398	305	3030	3885	13	815	184	1012	4897	—	186	186
Total der Feldtruppen	447	312½	136½	32½	194	17867	49639	19106	413248	500054	2704	39488	21959	64151	564205	40791	19207	59998
Davon sind abzurechnen die nach der taktischen, resp. administrativen Eintheilung bereits in Rechnung gestellten:																		
Irreguläre Truppen des Gardecorps	—	5½	½	—	—	25	59	19	839	942	1	23	5	29	971	870	133	1003
Reservetruppen der Cavallerie	—	80	—	—	3	743	2024	470	10544	13784	75	1310	927	2312	16096	8644	320	8964
Reitende Reserveartilleriebrigade	—	—	4	—	—	36	88	17	940	1081	8	132	46	186	1267	309	148	457
Das Reservecadre ½ Bataillon und 2 Reservecompagnien der beiden Kaukasischen Sappeurbataillone	½	—	—	—	—	31	142	38	1236	1447	1	46	34	81	1528	—	20	20
Summa	½	85½	4½	—	3	835	2313	544	13559	17254	85	1511	1012	2608	19862	9829	621	10450
Total der activen regulairen Truppen	446½	227	132	32½	191	17032	47326	18562	399689	482800	2619	37977	20947	61543	544343	30962	18586	49548
2. Reservetruppen.																		
a. Bei der Infanterie.																		
Reserven der Armeeinfanterie.																		
Stab d. Chefs d. Reserven der Armeeinfant.	—	—	—	—	4	19	—	—	—	23	4	32	42	78	101	—	—	—
1. Reserveinfanteriedivision.																		
Divisionsstab	—	—	—	—	2	4	—	—	—	6	2	8	15	25	31	—	—	—
1. Reservebataillon der Division	1	—	—	—	—	29	83	64	496	672	2	42	34	78	750	—	19	19
11 andere	11	—	—	—	—	319	913	253	5456	6941	22	462	374	858	7799	—	209	209
Summa der 1. Res.-Inf.-Div.	12	—		—	2	352	996	317	5952	7619	26	512	423	961	8580	—	228	228
2. Reserveinfanteriedivision, ebenso	12	—	—	—	2	352	996	317	5952	7619	26	512	423	961	8580	—	228	228
3. " "	12	—	—	—	2	352	996	317	5952	7619	26	512	423	961	8580	—	228	228
4. " "	12	—	—	—	2	352	996	317	5952	7619	26	512	423	961	8580	—	228	228
5. " "	12	—	—	—	2	352	996	317	5952	7619	26	512	423	961	8580	—	228	228
6. " "	12	—	—	—	2	352	996	317	5952	7619	26	512	423	961	8580	—	228	228
Kaukasische Reservedivision.																		
Divisionsstab	—	—	—	—	2	4	—	—	—	6	2	9	15	26	32	—	—	—
1. Reservebataillon der Division	1	—	—	—	—	20	86	59	320	485	3	62	26	91	576	—	22	22
17 andere	17	—	—	—	—	340	1462	306	5440	7548	38	1028	429	1495	9043	—	374	374
1 Reserveschützenbat., anderweit. berechnet																		
Summa der Kaukas. Res.-Div.	18	—	—	—	2	364	1548	365	5760	8039	43	1099	470	1612	9651	—	396	396
Summa der Res. der Armeeinf.	90	—	—	—	18	2495	7524	2267	41472	53776	204	4203	3050	7456	61232	—	1764	1764
b. Bei den Schützen.																		
Stab des Inspecteurs der Schützenbataill.	—	—	—	—	2	4	—	—	—	6	1	6	13	20	26	—	—	—
6 Reserveschützenbataillone	6	—	—	—	—	150	408	150	2400	3108	12	264	174	450	3558	—	138	138
1 Kaukasisches Reserveschützenbataillon	1	—	—	—	—	25	88	21	400	534	3	136	31	170	704	—	27	27
Summa der Res. der Schützen	7	—	—	—	2	179	496	171	2800	3648	16	406	218	640	4288	—	165	165

Im Kriege.

	Zahl der																	
					Mannschaften.											Pferde.		
					Combattanten.						Noncombattanten.						
	Bataillons.	Escadrons.	Batterien.	Parks.	Generale.	Stabs- u. Oberoffiziere.	Unteroffiziere.	Spielleute.	Gemeine.	Summa.	Classenbeamte.	Niedere Chargen.	Offiziersburschen.	Summa.	Total.	Reitpferde.	Zugpferde.	Summa.
1. Reservearmeecorps.																		
Corpsstab	—	—	—	—	2	15	—	—	—	17	6	19	32	57	74	—	30	30
1. Reserveinfanteriedivision.																		
Divisionsstab	—	—	—	—	2	5	—	1	—	8	3	13	17	33	41	1	14	15
4 Reserveinfanterieregimenter	12	—	—	—	—	312	1212	384	10800	12708	24	568	372	964	13672	—	652	652
1 „ schützenbataillon	1	—	—	—	—	25	88	21	900	1034	3	66	31	100	1134	—	73	73
Summa der 1. Res.-Inf.-Div.	13	—	—	—	2	342	1300	406	11700	13750	30	647	420	1097	14847	1	739	740
2. Reserveinfanteriedivision, ebenso	13	—	—	—	2	342	1300	406	11700	13750	30	647	420	1097	14847	1	739	740
3. „ „	13	—	—	—	2	342	1300	406	11700	13750	30	647	420	1097	14847	1	739	740
1. „ cavallerie „ , wie die 7.	—	24	—	—	3	221	528	102	4920	5774	39	504	302	845	6619	4327	200	4527
1. „ artillerie „																		
Divisionsstab	—	—	—	—	1	2	—	—	—	3	1	6	6	13	16	—	6	6
1. Brigade.																		
Brigadestab	—	—	—	—	—	4	—	1	—	5	3	7	9	19	24	1	6	7
2 schwere Batterien	—	—	2	—	—	14	54	8	496	572	—	70	16	86	658	18	396	414
1 leichte	—	—	1	—	—	7	27	4	234	272	—	35	8	43	315	9	144	153
1 erleichterte	—	—	1	—	—	7	27	4	185	223	—	34	7	41	264	9	194	203
Summa der 1. Brigade	—	—	4	—	—	32	108	17	915	1072	3	146	40	189	1261	37	740	777
2. Brigade, ebenso	—	—	4	—	—	32	108	17	915	1072	3	146	40	189	1261	37	740	777
3. „ „	—	—	4	—	—	32	108	17	915	1072	3	146	40	189	1261	37	740	777
Summa der 1. Res.-Art.-Div.	—	—	12	—	1	98	324	51	2745	3219	10	444	126	580	3799	111	2226	2337
1. Reservesappeurbataillon	1	—	—	—	—	16	80	26	900	1022	1	97	19	117	1139	—	113	113
Total des 1. Reservearmeecorps	40	24	12	—	12	1376	4832	1397	43665	51282	146	3005	1739	4890	56172	4441	4786	9227
2. Reservearmeecorps.																		
Wie das 1.	40	24	12	—	12	1376	4832	1397	43665	51282	146	3005	1739	4890	56172	4441	4786	9227
3. Reservearmeecorps.																		
Wie das 1.	40	24	12	—	12	1376	4832	1397	43665	51282	146	3005	1739	4890	56172	4441	4786	9227
4. Reservearmeecorps.																		
Wie das 1.	40	24	12	—	12	1376	4832	1397	43665	51282	146	3005	1739	4890	56172	4441	4786	9227
5. Reservearmeecorps.																		
Wie das 1.	40	24	12	—	12	1376	4832	1397	43665	51282	146	3005	1739	4890	56172	4441	4786	9227
6. Reservearmeecorps.																		
Wie das 1.	40	24	12	—	12	1376	4832	1397	43665	51282	146	3005	1739	4890	56172	4441	4786	9227
Recapitulation.																		
Mobile Reserven des Gardecorps	—	—	3	1	—	82	101	19	960	1112	4	301	41	346	1458	28	1023	1051
„ „ „ Grenadiercorps	—	24	3	—	3	246	609	115	5650	6623	42	616	335	993	7616	4355	796	5151
6 Reservearmeecorps	240	144	72	—	72	8256	28992	8382	261990	307692	876	18030	10434	29340	337032	26646	28716	55362
Total der mobilen Reservetruppen	240	168	78	1	75	8584	29702	8516	268600	315427	922	18947	10810	30679	346106	31029	[illegible]	61564
b. Immobile Reserve- und Ersatztruppen für Ersatzzwecke.																		
1) Bei der Infanterie.																		
Reservedivision des Gardecorps.																		
Divisionsstab	—	—	—	—	2	4	—	—	—	6	1	8	13	22	28	—	—	—
12—3. Reservebataillone	12	—	—	—	—	300	1212	372	10800	12684	24	528	348	900	13584	—	480	480
Summa der Res.-Div. d. Gardecorps	12	—	—	—	2	304	1212	372	10800	12690	25	536	361	922	13612		480	480

	Zahl der				Mannschaften											Pferde		
					Combattanten						Noncombattanten							
	Bataillons	Escadrons	Batterien	Parks	Generale	Stabs- u. Oberofficiere	Unterofficiere	Spielleute	Gemeine	Summa	Classenbeamte	Niedere Chargen	Officiersburschen	Summa	Total	Reitpferde	Zugpferde	Summa
c. Bei den Sappeuren.																		
Reservesappeur ½ Bataillon	½	—	—	—	—	21	80	26	540	667	1	36	24	61	728	—	20	20
2—5. Reservecompagnien der Kaukasischen Sappeurbataillone	—	—	—	—	—	10	62	12	696	780	—	10	10	20	800	—	—	—
Summa der Res. der Sappeure	½	—	—	—	—	31	142	38	1236	1447	1	46	34	81	1528	—	20	20
d. Bei der Cavallerie.																		
Reserveescadrons der Gardecavallerie	—	10	—	—	—	80	300	166	1280	1826	—	150	90	240	2066	1160	40	1200
" " " 7. Cavalleriedivision	—	6	—	—	—	60	132	24	720	936	—	90	66	156	1092	588	24	612
" divisionen " 1. "	—	12	—	—	—	114	312	54	1632	2112	18	210	150	378	2490	1398	48	1446
" brigade " 2. "	—	12	—	—	1	115	312	54	1632	2114	19	216	155	390	2504	1398	48	1446
" " " 3. "	—	12	—	—	1	115	312	54	1632	2114	19	216	155	390	2504	1398	48	1446
" escadrons " 4. "	—	6	—	—	—	60	132	24	720	936	—	90	66	156	1092	588	24	612
" brigade " 5. "	—	12	—	—	1	115	312	54	1632	2114	19	216	155	390	2504	1398	48	1446
" escadrons " 6. "	—	6	—	—	—	60	132	24	720	936	—	90	66	156	1092	588	24	612
" " " Kaukas. Drag.-Reg.	—	4	—	—	—	24	80	16	576	696	—	32	24	56	752	128	16	144
Summa der Res. der Cav.	—	80	—	—	3	743	2024	470	10544	13784	75	1310	927	2312	16096	8644	320	8964
e. Bei der Artillerie.																		
1 combinirte Gardereservebatterie	—	—	1	—	—	6	17	3	158	184	—	23	7	30	214	3	24	27
1 " Grenadierreservebatterie	—	—	1	—	—	6	17	3	148	174	—	23	7	30	204	3	24	27
1. " Reserveartilleriedivision.																		
Divisionsstab	—	—	—	—	1	2	—	—	—	3	2	6	7	15	18	—	—	—
1. combinirte Reservebrigade.																		
Brigadestab	—	—	—	—	—	4	—	1	—	5	2	7	8	17	22	1	—	1
2 schwere Reservebatterien	—	—	2	—	—	26	64	8	298	396	—	50	26	76	472	10	74	84
1 andere	—	—	1	—	—	12	32	4	149	197	—	25	13	38	235	5	37	42
Summa der 1. Brigade	—	—	3	—	—	42	96	13	447	598	2	82	47	131	729	16	111	127
2. combinirte Reservebrigade, ebenso	—	—	3	—	—	42	96	13	447	598	2	82	47	131	729	16	111	127
3. " " "	—	—	3	—	—	42	96	13	447	598	2	82	47	131	729	16	111	127
Summa d. 1. comb. Res.-Art.-Div.	—	—	9	—	1	128	288	39	1341	1797	8	252	148	408	2205	48	333	381
2. combinirte Reserve-Art.-Div. wie die 1.	—	—	9	—	1	128	288	39	1341	1797	8	252	148	408	2205	48	333	381
Reitende Reserveartilleriebrigade.																		
Brigadestab	—	—	—	—	—	4	—	1	—	5	2	6	6	14	19	1	—	1
2 erleichterte Batterien (Nr. 1 u. 3)	—	—	2	—	—	16	44	8	470	538	4	64	22	90	628	154	74	228
2 andere (Nr. 2 u. 4)	—	—	2	—	—	16	44	8	470	538	2	62	18	82	620	154	74	228
Summa der reit. Res.-Art.-Brig.	—	—	4	—	—	36	88	17	940	1081	8	132	46	186	1267	309	148	457
Summa der Res. der Art.	—	—	24	—	2	304	698	101	3928	5033	24	682	356	1062	6095	411	862	1273
Recapitulation.																		
Reserven der Armeeinfanterie	90	—	—	—	18	2495	7521	2267	41472	53776	203	4203	3050	7456	61232	—	1764	1764
" " Schützen	7	—	—	—	2	179	496	171	2800	3648	16	406	218	640	4288	—	165	165
" " Sappeure	½	—	—	—	—	31	112	38	1236	1447	1	46	34	81	1528	—	20	20
" " Cavallerie	—	80	—	—	3	743	2024	470	10544	13784	75	1310	927	2312	16096	8644	320	8964
" " Artillerie	—	—	24	—	2	304	698	101	3928	5033	24	682	356	1062	6095	411	862	1273
Total der Reservetruppen	97½	80	24	—	25	3752	10864	3047	59980	77688	319	6647	4585	11551	89239	9055	3131	12186

Im Kriege.

	Zahl der				Mannschaften. Combattanten.						Noncombattanten.					Pferde.		
	Bataillons.	Escadrons.	Batterien.	Parks.	Generale.	Stabs- u. Oberoffiziere.	Unteroffiziere.	Spielleute.	Gemeine.	Summa.	Waffenbeamte.	Niedere Chargen.	Offiziersburschen.	Summa.	Total.	Reitpferde.	Zugpferde.	Summa.
Reservedivision des Grenadiercorps.																		
Divisionsstab	—	—	—	—	2	4	—	—	..	6	2	8	15	25	31	...	—	—
12—3. Reservebataillone	12	—	—	—	—	300	1212	372	10800	12684	21	528	348	900	13584	—	480	480
Summa der Res.-Div. d. Gren.-Corps	12	—	—	—	2	304	1212	372	10800	12690	26	536	363	925	13615	—	480	480
Reserven der Armeeinfanterie																		
Stab d. Chefs der Reserv. der Armeeinfant.	—	—	—	—	4	19	—	—	—	23	4	32	42	78	101	—	—	—
Ersatzdivision des 1. Armeecorps.																		
Divisionsstab		—	—	—	2	4	—	—	—	6	2	8	15	25	31	—	—	—
6 Ersatzinfanterieregimenter, veranschlagt mit Rücksicht auf ihren Stand im letzten Kriege und die jetzigen Etats der Bataillone von 1000 Mann	24	—	—	—	—	612	1616	744	21600	24572	48	1092	714	1854	26426	—	960	960
Summa der Ers.-Div. d. 1. Armeecorps	24	—	—	—	2	616	1616	744	21600	24578	50	1100	729	1879	26457	—	960	960
Ersatzdivision des 2. Armeecorps, ebenso	24	—	—	—	2	616	1616	744	21600	24578	50	1100	729	1879	26457	—	960	960
" " 3. " "	24	—	—	—	2	616	1616	744	21600	24578	50	1100	729	1879	26457	—	960	960
" " 4. " "	24	—	—	—	2	616	1616	744	21600	24578	50	1100	729	1879	26457	—	960	960
" " 5. " "	24	—	—	—	2	616	1616	744	21600	24578	50	1100	729	1879	26457	—	960	960
" " 6. " "	24	—	—	—	2	616	1616	744	21600	24578	50	1100	729	1879	26457	—	960	960
Summa der Res. der Armeeinf.	144	—	—	—	16	3715	9696	4464	129600	147491	304	6632	4416	11352	158843	—	5760	5760
Kaukasische Reservedivision.																		
Divisionsstab	—	—	—	—	2	4	—	1	—	7	2	13	15	30	37	1	16	17
18 Reservebataillone	18	—	—	—	—	450	1818	599	16560	19427	41	1342	545	1928	21355	—	1044	1044
1 Reserveschützenbat., anderweit berechnet																		
Summa der Kaukas. Res.-Div.	18	—	—	—	2	454	1818	600	16560	19434	43	1355	560	1958	21392	1	1060	1061
Recapitulation.																		
Reservedivision des Gardecorps	12	—	—	—	2	304	1212	372	10800	12690	25	536	361	922	13612	—	480	480
" " Grenadiercorps	12	—	—	—	2	304	1212	372	10800	12690	26	536	363	925	13615	—	480	480
Reserven der Armeeinfanterie	144	—	—	—	16	3715	9696	4464	129600	147491	304	6632	4416	11352	158843	—	5760	5760
Kaukasische Reservedivision	18	—	—	—	2	454	1818	600	16560	19434	43	1355	560	1958	21392	1	1060	1061
Summa der immobilen Res.- u. Ers.-Truppen der Infanterie	186	—	—	—	22	4777	13938	5808	167760	192305	898	9059	5700	15157	207462	1	7780	7781
2) Bei den Schützen.																		
Stab des Inspecteurs der Schützenbataill.	—	—	—	—	2	4	—	—	—	6	1	6	13	20	26	—	—	—
1 Reserveschützenbataillon der Leibgarde	1	—	—	—	—	20	66	16	690	792	3	49	26	78	870	—	25	25
1 Res.-Comp. d. Finnländ. L. G. Schützenb.	—	—	—	—	—	8	20	4	225	257	—	11	—	11	268	—	6	6
1 Grenadierreserveschützenbataillon	1	—	—	—	—	25	88	21	900	1034	8	66	31	105	1139	—	73	73
6 Ersatzschützenbataillone	6	—	—	—	—	150	528	126	5400	6204	18	396	186	600	6804	—	186	186
1 Kaukasisches Reserveschützenbataillon	1	—	—	—	—	25	88	21	920	1054	8	131	31	170	1224	—	67	67
Summa der immobilen Res.- u. Ers.-Truppen der Schützen	9	—	—	—	2	227	790	188	8140	9347	28	661	287	979	10326	—	357	357
3) Bei den Sappeuren.																		
1 Reservecompag. d. Grenadiersappeurbat.	—	—	—	—	—	4	20	6	230	260	—	12	4	16	276	—	12	12
6 Ersatzsappeurbataillone, wie die Reservesappeurbataillone berechnet	6	—	—	—	—	96	480	156	5400	6132	6	582	114	702	6834		228	228
2—5. Reservecompagnien der Kaukasischen Sappeurbataillone	—	—	—	—	—	10	62	12	696	780	—	10	10	20	800			—
Summa der immobilen Res.- u. Ers.-Truppen der Sappeure	6	—	—	—	—	110	562	174	6326	7172	6	604	128	738	7910	—	240	240

Im Frieden.

Im Kriege.

	Zahl der				Mannschaften.											Pferde.		
					Combattanten.						Noncombattanten.							
	Bataillons.	Escadrons.	Batterien.	Parks.	Generale.	Stabs- u. Oberoffiziere.	Unteroffiziere.	Spielleute.	Gemeine.	Summa.	Classenbeamte.	Niedere Chargen.	Offizierburschen.	Summa.	Total.	Reitpferde.	Zugpferde.	Summa.
4) Bei der Cavallerie.																		
Reserven der Gardecavallerie.																		
Stab des Command. der Res. der Gardecav. 10 Reservedivisionen	—	20	—	—	—	150	440	166	3800	4556	20	380	190	590	5146	3600	180	3780
Summa d. immobil. Res. d. Garde-Cav.	—	20	—	—	—	150	440	166	3800	4556	20	380	190	590	5146	3600	180	3780
Reserven der Armeecavallerie.																		
Stab des Chefs der Reserv. der Armeecavall. Ersatzbrigade der 1. Cavalleriedivision. Brigadestab	—	—	—	—	1	1	—	—	—	2	1	6	5	12	14	—	—	—
6 Ersatzdivisionen, in der Stärke, der auf Kriegsfuß gesetzten Res.-Div. berechnet	—	12	—	—		114	312	54	2520	3000	18	258	150	426	3426	2166	108	2274
Summa d. Ers.-Brig. d. 1. Cav.-Div.	—	12	—	—	1	115	312	54	2520	3002	19	264	155	438	3440	2166	108	2274
Ersatzbrigade der 2. Cavalleriedivision, ebenso	—	12	—	—	1	115	312	54	2520	3002	19	264	155	438	3440	2166	108	2274
„ „ 3. „ „	—	12	—	—	1	115	312	54	2520	3002	19	264	155	438	3440	2166	108	2274
„ „ 4. „ „	—	12	—	—	1	115	312	54	2520	3002	19	264	155	438	3440	2166	108	2274
„ „ 5. „ „	—	12	—	—	1	115	312	54	2520	3002	19	264	155	438	3440	2166	108	2274
„ „ 6. „ „	—	12	—	—	1	115	312	54	2520	3002	19	264	155	438	3440	2166	108	2274
„ „ 7. „ „	—	12	—	—	1	115	312	54	2520	3002	19	264	155	438	3440	2166	108	2274
Summa d. Ers.-Trupp. d. Armee-Cav.	—	84	—	—	7	805	2184	378	17640	21014	133	1848	1085	3066	24080	15162	756	15918
4-5. Reserveescadrons d. Kaukas. Drag.-Reg.	—	4	—	—	—	24	80	16	576	696	—	32	24	56	752	128	16	144
Summa der immobilen Res.- u. Ers.-Truppen der Cavallerie	—	108	—	—	7	979	2704	560	22016	26266	153	2260	1299	3712	29978	18890	952	19842
5) Bei der Artillerie.																		
Gardeersatzartilleriebrigade. Brigadestab	—	—	—	—	—	3	—	1	—	4	3	6	8	17	21	1	—	1
3 Ersatzbatterien	—	—	3	—	—	18	96	18	891	1023	—	75	18	93	1116	—	78	78
Summa d. Garde-Ers.-Art.-Brig.	—	—	3	—	—	21	96	19	891	1027	3	81	26	110	1137	1	78	79
Reitende Gardereservebatterie	—	—	1	—	—	7	32	6	387	432	1	40	9	50	482	65	46	111
Summa der immobilen Res.- u. Ers.-Truppen der Garde-Art.	—	—	4	—	—	28	128	25	1278	1459	4	121	35	160	1619	66	124	190
Grenadierersatzartilleriebrig., w. d. der Garde	—	—	3	—	—	21	96	19	891	1027	3	81	26	110	1137	1	78	79
Reit. Reservebatterie der 7. reit. Art.-Brig.	—	—	1	—	—	7	32	6	352	397	1	40	9	50	447	77	44	121
Summa der immobilen Res.- u. Ers.-Truppen der Gren.-Art.	—	—	4	—	—	28	128	26	1243	1424	4	121	35	160	1584	78	122	200
1. combinirte Ersatzartilleriedivision Divisionsstab	—	—	—	—	1	2	—	—	—	3	1	6	6	13	16	—	—	—
1. Ersatzbrigade. Brigadestab	—	—	—	—	—	3	—	1	—	4	3	7	8	18	22	1	—	1
6 Ersatzbatterien	—	—	6	—	—	36	192	36	1782	2046	—	150	36	186	2232	—	156	156
Summa der 1. Ers.-Brig.	—	—	6	—	—	39	192	37	1782	2050	3	157	44	204	2254	1	156	157
2. Ersatzbrigade, ebenso	—	—	6	—	—	39	192	37	1782	2050	3	157	44	204	2254	1	156	157
3. „ „	—	—	6	—	—	39	192	37	1782	2050	3	157	44	204	2254	1	156	157
Summa der 1. comb. Ers.-Art.-Div.	—	—	18	—	1	119	576	111	5346	6153	10	477	138	625	6778	3	468	471
2. combinirte Ersatzartilleriedivision, ebenso	—	—	18	—	1	119	576	111	5346	6153	10	477	138	625	6778	3	468	471
Reitende Reserveartilleriebrigade. Brigadestab	—	—	—	—	—	4	—	1		5	2	6	6	14	19	1	—	1
3 Reservebatterien (Nr. 1, 3 u. 5)	—	—	3	—	—	21	96	18	1056	1191	6	123	33	162	1353	231	132	363
3 „ (Nr. 2, 4 u. 6)	—	—	3	—	—	21	96	18	1056	1191	8	120	27	150	1341	231	132	363
Summa der reit. Res.-Art.-Brig.	—	—	6	—	—	46	192	37	2112	2387	11	249	66	326	2713	463	264	727

Im Frieden.

Im Kriege.

	Zahl der																	
					Mannschaften.											Pferde.		
					Combattanten.						Noncombattanten.							
	Bataillons.	Esc.-Comm.	Batterien.	Parks.	Generale.	Stabs- u. Oberoffiziere.	Unteroffiziere.	Spielleute.	Gemeine.	Summa.	Classenbeamte.	Niedere Chargen.	Offizierburschen.	Summa.	Total.	Reitpferde.	Zugpferde.	Summa.
4 Reservefußbatterien d. Kaukasischen Armee, nach der Zahl der Artilleriebrigaden à 1 angenommen	—	—	4	—	—	28	88	16	792	924	—	100	32	132	1056	—	156	156
Recapitulation.																		
Immobile Gardeartillerie	—	—	4	—	—	28	128	25	1278	1459	4	121	35	160	1619	66	124	190
„ Grenadierartillerie . . .	—	—	4	—	—	28	128	25	1243	1424	4	121	35	160	1584	78	122	200
2 Ersatzartilleriedivisionen . . .	—	—	36	—	2	238	1152	222	10692	12306	20	954	276	1250	13556	6	936	942
Reitende Reserveartilleriebrigade . . .	—	—	6	—	—	46	192	37	2112	2387	11	249	66	326	2713	463	264	727
4 Kaukasische Reservebatterien . . .	—	—	4	—	—	28	88	16	792	924	—	100	32	132	1056	—	156	156
Summa der immob. Ref.- u. Ers.-Truppen der Artillerie	—	—	54	—	2	368	1688	325	16117	18500	39	1545	444	2028	20528	613	1602	2215
Hauptrecapitulation.																		
Immob. Ref.- u. Ersatztrupp. der Infanterie	186	—	—	—	22	4777	13938	5808	167760	192305	398	9059	5700	15157	207462	1	7780	7781
„ „ „ „ Schützen	2	—	—	—	2	227	790	168	8140	9317	25	664	287	979	10326	—	357	357
„ „ „ „ Sappeure	6	—	—	—	—	110	562	174	6326	7172	6	604	128	738	7910		210	240
„ „ „ „ Cavallerie	—	108	—	—	7	979	2704	560	22016	26266	153	2260	1299	3712	29978	18890	952	19842
„ „ „ „ Artillerie	—	—	54	—	2	368	1688	325	16117	18500	39	1545	444	2028	20528	613	1602	2215
Total der immob. Ref.- u. Ersatz-Tr.	201	108	54	—	33	6461	19682	7055	220359	253590	624	14132	7858	22614	276204	[illegible]	10931	30436
3. Parks.																		
Belagerungsartilleriepark Nr. 1.																		
Stab	—	—	—	—	—	2	—	—	—	2	—	4	3	7	9	—	—	—
4 Abtheilungen	—	—	—	1	—	44	168	16	1336	1564	24	496	72	592	2156	—	1844	1844
Summa eines Belag.-Art.-Parks	—	—	—	1	—	46	168	16	1336	1566	24	500	75	599	2165	—	1844	1844
Belagerungsartilleriepark Nr. 2. . .	—	—	—	1	—	46	168	16	1336	1566	24	500	75	599	2165	—	1844	1844
3 mobile Arsenale	—	—	—	3	—	3	—	—	—	3	3	465	6	474	477	—	393	393
2 Feldingenieurparks	—	—	—	2	—	10	18	4	200	232	4	40	16	60	292	—	—	—
2 Belagerungsingenieurparks . . .	—	—	—	2	—	14	32	8	400	454	4	88	24	120	574	—	—	—
Summa der Parks	—	—	—	8	—	119	386	44	3272	3821	63	1593	196	1852	5673	—	4081	4081
4. Abgesondertes Corps der Innern Wache.																		
Archangelgorodsches Bataillon	1	—	—	—	—	26	80	18	1000	1124	2	30	30	62	1186			
Kasansches Bataillon	1	—	—	—	—	22	80	17	1000	1119	1	27	25	53	1172			
Bataillone des 10. Kreises	2	—	—	—	—	44	160	34	1840	2078	2	54	52	108	2186			
„ „ 11. „	2	—	—	—	—	58	160	34	1840	2092	4	72	66	142	2234			
Die übrigen Garnisonsbataillone . . .	45	—	—	—	—	990	3600	765	36000	41355	45	1215	1125	2385	43740			
Kronstädtische Linienbataillone . . .	2	—	—	—	—	76	268	52	2320	2716	4	48	84	136	2852			
Summa der Garnisons-Bat.	53	—	—	—	—	1216	4348	920	44000	50484	58	1448	1380	2886	53370			
572 Commandos der Innern Wache .	—	—	—	—	—	613	5399	585	63229	69826	2	2294	616	2912	72738			
199 Etappencommandos	—	—	—	—	—	197	986	—	7514	8697	—	424	197	621	9318			
3 Convoiabtheilungen	—	—	—	—	—	3	8	—	52	63	—	6	3	9	72			
5 Salzcommandos	—	—	—	—	—	—	10	—	124	134	—	—	—	—	134			
1 Compagnie der Kaukas. Mineralwässer	—	—	—	—	—	3	20	1	300	324	—	2	3	5	329			
Total des Corps der Innern Wache	53	—	—	—	—	2032	10771	1506	115219	129528	60	4174	2199	6433	135961			

	Bataillone.	Escadrons.	Batterien.	Parks.	Generale.	Stabs- u. Oberoffiziere.	Unteroffiziere.	Spielleute.	Gemeine.	Summa.	Classenbeamte.	Niedere Chargen.	Offiziersburschen.	Summa.	Total.	Reitpferde.	Zugpferde.	Summa.
					Mannschaften.											Pferde.		
					Combattanten.						Noncombattanten.							
3. Parks.																		
2 Belagerungsartillerieparks	—	—	—	2	—	—	—	—	—	—	16	40	16	72	72	—	—	—
3 mobile Arsenale	—	—	—	3	—	3	—	—	—	3	8	213	6	222	225	—	90	90
2 Festungsingenieurparks	—	—	—	2	—	8	6	2	60	76	2	20	12	34	110	—	—	—
2 Belagerungsingenieurparks	—	—	—	2	—	8	8	2	120	138	2	24	12	38	176	—	56	56
Summa der Parks	—	—	—	9	—	19	14	4	180	217	28	297	46	366	583	—	146	146
4. Abgesondertes Corps der Innern Wache.																		
Archangelgorodsches Bataillon	1	—	—	—	—	26	80	18	1000	1124	2	30	30	62	1186			
Kasansches Bataillon	1	—	—	—	—	22	80	17	1000	1119	1	27	25	53	1172			
Bataillone des 10. Kreises	2	—	—	—	—	44	160	34	1840	2078	2	56	50	108	2186	—	—	—
„ „ 11. „	2	—	—	—	—	58	160	34	1840	2092	4	72	66	142	2234			
Die übrigen Garnisonsbataillone	45	—	—	—	—	990	3600	765	36000	41355	45	1215	1125	2385	43740			
Kronstädtische Linienbataillone	2	—	—	—	—	76	268	52	2320	2716	4	48	84	136	2852			
Summa der Garnisons-Bat.	53	—	—		—	1216	4348	920	44000	50484	58	1448	1380	2886	53370			
572 Commandos der Innern Wache	—	—	—	—	—	613	5399	585	63229	69826	2	2294	616	2912	72738			
199 Etappencommandos	—	—	—	—	—	197	986	—	7514	8697	—	424	197	621	9318			
3 Convoiabtheilungen	—	—	—	—	—	3	8	—	52	63	—	6	3	9	72			
5 Salzcommandos	—	—	—	—	—	—	10	—	124	134	—	—	—	—	134			
1 Compagnie der Kaukas. Mineralwässer	—	—	—	—	—	3	20	1	300	324	—	2	3	5	329			
Total des Corps der Innern Wache	53	—	—	—	—	2032	10771	1506	116219	129528	60	4174	2199	6433	135961			

Im Kriege.

	Zahl der																	
					Mannschaften.											Pferde.		
					Combattanten.						Noncombattanten.							
	Bataillons.	Escadrons.	Batterien.	Parks.	Generale.	Stabs- u. Ober-officiere.	Unterofficiere.	Spielleute.	Gemeine.	Summa.	Classbeamte.	Niedere Chargen.	Officiersburschen.	Summa.	Total.	Reitpferde.	Zugpferde.	Summa.
5. Corps der Gensdarmen.																		
Gensdarmenescadron No. 1.	—	1	—	—	—	7	20	5	126	158	1	27	10	38	196	121	—	121
" " " 2.	—	1	—	—	—	4	11	3	63	81	—	17	4	21	102	61	—	61
3 Divisionen in den Residenzen	—	6	—	—	—	18	192	12	1068	1290	6	81	81	168	1458	978	—	978
118 Commandos, veranschlagt auf	—	—	—	—	—	183	492	—	2827	3502	—	394	154	548	4050	2780	33	2813
Summa der Gensdarmen	—	7	—	—	—	212	715	20	4084	5031	7	519	249	775	5806	3940	33	3973
6. Truppen und Etablissements des Artilleriewesens.																		
a. Festungsartillerie.																		
8 Kreisstäbe	—	—	—	—	8	8	—	—	—	16	8	56	40	104	120			
21 Festungsstäbe 1. Classe	—	—	—	—	—	21	—	—	—	21	84	546	126	756	777			
Dazu noch in 6.	—	—	—		—	11	—	—	—	11	10	77	27	114	125			
7 Festungsstäbe 2. Classe	—	—	—	—	—	7	—	—	—	7	21	140	35	196	203			
11 " 3. "	—	—	—	—	—	11	—	—	—	11	22	165	33	220	231			
34 Festungscompagnien	—	—	—	—	—	170	816	68	8500	9554	—	102	170	272	9826			
9 " "	—	—	—	—	—	27	108	9	1125	1269	—	18	27	45	1314			
4 " "	—	—	—	—	—	8	20	4	252	284	—	8	8	16	300			
15 Kaukasische Festungscompagnien	—	—	—	—	—	149	680	32	4170	5031	—	160	149	309	5340			
8 Kreisarsenale	—	—	—	—	—	14	41	—	—	57	12	756	34	802	859			
6 Artilleriearsenale	—	—	—	—	—	12	—	—	—	12	6	258	18	282	294			
2 locale Laboratorien mit Laboratoriencomp.	—	—	—	—	—	10	32	—	—	42	6	448	18	472	514			
1 " " " " "	—	—	—	—	—	3	8	—	—	11	2	116	6	124	135			
2 mobile " " " "	—	—	—	2	—	10	32	—	—	42	4	410	16	430	472			
2 " " " " "	—	—	—	1	—	6	16	—	—	22	2	212	8	222	244			
22 locale Parks	—	—	—	—	—	1	—	—	—	1	32	83	34	149	150			
20 Depots	—	—	—	—	—	5	—	—	—	5	22	94	32	148	153			
Summa der Festungs-Art.	—	—	—	3	8	473	1756	113	14047	16396	231	3649	781	4661	21057			
b. Garnisonsartillerie.																		
17 Garnisonscompagnien	—	—	—	—	—	64	272	32	2890	3258	—	52	64	116	3374			
2 " "	—	—	—	—	—	7	26	1	210	244	—	11	7	18	262			
Summa der Garnisons-Art.	—	—	—	—	—	71	298	33	3100	3502	—	63	71	134	3636			
Total der Truppen des Artilleriewesens	—	—	—	3	8	544	2053	146	17147	19898	231	3712	852	4795	24693			
7. Truppen und Etablissements des Ingenieurwesens.																		
6 Kreisverwaltungen	—	—	—	—	6	18	—	—	—	24	36	84	78	198	222			
2 Festungsbauverwaltungen	—	—	—	—	2	10	—	—	—	12	2	20	20	42	54			
21 Ingenieurcommandos	—	—	—	—	—	44	—	—	—	44	1	51	46	98	142			
6 " distanzen 1. Classe	—	—	—	—	—	30	—	—	—	30	—	24	36	60	90			
4 " " 2. "	—	—	—	—	—	16	—	—	—	16	—	12	16	28	44			
5 " " 3. "	—	—	—	—	—	15	—	—	—	15	—	10	15	25	40			
Ingenieurchargen, die den hydrotechnischen Arbeiten und den, nicht den Ingenieurcommandos und Distanzen zugetheilten Arbeiten vorstehen	—	—	—	—	—	6	—	—	—	6	—	4	8	12	18			
15 Handwerkercommandos	—	—	—	—	—	33	114	6	2517	2670	—	42	33	75	2745			
37 Arrestantencompagnien	—	—	—	—	—	148	629	37	6000	6814	—	74	148	222	7036			
3 " "	—	—	—	—	—	6	26	3	244	279	—	3	6	9	288			
6 Kaukasische Militairarbeitscompagnien	—	—	—	—	—	12	90	12	1200	1314	—	30	12	42	1356			
Zur Beaufsichtigung der Militairgebäude in verschiedenen Festungen	—	—	—	—	—	21	—	—	—	21	—	56	21	77	98			
Aufseher und Kasernenwächter des Ingenieurwesens im Königreich Polen	—	—	—	—	—	—	—	—	—	—	—	248	—	248	248			
1 Ingenieurarsenal zu Dünaburg	—	—	—	—	—	7	15	2	280	304	2	19	10	31	335	—	4	4
Summa der Truppen des Ingenieurwesens	—	—	—	—	8	366	874	60	10241	11549	41	677	449	1167	12716	—	4	4

Im Frieden.

	Zahl der																
					Mannschaften.										Pferde.		
					Combattanten.						Noncombattanten.						
	Bataillons.	Escadrons.	Batterien.	Parks.	Generale.	Stabs- u. Oberofficiere.	Unterofficiere.	Spielleute.	Gemeine.	Summa.	Classbeamte.	Niedere Chargen.	Officiersburschen.	Summa.	Total.	Reitpferde.	Zugpferde.	Summa.
5. Corps der Gensdarmen.																		
Gensdarmenescadren Nr. 1, 2, 3 Divisionen in den Residenzen ber. berechn.	—	6	—	—	—	78	192	12	1008	1290	6	81	81	168	1458	978	—	978
118 Commandos, veranschlagt auf	—	—	—	—	—	123	492	—	2887	3502	—	394	154	548	4050	1619	15	1634
Summa der Gensdarmen	—	6	—	—	—	201	684	12	3895	4792	6	475	235	716	5508	2597	15	2612
6. Truppen und Etablissements des Artilleriewesens.																		
a. Festungsartillerie.																		
8 Kreisstäbe	—	—			8	8	—	—	—	16	2	89	10	101	117			
21 Festungsstäbe 1. Classe	—	—	—	—	—	21	—	—	—	21	84	546	126	756	777			
Dazu noch in 6	—	—	—	—	—	11	—	—	—	11	16	71	27	114	125			
7 Festungsstäbe 2. Classe		—	—	—	—	7	—	—	—	7	21	140	35	196	203			
11 „ „ 3. „	—	—	—	—	—	11	—	—	—	11	22	165	33	220	231			
34 Festungscompagnien	—	—	—	—	—	170	781	68	8150	9169	—	102	170	272	9441			
9 „ „	—	—	—	—	—	27	108	9	1125	1269	—	18	27	45	1314			
4 „ „	—	—	—	—	—	8	20	4	252	284	—	8	8	16	300			
16 Kaukasische Festungscompagnien	—	—	—	—	—	149	680	32	4170	5031	—	160	149	309	5340			
8 Kreisarsenale		—	—	—	—	11	44	—	—	55	12	756	34	802	857			
6 Artilleriearsenale	—	—	—	—	—	12	—	—	—	12	6	258	18	282	294			
2 locale Laboratorien mit Laboratoriencomp.	—	—	—	—	—	10	32	—	—	42	6	448	18	472	514			
1 „ „ „ „ „	—	—	—	—	—	3	8	—	—	11	2	116	6	124	135			
2 mobile „ „ „	—	—	—	2	—	10	32	—	—	42	4	376	16	396	438			
2 „ „ „ „ „	—	—	—	1	—	6	16	—	—	22	2	190	8	200	222			
22 locale Parks	—	—	—	—	—	1	—	—	—	1	22	83	44	149	150			
20 Depots	—	—	—	—	—	5	—	—	—	5	22	94	32	148	153			
Summa der Festungs-Art.	—		—	3	8	473	1721	113	13697	16011	251	3593	751	4595	20616			
b. Garnisonsartillerie.																		
17 Garnisonscompagnien	—	—	—		—	64	192	32	2190	2478	—	52	64	116	2594			
2 „ „	—	—	—		—	7	26	1	210	244	—	11	7	18	262			
Summa der Garnisons-Art.	—	—	—	—	—	71	218	33	2400	2722	—	63	71	134	2856			
Total der Truppen des Artilleriewesens	—		—	3	8	544	1939	146	16097	18733	251	3656	822	4729	23472			
7. Truppen und Etablissements des Ingenieurwesens.																		
6 Kreisverwaltungen	—	—	—		6	18	—	—	—	24	36	84	78	198	222			
2 Festungsbauverwaltungen	—	—	—	—	2	10	—	—	—	12	2	20	20	42	54			
21 Ingenieurcommandos	—	—	—	—	—	44	—	—	—	44	1	51	46	98	142			
6 „ Distanzen 1. Classe	—	—	—	—	—	30	—	—	—	30	—	24	36	60	90			
4 „ „ 2. „	—	—	—		—	16	—	—	—	16	—	12	16	28	44			
5 „ „ 3. „	—	—	—	—	—	15	—	—	—	15	—	10	15	25	40			
Ingenieurchargen, die den durchschnittlichen Arbeiten und den, nicht den Ingenieurcommandos und Distanzen zugetheilten Arbeiten vorstehen	—	—	—	—	—	6	—	—	—	6	—	4	8	12	18			
16 Handwerkercommandos	—				—	32	111	10	2517	2670	—	42	33	75	2745			
37 Arrestantencompagnien	—	—	—	—	—	148	629	37	6000	6814	—	74	148	222	7036			
3 „ „	—	—	—	—	—	6	26	3	244	279	—	3	6	9	288			
6 Kaukasische Militairarbeitscompagnien	—	—	—		—	12	24	12	1266	1314	—	30	12	42	1356			
Zur Beaufsichtigung der Militairgebäude in verschiedenen Festungen	—	—	—		—	21	—	—	—	21	—	56	21	77	98			
Aufseher und Kasernenwächter des Ingenieurwesens im Königreich Polen	—	—	—	—	—	—	—	—	—		—	248	—	248	248			
1 Ingenieurarsenal zu Dünaburg	—	—	—	—	—	7	15	2	280	304	2	19	10	31	335	—	4	4
Summa der Truppen des Ingenieurwesens	—	—	—	—	8	365	805	64	10307	11549	41	677	449	1167	12716	—	4	4

Im Kriege.

	Zahl der																	
					Mannschaften.											Pferde.		
					Combattanten.						Noncombattanten.							
	Bataillons.	Escadrons.	Batterien.	Parks.	Generale.	Stabs- u. Oberoffiziere.	Unteroffiziere.	Spielleute.	Gemeine.	Summa.	Classenbeamte.	Niedere Chargen.	Offizierburschen.	Summa.	Total.	Reitpferde.	Zugpferde.	Summa.
8. **Truppenabtheilungen unter verschiedenen Behörden.**																		
1 Compagnie Pallastgrenadiere . . .	—	—	—	—	—	8	16	6	142	172	—	3	11	14	186			
1 Garnisonsbataillon der Leibgarde . .	1	—	—	—	—	20	40	72	400	532	3	24	24	51	583			
45 Commandos Gardeinvaliden . . .	—	—	—	—	—	34	84	—	1013	1131	—	—	34	34	1165			
1 „ „ bei der Nikolaewschen Schule der Gardejunker	—	—	—	—	—	—	11	—	173	184	—	—	—	—	184			
Feldjägercorps	—	—	—	—	—	34	46	—	—	80	—	1	36	37	117			
80 Compagnien mobiler Invaliden . .	—	—	—	—	—	80	960	—	12000	13040	—	—	—	—	13040			
1 „ dienender „ . .	—	—	—	—	—	1	16	—	245	262	—	—	—	—	262			
Summa der Truppenabtheilungen unter verschiedenen Behörden	1	—	—	—	—	177	1173	78	13973	15401	3	28	105	136	15537			

Im Frieden.

	Zahl der																	
					Mannschaften.											Pferde.		
					Combattanten.						Noncombattanten.							
	Bataillons.	Escadrons.	Batterien.	Parks.	Generale.	Stabs- u. Oberoffiziere.	Unteroffiziere.	Spielleute.	Gemeine.	Summa.	Classenbeamte.	Niedere Chargen.	Offiziersburschen.	Summa.	Total.	Reitpferde.	Zugpferde.	Summa.
8. Truppenabtheilungen unter verschiedenen Behörden.																		
1 Compagnie Pallasgrenadiere . . .	—	—	—	—	—	8	16	6	142	172	—	3	11	14	186			
1 Garnisonsbataillon der Leibgarde . .	1	—	—	—	—	20	40	72	400	532	3	24	24	51	583			
45 Commandos Gardeinvaliden . . .	—	—	—	—	—	34	84	—	1013	1131	—	—	34	34	1165			
1 „ „ bei der Nikolaewschen Schule der Gardejunker	—	—	—	—	—	—	11	—	173	184	—	—	—	—	184			
Feldjägercorps	—	—	—	—	—	34	46	—	—	80	—	1	36	37	117			
80 Compagnien mobiler Invaliden . .	—	—	—	—	—	80	960	—	12000	13040	—	—	—	—	13040			
1 „ dienender „ . . .	—	—	—	—	—	1	16	—	245	262	—	—	—	—	262			
Summe der Truppenabtheilungen unter verschiedenen Behörden	1	—	—	—	—	177	1173	78	13973	15401	3	28	105	136	15537			

Im Kriege.

	Zahl der				Mannschaften. Combattanten.						Noncombattanten.					Pferde.		
	Bataillone.	Escadrons u. reitende Centurien.	Batterien.	Parks.	Generale.	Stabs- u. Oberoffiziere.	Unteroffiziere.	Spielleute.	Gemeine.	Summa.	Classbeamte.	Niedere Chargen.	Offizierburschen.	Summa.	Total.	Reitpferde.	Zug- u. Packpferde.	Summa.
B. Die irregulairen Truppen.																		
1. Donsches Kasakencorps.																		
2 Regimenter Leibgarde	—	12	—	—	—	42	112	38	1596	1788	—	4	—	4	1792	1750	180	1930
64 Feldregimenter	—	384	—	—	—	1344	3584	1216	51072	57216	—	128	—	128	57344	56000	5760	61760
1 Lehrregiment mit der Trompetercenturie	—	7	—	—	—	24	120	43	1758	1945	—	2	—	2	1947	875	90	965
Stab der Artillerie des Donschen Corps	—	—	—	—	1	1	—	—	—	2	2	7	3	12	14	—	—	—
1 Batterie der Leibgarde	—	—	1	—	—	10	35	6	409	460	1	46	12	59	519	226	249	476
1 erleichterte Feldbatterie	—	—	1	—	—	7	25	4	272	308	1	38	9	48	356	133	174	307
12 leichte „	—	—	12	—	—	84	800	48	2664	3096	12	456	108	576	3672	1500	1776	3276
Summa des Donschen Kasakencorps	—	403	14	—	1	1512	4176	1355	57771	64815	16	681	132	829	65644	60484	8229	6871[illegible]
2. Irreguläre Truppen unter dem Obercommandeur der Kaukasischen Armee.																		
a. Kubanisches Kasakencorps.																		
Verwaltung des Kubanischen Kasakencorps	—	—	—	—	2	17	—	—	—	19	64	141	—	205	224	—	—	—
Commandos zu den 3 Kaukasischen Leibgarde-kasakenescad. des Persönl. Convois d. Kais.	—	—	—	—	—	12	39	9	360	420	—	—	—	—	420	—	—	—
Kubanische Kasakendiv. d. d. ehemal. 1. Armee	—	2	—	—	—	7	16	4	265	292	—	—	—	—	292	285	32	317
26 Reiterregimenter	—	156	—	—	—	528	1300	338	20748	22914	—	58	—	58	22972	22958	650	2360[illegible]
13 Bataillone Infanterie	13	—	—	—	—	208	1066	234	11960	13468	—	351	—	351	13819	—	288	288
5 reitende Batterien	—	—	5	—	—	40	100	20	890	1050	—	185	45	230	1280	705	680	1385
½ Centurie Handwerker	—	—	—	—	—	—	—	—	—	—	—	125	—	125	125	—	—	—
Summa des Kubanischen Kasakencorps	13	158	5	—	2	812	2521	605	34223	38163	64	860	45	969	39132	23948	1650	2559[illegible]
b. Terekisches Kasakencorps.																		
Verwaltung des Terekischen Kasakencorps	—	—	—	—	1	9	—	—	—	10	21	45	—	66	76	—	—	—
Commandos zu den 3 Kaukasischen Leibgarde-kasakenescad. des Persönl. Convois d. Kais.	—	—	—	—	—	3	15	3	120	141	—	—	—	—	141	—	—	—
5 Brigadestäbe	—	—	—	—	—	10	—	—	—	10	—	20	—	20	30	20	4	24
10 Reiterregimenter	—	60	—	—	—	200	500	130	7980	8810	—	23	—	23	8833	8830	250	9080
2 reitende Batterien	—	—	2	—	—	16	40	8	356	420	—	74	18	92	512	282	272	554
½ Centurie Handwerker	—	—	—	—	—	—	—	—	—	—	—	96	—	96	96	—	—	—
Summa des Terekischen Kasakencorps	—	60	2	—	1	238	555	141	8456	9391	21	258	18	297	9688	9132	526	9658
c. Sonstige irregulaire Truppen.																		
Grusische Fußdruschina	1	—	—	—	—	16	40	—	750	806	—	21	—	21	827	—	9	9
Transkaukasische Landwache zu Pferde	—	—	—	—	—	28	195	—	2017	2240	—	—	—	—	2240	2212	225	2437
8 irreguläre Reiterregimenter	—	18	—	—	—	75	108	21	2160	2364	10	44	10	64	2428	2364	253	2617
3 reitende Centurien der Dagestanschen Prov.	—	3	—	—	—	9	24	6	399	438	—	—	—	—	438	438	—	438
2 irreguläre Reiterescadrons	—	2	—	—	—	8	16	—	200	224	2	30	—	32	256	216	24	240
1 Dsharo-Lesgische Centurie	—	1	—	—	—	3	5	—	131	139	—	6	—	6	145	136	—	136
Stehende Dagestansche Miliz	—	10	—	—	—	23	70	—	1190	1283	1	3	—	4	1287	1083	—	1083
„ Gurische „	—	—	—	—	—	3	8	2	133	146	—	—	—	—	146	—	—	—
Im Kriege aufzubietende Milizen etwa	—	—	—	—	—	425	1275	—	21250	22950	—	—	—	—	22950	15000	—	15000
Summa dieser irregulären Truppen	1	34	—	—	—	590	1741	29	28230	30590	13	104	10	127	30717	21449	511	21960
Summa der irregulairen Truppen unter dem Obercommand. d. Kaukasischen Armee	14	252	7	—	3	1640	4817	775	70909	78144	98	1222	73	1393	79537	54529	2687	57216
Nach Abzug des Commandos d. Kubanisch. u. Terekisch. Corps z. Persönl. Convoi d. Kais.	14	252	7	—	3	1625	4763	763	70429	77583	98	1222	73	1393	78976	54529	2687	57216

Im Frieden.

	Zahl der																	
					Mannschaften.											Pferde.		
					Combattanten.						Noncombattanten.							
	Bataillons.	Escadrons u. reitende Centurien.	Batterien.	Parks.	Generale.	Stabs- u. Oberofficiere.	Unterofficiere.	Spielleute.	Gemeine.	Summa.	Classenbeamte.	Niedere Chargen.	Officiersburschen.	Summa.	Total.	Reitpferde.	Zug- u. Packpferde.	Summa.
B. Die irregulairen Truppen.																		
1. Donisches Kasakencorps.																		
2 Divisionen der Leibgarderegimenter	—	4	—	—	—	14	37	13	532	596	—	4	—	4	600	586	60	646
24 Feldregimenter (13 in Polen, Litthauen und Podolien, 7 am Kaukasus, 3 in Bessarabien, 1 in Finland)	—	144	—	—	—	504	1844	456	19152	21456	—	48	—	48	21504	21000	2160	23160
1 Feldregiment am Kaukasus	—	5	—	—	—	18	48	17	665	748	—	2	—	2	750	732	76	808
1 Lehrregiment mit der Trompetercenturie	—	7	—	—	—	24	81	43	1173	1321	—	2	—	2	1323	—	—	—
Stab der Artillerie des Donischen Corps	—	—	—	—	1	1	—	—	—	2	2	7	3	12	14	—	—	—
2 Divisionen der Leibgardebatterie (1 in St. Petersburg, 1 am Don)	—	—	½	—	—	8	20	4	216	248	2	38	10	50	298	150	92	242
2 Feldbatterien (1 in Polen, 1 am Kaukas.)	—	—	2	—	—	14	40	8	356	418	2	76	18	96	514	250	168	418
11 Züge der andern Batterien am Don	—	—	—	—	—	11	55	11	495	572	11	99	11	121	693	1383	55	1438
Summa des Donischen Kasakencorps	—	160	2½	—	1	594	2125	552	22589	25361	17	276	42	335	25696	24101	2611	26712
2. Irregulaire Truppen unter dem Obercommandeur der Kaukasischen Armee.																		
a. Kubanisches Kasakencorps.																		
Verwaltung des Kubanischen Kasakencorps	—	—	—	—	2	17	—	—	—	19	64	141	—	205	224	—	—	—
Commando zu der Kaukasischen Leibgardekasakenescad. des Persönl. Convois d. Kais.	—	—	—	—	—	4	13	3	120	140	—	—	—	—	140	—	—	—
Kubanische Kasakendiv. d. d. ehemal. 1. Armee	—	2	—	—	—	7	16	4	265	292	—	—	—	—	292	285	32	317
20 Reiterregimenter	—	120	—	—	—	400	1000	260	15960	17620	—	4	—	4	17624	17660	500	18160
4 Bataillone Infanterie	4	—	—	—	—	64	328	72	3680	4144	—	108	—	108	4252	—	288	288
3 reitende Batterien	—	—	3	—	—	24	60	12	534	630	—	111	27	138	768	423	408	831
½ Centurie Handwerker	—	—	—	—	—	—	—	—	—	—	—	125	—	125	125	—	—	—
Summa des Kubanischen Kasakencorps	4	122	3	—	2	516	1417	351	20559	22845	64	489	27	580	23425	18368	1228	19596
b. Terekisches Kasakencorps.																		
Verwaltung des Terekischen Kasakencorps	—	—	—	—	1	9	—	—	—	10	21	45	—	66	76	—	—	—
Commando zu der Kaukasischen Leibgardekasakenescad. des Persönl. Convois d. Kais.	—	—	—	—	—	1	5	1	40	47	—	—	—	—	47	—	—	—
5 Brigadestäbe	—	—	—	—	—	10	—	—	—	10	—	20	—	20	30	20	4	24
10 Reiterregimenter	—	60	—	—	—	200	500	130	7980	8810	—	23	—	23	8833	8830	250	9080
2 reitende Batterien	—	—	2	—	—	16	40	8	356	420	—	74	18	92	512	282	272	554
½ Centurie Handwerker	—	—	—	—	—	—	—	—	—	—	—	96	—	96	96	—	—	—
Summa des Terekischen Kasakencorps	—	60	2	—	1	236	545	139	8376	9297	21	258	18	297	9594	9132	526	9658
c. Sonstige irregulaire Truppen.																		
Grusische Fußdruschina	1	—	—	—	—	16	40	—	750	806	—	21	—	21	827	—	9	9
Transkaukasische Landwache zu Pferde	—	—	—	—	—	28	195	—	2017	2240	—	—	—	—	2240	2212	—	2212
3 irregulaire Reiterregimenter	—	18	—	—	—	75	108	21	2160	2364	10	44	10	64	2428	2364	253	2617
3 reit. Centurien der Dagestanischen Provinz	—	3	—	—	—	9	24	6	399	438	—	—	—	—	438	438	—	438
2 irregulaire Reiterescadrons	—	2	—	—	—	8	16	—	200	224	2	30	—	32	256	216	24	240
1 Dibaro-Lesgische Centurie	—	1	—	—	—	3	5	—	131	139	—	6	—	6	145	136	—	136
Stehende Dagestanische Miliz	—	10	—	—	—	23	70	—	1190	1283	1	3	—	4	1287	1083	—	1083
" Gurische	—	—	—	—	—	3	8	2	133	146	—	—	—	—	146	—	—	
Summa dieser irregulairen Truppen	1	34	—	—	—	165	466	29	6980	7640	13	104	10	127	7767	6449	286	6735
Summa der irregulairen Truppen unter dem Obercommand. d. Kaukasischen Armee	5	216	5	—	3	917	2428	519	35915	39782	98	851	55	1004	40786	33949	2040	35989
Nach Abzug der Commandos d. Kubanisch. u. Terekisch. Corps z. Persönl. Convoi d. Kais.	5	216	5	—	3	912	2410	515	35755	39595	98	851	55	1004	40599	33949	2040	35989

Im Kriege.

	Zahl der																	
					Mannschaften.											Pferde.		
					Combattanten.						Noncombattanten.							
	Bataillone.	Escadrons u. reitende Centurien.	Batterien.	Parks.	Generale.	Stabs- u. Oberoffiziere.	Unteroffiziere.	Spielleute.	Gemeine.	Summa.	Classenbeamte.	Niedere Chargen.	Officiersburschen.	Summa.	Total.	Reitpferde.	Zug- u. Packpferde.	Summa.
3. Kasakentruppen unter dem Generalgouverneur von Neurußland und Bessarabien.																		
a. Krimsche Leibgardetatarenescadr.	—	1	—	—	—	5	7	4	133	149	—	—	—	—	149	144	18	162
b. Neurussisches Kasakencorps. 2 Regimenter	—	12	—	—	—	40	100	—	1596	1736		—	—	—	1736	1696	176	1872
c. Asowsches Kasakencorps. Bestand nach dem Rapport v. 29. Aug. 1862	—	—	—	—	1	33	96	—	1547	1677	2	14	—	16	1693	—	—	—
Summa der Kasakentruppen unter dem Generalg. v. Neurußland u. Bessarabien	—	13	—	—	1	78	203	4	3276	3562	2	14	—	16	3578	1840	194	2034
4. Astrachansches Kasakencorps.																		
Verwaltung des Astrachansch. Kasakencorps																		
8 Reiterregimenter	—	18	—	—	—	60	150	39	2394	2643	—	6	—	6	2649	2649	75	2724
½ reitende Batterie	—	—	½	—	—	8	30	6	282	326	1	98	—	99	425	76	83	159
Summa des Astrachansch. Kasakencorps	—	18	½	—	—	68	180	45	2676	2969	1	104	—	105	3074	2725	158	2883
5. Kasakencorps unter dem Commandeur des Abgesonderten Orenburgschen Corps.																		
a. Orenburgsches Kasakencorps.																		
12 Reiterregimenter	—	72	—	—	—	252	672	228	9576	10728	—	24	—	24	10752	10504	1080	11584
6 Bataillone zu Fuß	6	—	—	—	—	96	492	108	5520	6216	—	162	—	162	6378	—	—	—
Reitende Artilleriebrigade.																		
Brigadestab	—	—	—	—	—	2	—	1	—	3	—	4	4	8	11	8	—	8
3 reitende Batterien	—	—	3	—	—	18	60	12	534	624	—	111	—	111	735	423	408	831
Summa der reit. Art.-Brig.	—	—	3	—	—	20	60	13	534	627	—	115	4	119	746	426	408	834
1 Centurie Handwerker, etwa	—	—	—	—	—	—	—	—	—	—	—	150	—	150	150	—	—	—
Summa des Orenburgsch. Kasakencorps	6	72	3	—	—	368	1224	349	15630	17571	—	451	4	455	18026	10930	1488	12418
b. Uralsches Kasakencorps.																		
1 Leibgardedivision	—	2	—	—	—	7	16	4	265	292	—	—	—	—	292	285	32	317
12 Reiterregimenter	—	72	—	—	—	252	672	228	9576	10728	—	24	—	24	10752	10500	1080	11580
Summa des Uralsch. Kasakencorps	—	74	—	—	—	259	688	232	9841	11020	—	24		24	11044	10785	1112	11897
c. Baschkirencorps.																		
17 Regimenter können gestellt werden	—	102	—	—	—	221	850	221	13566	14858	—	—		—	14858	14637	1530	16167
Summa der Kasakencorps unter dem Command. d. Abgel. Orenburgsch. Corps	6	248	3	—	—	848	2762	802	39037	43449	—	475	4	479	43928	36348	4130	40478
6. Kasakentruppen des Abgesonderten Sibirischen Corps.																		
a. Sibirisches Kasakencorps.																		
Verwaltung des Sibirischen Kasakencorps	—	—	—	—	1	—	—	—	—	1	20	38	—	58	59	—	—	—
12 Reiterregimenter	—	72	—	—	—	240	600	156	9576	10572	—	24	—	24	10596	10596	300	10896
3 Halbbataillone zu Fuß	1½		—	—	—	24	128	27	1380	1554	—	42	—	42	1596	—	—	—
Reit. Artilleriebrigade, w. die Orenburgische	—	—	3	—	—	20	60	13	534	627	—	115	4	119	746	426	408	834
1 Lehrcenturie	—	1	—	—	—	2	12	2	72	88	—	2	—	2	90	86	—	86
1 Centurie Handwerker, etwa	—	—	—	—	—	—	—	—	—	—	—	150	—	150	150	—	—	—
Summa des Sibir. Kasakencorps	1½	73	3	—	1	286	795	198	11562	12842	20	371	4	395	13237	11108	708	11816
b. 2 reitende Kasakenregimenter	—	12		—	—	42	98	26	1596	1762	—	179	—	179	1941	1720	178	1898
Summa der Kasakentruppen des Abgesonderten Sibirischen Corps	1½	85	3	—	1	328	893	224	13158	14604	20	550	4	574	15178	12828	886	13714

	Zahl der				Mannschaften. Combattanten.						Noncombattanten.					Pferde.		
	Bataillons.	Escadrons u. reitende Centurien.	Batterien.	Parks.	Generale.	Stabs- u. Oberoffiziere.	Unteroffiziere.	Spielleute.	Gemeine.	Summa.	Classenbeamte.	Niedere Chargen.	Offiziersburschen.	Summa.	Total.	Reitpferde.	Zug- u. Packpferde.	Summa.
3. Kasakentruppen unter dem Generalgouverneur von Neurußland und Bessarabien.																		
a. Krimische Leibgardetataren ½ Esc.	—	½	—	—	—	3	4	2	66	75	—	—	—	—	75	72	9	81
b. Neurussisches Kasakencorps. 1 Reiterregiment	—	6	—	—	—	20	50	—	798	868	—	—	—		868	848	88	936
c. Asowsches Kasakencorps. 22 Commandos mit 32 Barkassen	—	—	—	—	—	16	33	—	539	588	—	—	—	—	588	—	—	...
Summa der Kasakentruppen unter dem Generalg. v. Neurußland u. Bessarabien	—	6½	—	—	—	39	87	2	1403	1531	—	—	—	—	1531	920	97	1017
4. Astrachansches Kasakencorps.																		
Verwaltung des Astrachansch. Kasakencorps																		
1 Centurie zur Kaukasischen Armee	—	—	—	—	—	3	8	2	133	146	—	—	—	—	146	143	15	158
1 Reiterregiment	—	6	—	—		20	50	13	798	881	—	2	—	2	883	883	25	908
½ reitende Batterie	—	—	½	—	—	4	10	2	94	110	1	35	—	36	146	76	62	138
Summa des Astrachansch. Kasakencorps	—	6	½	—	—	27	68	17	1025	1137	1	37	—	38	1175	1102	102	1204
5. Kasakencorps unter dem Commandeur des Abgesonderten Orenburgschen Corps.																		
a. Orenburgsches Kasakencorps.																		
4 Reiterregimenter	—	24	—	—	—	84	224	76	3192	3576	—	8	—	8	3584	3500	360	3860
4 Centurien in Moskau	—	4	—	—	—	12	32	8	532	584	—	—	—	—	584	572	60	632
4 Bataillone zu Fuß	4	—	—	—	—	64	328	72	3680	4144	—	108	—	108	4252	—	—	—
Stab der reitenden Artilleriebrigade	—	—	—	—	—	3	—	—	—	3	—	3	4	7	10	2	—	2
2 reitende Batterien		—	2	—	—	12	40	8	356	416	—	74	—	74	490	282	272	554
Im Dienst befindl. Comm. d. 1 beurl. Batterie		—	—	—	—	—	8	—	52	60	—	3	2	5	65	60	38	98
1 Centurie Handwerker, etwa	—	—	—	—	—	—	—	—	150	150	—	—	—	—	150	—	—	—
Summa des Orenburgsch. Kasakencorps	4	28	2	—	—	175	632	164	7962	8933	—	196	6	202	9135	4416	730	5146
b. Uralsches Kasakencorps.																		
1 Leibgardeescadron		1		—		4	8	2	133	147	—	—	—	—	147	143	18	161
3 Centurien in Moskau	—	3	—	—	—	9	24	6	399	438	—	—	—	—	438	429	45	474
4 Reiterregimenter	—	20	—	—		80	152	—	2660	2892	—	—	—	—	2892	2812	292	3104
Summa des Uralsch. Kasakencorps	—	24	—		—	93	184	8	3192	3477	—	—	—	—	3477	3384	355	3739
c. Baschkirencorps.																		
Commandos im Etappendienst nach Bedarf																		
Summa der Kasakencorps unter dem Command. d. Abges. Orenburgisch. Corps	4	52	2	—	—	268	816	172	11154	12410	—	196	6	202	12612	7800	1085	8885
6. Kasakentruppen des Abgesonderten Sibirischen Corps																		
a. Sibirisches Kasakencorps.																		
Verwaltung des Sibirischen Kasakencorps	—	—	—	—	1	—	—	—	—	1	20	38	—	58	59	—	—	—
4 Reiterregimenter	—	24	—	—	—	80	200	52	3192	3524	—	8	—	8	3532	3532	100	3632
1 Halbbataillon zu Fuß	½	—	—	—	—	8	41	9	460	518	—	14	—	14	532	—	—	—
Stab der reitenden Artilleriebrigade	—	—	—	—	—	3	—	—	—	3	—	3	4	7	10	—	2	2
1 reitende Batterie	—	—	1	—	—	6	20	4	178	208	—	37	—	37	245	141	136	277
1 Lehrcenturie	—	1	—	—	—	2	12	2	72	88	—	2	—	2	90	86	—	86
1 Centurie Handwerker, etwa	—	—	—	—	—	—	—	—	—		—	150	—	150	150	—	—	—
Summa des Sibir. Kasakencorps	½	25	1	—	1	99	273	67	3902	4342	20	252	4	276	4618	3759	238	3997
b. 2 reitende Kasakenregimenter	—	12	—	—	—	42	98	26	1596	1762	—	179	—	179	1941	1720	178	1898
Summa der Kasakentruppen des Abgesonderten Sibirischen Corps	½	37	1	—	1	141	371	93	5498	6104	20	431	4	455	6559	5479	416	5895

Im Kriege.

	Zahl der																	
					Mannschaften.											Pferde.		
					Combattanten.						Noncombattanten.							
	Bataillons.	Escadrons u. reitende Centurien.	Batterien.	Parks.	Generale.	Stabs- u. Oberofficiere.	Unteroffiziere.	Spielleute.	Gemeine.	Summa.	Kassenbeamte.	Niedere Chargen.	Offizierburschen.	Summa.	Total.	Reitpferde.	Zug- u. Packpferde.	Summa.
7. Kasakencorps unter dem Generalgouverneur von Ostsibirien																		
a. Transbaikalisches Kasakencorps																		
3 Stäbe der Reiterbrigaden	—	—	—	—	—	6	—	27	—	33	3	12	—	15	48	—	—	—
6 Reiterregimenter	—	36	—	—	—	78	300	78	4788	5244	—	—	—	—	5244	5166	540	5706
3 Stäbe der Infanteriebrigaden	—	—	—	—	—	6	—	27	—	33	3	12	—	15	48	—	—	—
13 Bataillone zu Fuß	13	—	—	—	—	130	1066	156	11960	13312	—	208	—	208	13520	—	—	—
1 Stab der reitenden Artilleriebrigade	—	—	—	—	—	2	—	1	—	3	—	4	4	8	11	3	—	3
2 reitende Batterien	—	—	2	—	—	14	50	8	444	516	—	71	16	90	606	78	288	366
Summa d. Transbaikalischen Kasakencorps	13	36	2	—	—	236	1416	297	17192	19141	6	310	20	336	19477	5247	828	6075
b. Amursches Kasakencorps.																		
Stab der Reiterbrigade	—	—	—	—	—	2	—	—	—	2	1	4	—	5	7	—	—	—
2 Reiterregimenter	—	8	—	—	—	18	68	18	1064	1168	—	28	—	28	1196	1150	282	1432
2 active Bataillone zu Fuß	2	—	—	—	—	24	164	40	1840	2068	—	32	—	32	2100	—	112	112
2 Reserve " " "	2	—	—	—	—	14	164	40	1840	2058	—	32	—	32	2090	—	—	—
Summa des Amurschen Kasakencorps	4	8	—	—	—	58	396	98	4744	5296	1	96	—	97	5393	1150	394	1544
Summa der Kasakencorps unter dem Generalgouv. v. Ostsibirien	17	44	2	—	—	294	1812	395	21936	24437	7	406	20	433	24870	6397	1222	7619
8. Persönliches Convoi Seiner Majestät des Kaisers.																		
In der Kaukasischen Leibgardeescadron	—	1	—	—	—	9	20	4	80	113	2	43	12	57	170	104	53	157
" den " " kasakenescadrons	—	3	—	—	—	17	54	12	480	563	1	48	15	64	627	564	576	1140
und zwar vom Kubanischen Kasakencorps	—	—	—	—	—	12	39	9	360	420	—	—	—	—	—	—	—	—
" Terekischen "	—	—	—	—	—	3	15	3	120	141	—	—	—	—	—	—	—	—
Summa des Pers. Convois des Kaisers	—	4	—	—	—	26	74	16	560	676	3	91	27	121	797	668	629	1297
Recapitulation.																		
Verwaltung der Irregulairen Truppen	—	—	—	—	1	31	—	—	—	32	12	101	—	113	145	—	—	—
Donisches Kasakencorps	—	403	14	—	1	1512	4176	1355	57771	64815	16	681	132	829	65644	60484	8229	68713
Irregulaire Truppen unter dem Obercommandeur der Kaukasischen Armee	14	252	7	—	3	1625	4763	763	70429	77583	98	1222	73	1393	78976	54529	2687	57216
Kasakentruppen unter dem Generalgouverneur von Neurußland und Bessarabien	—	13	—	—	1	78	203	4	3276	3562	2	14	—	16	3578	1840	194	2034
Astrachanisches Kasakencorps	—	18	4	—	—	68	180	45	2676	2969	1	104	—	105	3074	2725	158	2883
Kasakencorps des Abgel. Orenburg. Corps	6	248	3	—	—	848	2762	802	39087	43449	—	475	4	479	43928	36348	4130	40478
" " " Sibirischen "	1½	85	3	—	1	328	893	224	13158	14604	20	550	4	574	15178	12828	886	13714
" unter dem Generalgouverneur von Ostsibirien	17	44	2	—	—	294	1812	395	21936	24437	7	406	20	433	24870	6397	1222	7619
Persönliches Convoi Seiner Maj. des Kaisers	—	4	—	—	—	26	74	16	560	676	3	91	27	121	797	668	629	1297
Total der irregulairen Truppen	38½	1067	29½	—	7	4810	14863	3604	208843	242127	159	3644	260	4063	286190	175819	18135	193954

NB. Die Zahl der irregulairen Truppen kann im Nothfall mit Leichtigkeit noch bedeutend erhöht werden, da die meisten Kasakencorps in ihrer waffenfähigen und dienstpflichtigen Bevölkerung das Material zu einer doppelten, einige sogar für eine dreifache Besetzung der von ihnen etatsmäßig aufzustellenden Truppentheile haben.

	Bataillons	Escadrons u. reitende Centurien	Batterien	Parks	Generale	Stabs- u. Oberoffiziere	Unteroffiziere	Spielleute	Gemeine	Summa	Classenbeamte	Niedere Chargen	Offiziersburschen	Summa	Total	Reitpferde	Zug- u. Packpferde	Summa
	Zahl der				Mannschaften.											Pferde.		
					Combattanten.						Noncombattanten.							
7. Kosakencorps unter dem Generalgouverneur von Ostsibirien.																		
a. Transbaikalisches Kosakencorps.																		
3 Stäbe der Reiterbrigaden	—	—	—	—	—	6	—	27	—	33	3	12	—	15	48	—	—	—
6 Reiterregimenter	—	36	—		—	78	300	78	4788	5244	—	—	—	—	5244	5166		5166
3 Stäbe der Infanteriebrigaden	—	—	—	—		6	—	27	—	33	3	12	—	15	48	—	—	—
13 Bataillone zu Fuß	13	—	—	—	—	65	1066	156	11960	13247	—	209	—	209	13455	—	—	—
1 Stab der reitenden Artilleriebrigade		—		—	—	3	—	—	—	3	—	3	4	7	10	2		2
2 Züge der reitenden Batterien	—		—	—	—	8	18	2	82	110	—	30	10	40	150	108	38	146
Summa d. Transbaikalischen Kosakencorps	13	36	—			166	1384	290	16830	18670	6	265	14	285	18955	5276	38	5314
b. Amurisches Kosakencorps.																		
Stab der Reiterbrigade	—	—	—		—	2	—	—		2	1	4	—	5	7	—	—	—
2 Reiterregimenter		6	—	—	—	18	68	18	1064	1168		28	—	28	1196	1150	—	1150
2 active Bataillone zu Fuß	2	—	—	—	—	14	164	40	1840	2058		32	—	32	2090	—	—	—
Summa des Amurischen Kosakencorps	2	8	—	—	—	34	232	58	2904	3228	1	64	—	65	3293	1150	—	1150
Summe der Kosakencorps unter dem Generalgouv. v. Ostsibirien	15	44	—	—	—	200	1616	348	19734	21898	7	329	14	350	22248	6426	38	6464
8. Persönliches Convoi Seiner Majestät des Kaisers.																		
In der Kaukasischen Leibgardeescadron	—	1	—	—	—	9	20	1	80	113	2	43	12	57	170	104	35	139
„ „ „ „ Kosakenescadron		1	—	—	—	7	18	4	160	189	1	16	8	25	214	188	192	380
und zwar vom Kubanischen Kosakencorps	—	—	—	—	—	4	13	3	120	140	—	—	—	—	—	—	—	—
„ Terekischen „	—	—	—	—	—	1	5	1	40	47	—	—	—	—	—	—	—	—
Summa des Pers. Convois des Kaisers	—	2	—	—	—	16	38	8	240	302	3	59	20	82	384	292	227	519
Recapitulation.																		
Verwaltung der Irregulären Truppen	—	—	—	—	1	31	—	—	—	32	12	101	—	113	145		—	
Donisches Kosakencorps	—	160	2½	—	1	594	1625	552	22589	25361	17	276	42	335	25696	24101	2611	26712
Irreguläre Truppen unter dem Obercommandeur der Kaukasischen Armee	5	216	5	—	3	912	2410	515	35735	39565	95	851	55	1001	40566	33949	2040	35989
Kosakentruppen unter dem Generalgouverneur von Neurußland und Bessarabien	—	6¼	—	—	—	39	87	2	1403	1531	—		—	—	1531	920	97	1017
Astrachansches Kosakencorps	—	6		—	—	27	68	17	1025	1137	1	37	—	38	1175	1102	102	1204
Kosakencorps des Abgel. Orenburg. Corps	4	52	2	—	—	265	816	179	11154	12410	—	196	6	202	12612	7800	1085	8885
„ „ „ Sibirischen „	}	37	1	—	1	141	371	93	5498	6104	20	431	4	455	6559	5479	416	5895
„ unter dem Generalgouverneur von Ostsibirien	15	44	—	—	—	200	1616	348	19734	21898	7	329	14	350	22248	6426	38	6464
Persönliches Convoi Seiner Maj. des Kaisers	—	2	—	—	—	16	38	8	240	302	3	59	20	82	384	292	227	519
Total der irregulären Truppen	24¼	523¼	11½	—	6	2228	7031	1707	97398	108370	158	2280	141	2579	110949	80069	6616	86685

NB. Die Berechnung der Zahl der im Frieden im Dienst befindlichen irregulären Truppen kann nur Anspruch auf annähernde Richtigkeit machen, da sie ja nach dem Bedürfniß und Umständen variirt, auch die speciellen Daten dazu unbekannt sind.

Im Kriege.

	Zahl der: Bataillons	Escadrons u. reitende Compagnien	Batterien	Parks	Mannschaften, Combattanten: Generale	Stabs- u. Ober-offiziere	Unteroffiziere	Spielleute	Gemeine	Summa	Noncombattanten: Classenbeamte	Niedere Chargen	Offiziersdiener	Summa	Total	Pferde: Reitpferde	Zug- u. Packpferde	Summa
Schlußrecapitulation.																		
Active reguläre Feldtruppen	455	224½	130	42½	177	15443	53614	20329	496984	586517	2661	42195	18915	63772	650319	39697	68981	108678
Mobile Reservetruppen	240	168	78	1	75	8534	29702	8516	2686[illegible]	315427	922	18947	10810	30679	346106	31029	30535	61560
Immobile Reserve- und Ersatztruppen	201	108	54	—	33	6461	19682	7055	220359	253590	624	14132	7858	22614	276204	19501	10931	30432
Parks	—	—	—	9	—	119	386	44	3272	3821	63	1593	196	1852	5673	—	4081	4081
Abgesondertes Corps der Innern Wache	53	—	—	—	—	2032	10771	1596	115219	129528	66	4174	2193	6433	135961	—	—	—
Corps der Gensdarmen	—	7½	—	—	—	212	715	20	4084	5031	7	519	249	775	5806	3940	33	3973
Trupp. u. Etablissements d. Artilleriewesens	—	—	—	3	8	544	2053	146	17147	19898	231	3712	852	4795	24693	—	—	—
„ „ „ „ Ingenieurs „	—	—	—	—	8	366	874	60	10241	11549	41	677	449	1167	12716	—	4	4
Truppenabtheil. unter verschied. Behörden	1	—	—	—	—	177	1173	78	13973	15401	5	28	103	136	15537	—	—	—
Irreguläre Truppen	64½	1067	29½	—	7	4810	14868	3904	208[illegible]	232127	159	3614	264	4037	236164	175819	18135	193954
Gesammtsumme aller Russischen Tr.	[illegible]	[illegible]	[illegible]	[illegible]	308	[illegible]	[illegible]	[illegible]	[illegible]	[illegible]	[illegible]	[illegible]	[illegible]	[illegible]	[illegible]	[illegible]	[illegible]	[illegible]

Die 291½ Batterien enthalten nach den im Vorigen gemachten Angaben 2088 bespannte Geschütze und zwar:

10 Batterien	à 12	=	120
231½ „	„ 8	=	1852
8 „	„ 4	=	32
42 „	„ 2	=	84

Anmerkung. Von obigen Truppen sind für einen Krieg auf jedem Theater als disponibel zu rechnen:

	Bataillons	Escadrons u. reitende Compagnien	Batterien	Parks	Generale	Stabs- u. Ober-offiziere	Unteroffiziere	Spielleute	Gemeine	Summa	Classenbeamte	Niedere Chargen	Offiziersdiener	Summa	Total	Reitpferde	Zug- u. Packpferde	Summa
Active reguläre Feldtruppen nach Abzug aller Localtruppen am Kaukasus, in Finland, Orenburg, Sibirien u. Ostsibirien	297	204½	108	38	119	11020	38032	15391	340856	405418	1388	26105	14186	41679	447097	37182	58766	95918
Mobile Reservetruppen	240	168	78	1	75	8534	29702	8516	2686[illegible]	315427	922	18947	10810	30679	346106	31029	30535	61564
Parks	—	—	—	9	—	119	386	44	3272	3821	63	1593	196	1852	5673	—	4081	4081
Gensdarmen	—	1½	—	—	—	11	31	8	189	239	1	44	14	59	298	182	—	182
Irreguläre Truppen:																		
Don'sche Kasaken	—	403	14	—	1	1512	4176	1355	57771	64815	16	681	132	829	65644	60481	8229	68710
Kubanische Kasakenpolken	—	2	—	—	—	7	16	4	265	292	—	—	—	—	292	285	32	317
Krimsche Tataren	—	1	—	—	—	5	7	4	133	149	—	—	—	—	149	144	18	162
Orenburgsche Kasaken	—	48	2	—	—	180	488	160	6740	7568	—	90	—	90	7658	7282	992	8274
Uralsche „	—	50	—	—	—	175	464	156	6649	7444	—	16	—	16	7460	7285	752	8037
Baschkiren	—	104	—	—	—	221	850	221	13566	14858	—	—	—	—	14858	14637	1530	16167
Persönliches Convoi des Kaisers	—	4	—	—	—	26	74	16	560	676	3	91	27	121	797	668	629	1297
Summa der disponibeln Feldtruppen	537	984	202	48	195	21810	74226	25575	698[illegible]	820709	2393	47567	25365	75325	896034	159175	105561	261742

Mit 1640 Geschützen in 1 Batterie à 12 und 201 Batterien à 8 Gesch.

Diese Zahl kann nach Erfordern noch durch Heranziehung von, als immobil gerechneten Reservetruppen, namentlich der Reservedivisionen der Garde-, Grenadier- u. Kaukasischen Infanterie, die das complette Fuhrwesen mobiler Truppen haben, und durch erhöhte Anspannung der Streitkraft der Kasakencorps erhöht und unschwer bis auf eine Gesammtsumme von

1,000,000 Combattanten und Noncombattanten gebracht werden.

	Zahl der																		
					Mannschaften.											Pferde.		
					Combattanten.						Noncombattanten.							
	Bataillons.	Escadrons u. reitende Centurien.	Batterien.	Parks.	Generale.	Stabs- u. Ober-officiere.	Unterofficiere.	Spielleute.	Gemeine.	Summa.	Classenbeamte.	Niedere Chargen.	Officiersburschen.	Summa.	Total.	Reitpferde.	Zug- u. Packpferde.	Summa.
Schlußrecapitulation.																			
Active reguläre Feldtruppen	46½	227	82½	32½	191	17032	47326	18562	399689	482800	2619	37977	20947	61543	544343	30962	18586	49548
Reservetruppen	97	80	24	—	25	3752	10884	3047	59980	77688	319	6647	4585	11551	89239	9055	3131	12186
Parks	—	—	—	9	—	19	14	4	180	217	23	297	46	366	583	—	146	146
Abgesondertes Corps der Innern Wache	53	—	—	—	—	2032	10771	1506	115219	129528	60	4174	2199	6433	135961	—	—	—
Corps der Gensdarmen	—	6	—	—	—	201	684	12	3895	4792	6	475	235	716	5508	2597	15	2612
Truppen u. Etablissem. des Artilleriewesens	—	—	—	3	8	544	1938	146	16097	18733	231	3656	852	4739	23472	—	—	—
" " " " Ingenieur "	—	—	—	—	6	366	874	60	10241	11549	41	677	449	1167	12716	—	4	4
Truppenabtheilungen unter versch. Behörden	1	—	—	—	—	177	1173	78	13973	15401	3	28	105	136	15537	—	—	—
Irreguläre Truppen	24½	523½	11½	—	6	2228	7031	1707	97398	108370	158	2280	141	2579	110949	80069	6616	86685
Gesammtsumme aller Russischen Truppen	[illegible]	836½	[illegible]	44½	238	26351	80095	25122	716672	819078	3406	56211	29558	89230	938308	122683	28498	151181

Die Zahl der bespannten Geschütze beträgt nach den vorher gegebenen Notizen 924 Stück.

IV.

Berechnung

der

Stärke sämmtlicher unter dem Obercommando des Statthalters des Kaisers in Polen

Seiner Kaiserlichen Hoheit

des Großfürsten

Konstantin Nikolaewitsch

stehenden

Truppen nach dem Kriegsetat mit dem erhöhten Offizierstande des Friedens

am

1. Januar 1863.

	Zahl der																	
					Mannschaften.											Pferde.		
					Combattanten.						Noncombattanten.							
	Bataillons.	Escadrons u. reitende Centurien.	Batterien.	Parks.	Generale.	Stabs- u. Oberoffiziere.	Unteroffiziere.	Spielleute.	Gemeine.	Summa.	Classbeamte.	Niedere Chargen.	Offizierburschen.	Summa.	Total.	Reitpferde.	Zug- u. Packpferde.	Summa.
Verwaltung der Truppen im Königr. Polen	—	—	—	—	14	53	5	—	60	132	104	200	95	399	531	—	—	—
Gardetruppen.																		
3. Gardeinfanteriedivision.																		
Divisionsstab	—	—	—	—	2	5	—	1	—	8	3	12	17	32	40	1	11	12
2 Leibgarderegimenter	4	—	—	—	2	118	408	240	3600	4368	12	206	146	364	4732	—	326	326
2 Grenadierregimenter	4	—	—	—	—	120	408	240	3600	4368	12	206	144	362	4730	—	326	326
1 Leibgardeschützenbataillon	1	—	—	—	—	81	88	67	900	1086	4	66	37	107	1193	—	73	73
Summa der 3. Garde-Inf.-Div.	9	—	—	—	4	274	904	548	8100	9830	31	490	344	865	10695	1	736	737
3. Garde- und Grenadierartilleriebrigade.																		
Brigadestab	—	—	—	—	—	4	—	1	—	5	3	7	9	19	24	1	6	7
2 schwere Leibgardebatterien	—	—	2	—	—	18	54	8	496	576	—	17	20	37	613	18	396	414
1 gezogene leichte	—	—	1	—	—	9	27	4	185	225	—	34	9	43	268	9	144	153
Summa der 3. Garde u. Gren.-Art.-Brig.	—	—	3	—	—	31	81	13	681	806	3	58	38	99	905	28	546	574
Summa der Gardetruppen	9	—	3	—	4	305	985	561	8781	10636	34	548	382	964	11600	29	1282	1311
Warschauscher Militairbezirk.																		
2. Infanteriedivision.																		
Divisionsstab	—	—	—	—	2	5	—	1	—	8	3	13	17	33	41	1	14	15
3 Infanterieregimenter	9	—	—	—	—	258	909	411	8100	9678	18	426	312	756	10434	—	489	489
1 Schützenbataillon	1	—	—	—	—	31	88	21	900	1040	3	66	38	107	1147	—	73	73
Summa der 2. Inf.-Div.	10	—	—	—	2	294	997	433	9000	10726	24	505	367	896	11622	1	576	577
4. Infanteriedivision.																		
Divisionsstab	—	—	—	—	2	5	—	1	—	8	3	13	17	33	41	1	14	15
4 Infanterieregimenter	12	—	—	—	—	344	1212	548	10800	12904	24	568	416	1008	13912	—	652	652
1 Schützenbataillon	1	—	—	—	—	31	88	21	900	1040	3	66	38	107	1147	—	73	73
Summa der 4. Inf.-Div.	13	—	—	—	2	380	1300	570	11700	13952	30	647	471	1148	15100	1	739	740
5. Infanteriedivision.																		
Divisionsstab	—	—	—	—	2	5	—	1	—	8	3	13	17	33	41	1	14	15
4 Infanterieregimenter	12	—	—	—	—	344	1212	548	10800	12904	24	568	416	1008	13912	—	652	652
1 Schützenbataillon	1	—	—	—	—	30	88	21	900	1039	3	66	36	105	1144	—	73	73
Summa der 5. Inf.-Div.	13	—	—	—	2	379	1300	570	11700	13951	30	647	469	1146	15097	1	739	740
6. Infanteriedivision.																		
Divisionsstab	—	—	—	—	2	5	—	1	—	8	3	13	17	33	41	1	14	15
5 Infanterieregimenter	15	—	—	—	—	430	1515	685	13500	16130	30	710	520	1260	17390	—	815	815
2 Schützenbataillone	2	—	—	—	—	60	176	42	1800	2078	6	132	72	210	2288	—	146	146
Summa der 6. Inf.-Div.	17	—	—	—	2	495	1691	728	15300	18216	39	855	609	1503	19719	1	975	976
7. Infanteriedivision, wie die 4.	13	—	—	—	2	380	1300	570	11700	13952	30	647	471	1148	15100	1	739	740
Husarenbrigade der 1. Cavalleriedivision.																		
2 Husarenregimenter	—	8	—	—	—	88	176	34	1392	1690	12	154	110	276	1966	1314	148	1462
2. Cavalleriedivision.																		
Divisionsstab	—	—	—	—	3	5	—	—	—	8	3	12	20	35	43	1	14	15
4 Cavallerieregimenter	—	16	—	—	—	176	352	68	2784	3380	24	308	220	552	3932	2628	296	2924
Summa der 2. Cav.-Div.	—	16	—	—	3	181	352	68	2784	3388	27	320	240	587	3975	2629	310	2939
2. Artilleriedivision.																		
Divisionsstab	—	—	—	—	1	2	—	—	—	3	1	6	6	13	16	—	6	6
2. Brigade.																		
Brigadestab	—	—	—	—	—	5	—	1	—	6	3	7	11	21	27	1	6	7
2 schwere Batterien	—	—	2	—	—	26	54	8	496	584	—	70	29	99	683	18	396	414
1 gezogene leichte	—	—	1	—	—	12	27	4	185	228	—	34	13	47	275	9	144	153
1 erleichterte	—	—	1	—	—	12	27	4	234	277	—	35	13	48	325	9	194	203
Summa der 2. Brig.	—	—	4	—	—	55	108	17	915	1095	3	146	66	215	1310	37	740	777
4. Brigade, wie die 2.	—	—	4	—	—	55	108	17	915	1095	3	146	66	215	1310	37	740	777
5. „ „	—	—	4	—	—	55	108	17	915	1095	3	146	66	215	1310	37	740	777
6. „ „	—	—	4	—	—	55	108	17	915	1095	3	146	66	215	1310	37	740	777
7. „ „	—	—	4	—	—	55	108	17	915	1095	3	146	66	215	1310	37	740	777

	Zahl der																	
					Mannschaften.											Pferde.		
					Combattanten.						Noncombattanten.							
	Bataillons.	Escadrons u. reitende Centurien.	Batterien.	Parks.	Generale.	Stabs- u. Oberoffiziere.	Unteroffiziere.	Spielleute.	Gemeine.	Summa.	Classbeamte.	Niedere Chargen.	Offiziersburschen.	Summa.	Total.	Reitpferde.	Zug- u. Packpferde.	Summa.
2. reitende Artilleriebrigade.																		
Brigadestab	—	—	—	—	—	4	—	1	—	5	4	9	10	23	28	1	8	9
1 schwere Batterie	—	—	1	—	—	8	27	4	323	362	—	42	9	51	413	180	221	401
1 leichte	—	—	1	—	—	8	27	4	294	333	—	40	9	49	382	152	197	349
Summa der 2. reit. Art.-Brig.	—	—	2	—	—	20	54	9	617	700	4	91	28	123	823	333	426	759
1. Parkartilleriebrigade.																		
Brigadestab	—	—	—	—		1	—	—	—	1	1	4	3	8	9	—	—	—
3 mobile und 1 fliegender Park	—	—	—	4	—	31	104	16	1328	1479	16	108	51	175	1654	—	24	24
Summa der 1. Park Art.-Brig.	—	—	—	4	—	32	104	16	1328	1480	17	112	54	183	1663	—	24	24
2. Parkartilleriebrigade, wie die 1.	—		—	4	—	32	104	16	1328	1480	17	112	54	183	1663	—	24	24
3. „ „	—	—	—	4	—	32	104	16	1328	1480	17	112	54	183	1663	—	24	24
Summa der 2. Art.-Div.	—	—	22	12	1	393	906	142	9176	10618	71	1163	526	1760	12378	518	4204	4722
Recapitulation.																		
2. Infanteriedivision	10	—	—	—	2	294	907	433	9000	10726	24	505	367	896	11622	1	576	577
4. „	13	—	—	—	2	380	1300	570	11700	13952	30	647	471	1148	15100	1	739	740
5. „	13	—		—	2	379	1300	570	11700	13951	30	647	469	1146	15097	1	739	740
6. „	17	—	—	—	2	495	1691	728	15300	18216	39	855	609	1503	19719	1	975	976
7. „	13	—	—	—	2	380	1300	570	11700	13952	30	647	471	1148	15100	1	739	740
Husarenbrigade der 1. Cavalleriedivision	—	8	—	—	—	88	176	34	1392	1690	12	154	110	276	1966	1314	148	1462
2. Cavalleriedivision	—	16	—	—	3	181	352	68	2784	3388	27	320	240	587	3975	2629	310	2939
2. Artillerie „	—	—	22	12	1	393	906	142	9176	10618	71	1163	526	1760	12378	518	4204	4722
Summa des Warschauschen Militairkreises	66	24	22	12	14	2590	8622	3115	72752	86493	263	4938	3263	8464	94957	4466	8430	12896
Wilnascher Militairkreis.																		
Verwalt. d. Truppen d. Wilnaschen Militairkr.	—	—	—	—	2	17	—	—	—	19	31	64	37	132	151	—	—	—
1. Infanteriedivision.																		
Divisionsstab	—	—			2	5	—	1	—	8	3	13	17	33	41	1	14	15
4 Infanterieregimenter	12	—	—	—	—	344	1212	548	10800	12904	24	568	416	1008	13912	—	652	652
1 Schützenbataillon	1	—	—	—	—	31	88	21	900	1040	3	66	37	106	1146	—	73	73
Summa der 1. Inf.-Div.	13	—	—	—	2	380	1300	570	11700	13952	30	647	470	1147	15099	1	739	740
3. Infanteriedivision.																		
Divisionsstab	—	—	—	—	2	5	—	1	—	8	3	18	17	33	41	1	14	15
4 Infanterieregimenter	12	—	—	—	—	344	1212	548	10800	12904	24	568	416	1008	13912	—	652	652
Summa der 3. Inf.-Div.	12	—	—	—	2	349	1212	549	10800	12912	27	581	433	1041	13953	1	666	667
1. Cavalleriedivision.																		
Divisionsstab	—	—	—	—	3	8	—	—	—	11	4	18	22	44	55	1	14	15
4 Cavallerieregimenter	—	16	—	—	—	176	352	68	2784	3380	24	308	220	552	3932	2628	296	2924
6 Reservedivisionen	—	12	—	—	—	114	312	54	1632	2112	18	210	150	378	2490	1398	48	1446
Summa der 1. Cav.-Div.		28	—	—	3	298	664	122	4416	5501	46	536	392	974	6475	4027	358	4385
1. Artilleriedivision.																		
Divisionsstab	—	—	—	—	1	2	—	—	—	3	1	6	6	13	16	—	6	6
1. Brigade	—	—	4	—	—	55	108	17	915	1095	3	146	66	215	1310	37	740	777
3. „	—	—	4	—	—	55	108	17	915	1095	3	146	66	215	1310	37	740	777
1. reitende Artilleriebrigade.																		
Brigadestab	—	—	—	—	—	4	—	1	—	5	4	9	10	23	28	1	8	9
1 schwere Batterie	—	—	1	—	—	8	27	4	323	362	—	42	9	51	413	180	221	401
Summa der 1. Art.-Div.	—	—	9	—	1	124	243	39	2153	2560	11	349	157	517	3077	255	1715	1970
Beim Kreise stehen: 1 Comm. Gensdarmen		—	—		—	1	2	—	27	30	—	—	1	1	31	27	—	27
Recapitulation.																		
Verwaltungsstab	—	—	—	—	2	17	—	—	—	19	31	64	37	132	151	—	—	—
1. Infanteriedivision	13	—	—	—	2	380	1300	570	11700	13952	30	647	470	1147	15099	1	739	740
3. „ „	12	—	—	—	2	349	1212	549	10800	12912	27	581	433	1041	13953	1	666	667
1. Cavallerie „	—	28	—	—	3	298	664	122	4416	5501	46	536	392	974	6475	4027	358	4385
1. Artillerie „	—	—	9		1	124	243	39	2153	2560	11	349	157	517	3077	255	1715	1970
1 Commando Gensdarmen	—	—		—	—	1	2	—	27	30	—	—	1	1	31	27	—	27
Summa des Wilnaschen Militairkreises	25	28	9	—	10	1169	3421	1280	29096	34974	145	2177	1490	3812	38786	4311	3478	7789

	Zahl der																	
					Mannschaften.											Pferde.		
					Combattanten.						Noncombattanten.							
	Bataillons.	Escadrons u. reitende Centurien.	Batterien.	Parks.	Generale.	Stabs- u. Oberofficiere.	Unterofficiere.	Spielleute.	Gemeine.	Summa.	Classenbeamte.	Niedere Chargen.	Officiersburschen.	Summa.	Total.	Reitpferde.	Zug- u. Packpferde.	Summa.
Kiewscher Militairkreis.																		
Verwalt. d. Truppen d. Kiewschen Militairkr.	—	—	—	—	2	17	—	—		19	31	64	37	132	151	—	—	—
8. Infanteriedivision, wie die 4.	13	—	—	—	2	380	1300	570	11700	13952	30	647	471	1148	15100	1	739	740
9. " " 1.	13	—	—	—	2	380	1300	570	11700	13952	30	647	470	1147	15099	1	739	740
Husarenbrigade der 2. Cav.-Div., wie d. der 1.	—	8	—	—	—	88	176	34	1392	1690	12	154	110	276	1966	1314	148	1462
Reserve " " 2. "																		
Brigadestab	—	—	—	—	1	1	—	—	—	2	1	6	5	12	14		—	—
6 Reservedivisionen	—	12	—	—	—	114	312	54	1632	2112	18	210	150	378	2490	1398	48	1446
Summa der Res.-Brig. der 2. Cav.-Div.	—	12	—	—	1	115	312	54	1632	2114	19	216	155	390	2504	1398	48	1446
3. Cavalleriedivision.																		
Divisionsstab	—	—	—	—	3	5	—	—	—	8	3	12	20	35	43	1	14	15
6 Cavallerieregimenter	—	24	—	—	—	264	528	102	4176	5070	36	462	330	828	5898	3942	444	4386
1 Reservebrigade, wie oben	—	12	—	—	1	115	312	54	1632	2114	19	216	155	390	2504	1398	48	1446
Summa der 3. Cav.-Div.	—	36	—	—	4	384	840	156	5808	7192	58	690	505	1253	8445	5341	506	5847
3. Artilleriedivision.																		
Divisionsstab	—	—	—	—	1	2	—	—	—	3	1	6	6	13	16	—	6	6
8. Brigade	—	—	4	—	—	55	108	17	915	1095	3	146	66	215	1310	37	740	777
9. "	—	—	4	—	—	55	108	17	915	1095	3	146	66	215	1310	37	740	777
3. reitende Artilleriebrigade.																		
Brigadestab	—	—	—	—	—	4	—	1	—	5	4	9	10	23	28	1	8	9
1 schwere Batterie	—	—	1	—	—	8	27	4	323	362	—	42	9	51	413	180	221	401
2 erleichterte	—	—	2	—	—	16	54	8	588	666	—	80	18	98	764	304	394	698
Summa der 3. reit. Art.-Brig.	—	—	3	—		28	81	13	911	1033	4	131	37	172	1205	485	623	1108
4. Parkartilleriebrigade	—	—	—	4	—	32	104	16	1328	1480	17	112	54	183	1663	—	24	24
Summa der 3. Art.-Div.	—	—	11	4	1	172	401	63	4069	4706	28	541	229	798	5504	559	2133	2692
Beim Kreise stehen: 1 Comm. Gensdarmen	—	—	—	—	—	1	2	—	27	30	—	—	1	1	31	27	—	27
Recapitulation.																		
Verwaltungsstab	—	—	—	—	2	17	—	—	—	19	31	64	37	132	151	—	—	—
8. Infanteriedivision	13	—	—	—	2	380	1300	570	11700	13952	30	647	471	1148	15100	1	739	740
9. "	13	—	—	—	2	380	1300	570	11700	13952	30	647	470	1147	15099	1	739	740
Husarenbrigade der 2. Cavalleriedivision	—	8	—	—	—	88	176	34	1392	1690	12	154	110	276	1966	1314	148	1462
Reserve " " 2. "	—	12	—	—	1	115	312	54	1632	2114	19	216	155	390	2504	1398	48	1446
3. Cavalleriedivision	—	36	—	—	4	384	840	156	5808	7192	58	690	505	1253	8445	5341	506	5847
3. Artillerie "	—	—	11	4	1	172	401	63	4069	4706	28	541	229	798	5504	559	2133	2692
1 Commando Gensdarmen	—	—	—	—	—	1	2	—	27	30	—	—	1	1	31	27	—	27
Summa des Kiewschen Militairkreises	26	56	11	4	12	1537	4331	1447	36328	43655	208	2959	1978	5147	48802	8641	4313	12954
Bei der Verwaltung der Truppen im Königreich Polen stehen:																		
1. Sappeurbrigade.																		
Brigadestab	—	—	—	—	1	1	—	—	—	2	—	2	4	6	8	—	—	—
1. Sappeurbataillon	1	—	—	—	—	33	86	87	900	1106	3	97	39	139	1245	—	113	113
2. u. 3. Sappeurbataillon	2	—	—	—	—	69	172	54	1800	2095	6	194	83	283	2378	—	226	226
3 Pontonparks	—	—	—	3	—	24	60	18	690	792	3	567	30	600	1392	—	1200	1200
Summa der 1. Sappeurbrigade	3	—	—	3	1	127	318	159	3390	3995	12	860	156	1028	5023	—	1539	1539
Gensdarmenescadron Nr. 1.	—	1	—	—	—	7	20	5	126	158	1	27	10	38	196	121	—	121
10. Kreis des Abges. Corps der Innern Wache																		
2 Bataillone	2	—	—	—	—	44	160	34	1840	2078	2	56	50	108	2186	—	—	—
43 Commandos, veranschlagt auf:	—	—	—	—	—	43	406	43	4753	5245	—	172	43	215	5460	—	—	—
Summa des 10. Kreis. d. Inn. Wache	2	—	—	—	—	87	566	77	6593	7323	2	228	93	323	7646	—	—	—
3. Kreis des Gensdarmencorps.																		
1 Division	—	2	—	—	—	26	64	4	336	430	2	27	27	56	486	340	—	340
43 Commandos, veranschlagt auf:	—	—	—	—	—	45	179	—	1052	1276	—	144	56	200	1476	1013	12	1025
Summa des 3. Kreis. d. Gensd.-Corps	—	2	—	—	—	71	243	4	1388	1706	2	171	83	256	1962	1353	12	1365

	Zahl der																	
					Mannschaften.											Pferde.		
					Combattanten.						Noncombattanten							
	Bataillons	Escadrons u. reitende Centurien.	Batterien.	Parks.	Generale.	Stabs- u. Oberofficiere.	Unterofficiere.	Spielleute.	Gemeine.	Summa.	Classenbeamte.	Niedere Chargen.	Officiersburschen.	Summa.	Total.	Reitpferde.	Zug- u. Packpferde.	Summa.
Festungsartillerie.																		
3 Festungsstäbe der 1. Classe	—	—	—	—	—	3	—	—	—	3	15	125	21	161	164	—	—	.
2 der 2. Classe	—	—	—	—	—	2	—	—	—	2	8	40	10	56	58	—	—	—
9½ Festungscompagnien	—	—	—	—	—	48	228	19	2375	2670	—	29	47	77	2747	—	—	—
1 Kreisarsenal mit mobilem Arsenal	—	—	—	1	—	7	12	—	—	19	7	413	15	435	454	—	30	30
1 mobiles Laboratorium mit Lab.-Comp.	—	—	—	1	—	5	16	—	—	21	2	205	8	215	236	—	—	—
3 locale Parks	—	—	—	—	—	—	—	—	—	—	6	14	6	26	26	—	—	—
4 Waffendepots	—	—	—	—	—	—	—	—	—	—	4	20	4	28	28	—	—	—
1 Depot fertiger Artillerie	—	—	—	—	—	—	—	—	—	—	1	2	1	4	4	—	—	—
Summa der Festungs-Art.		—	—	2		65	256	19	2375	2715	41	848	113	1002	3717	—	30	30
Garnisonen des Ingenieurwesens.																		
5 Ingenieurcommandos	—	—	—	—	—	10	—	—	—	10	—	10	10	20	30	—	—	—
4 Commandos Ingenieurhandwerker	—	—	—	—	—	10	33	4	626	673	—	10	10	20	693	—	—	—
7 Arrestantencompagnien	—	—	—	—	—	28	119	7	1137	1291	—	14	28	42	1333	—	—	—
Summa der Garnis. d. Ingenieurwesens	—	—	—	—	—	48	152	11	1763	1974	—	34	48	82	2056	—	—	—
Irregulaire Truppen.																		
Vom Donischen Corps 13 Regimenter	—	78	—	—	—	273	728	217	10374	11022	—	26	—	26	11648	11375	1170	12545
1 Batterie	—	—	1	—	—	7	20	4	178	209	1	38	9	48	257	125	84	209
1 Kubansch. Kosakendivision		2	—	—	—	7	16	4	265	292	—	—	—	—	292	285	32	317
Summa der irregulairen Truppen	—	80	1	—	—	287	764	255	10817	12123	1	64	9	74	12197	11785	1286	13071
Hauptrecapitulation.																		
Verwaltung der Truppen im Königr. Polen	—	-	—	—	14	53	5	—	60	132	104	200	95	399	531	—	—	—
Feldtruppen.																		
Gardetruppen	9	—	3	—	4	805	985	561	8761	10672	34	548	382	964	11600	29	1282	1311
Warschauer Militairkreis	66	24	22	12	14	2590	8022	3115	72752	86493	263	4938	3263	8464	94957	4166	8430	12596
Wilnaischer „ „	25	28	9	—	10	1167	3421	1280	28896	34974	145	2177	1490	3812	38786	4311	3478	7789
Kiewscher „ „	26	56	11	4	12	1537	4331	1447	36328	43655	208	2959	1978	5145	48800	8641	4313	12954
1. Sappeurbrigade	8	—	—	3	1	127	318	159	3390	3996	12	860	156	1028	5023	—	1539	1539
Gensdarmenescadron Nr. 1	—	1	—	—	—	7	20	5	126	158	1	27	10	38	196	121	—	121
Irregulaire Truppen	—	80	1	—	—	287	764	255	10817	12123	1	64	9	74	12197	11785	1286	13071
Summa der Feldtruppen	129	189	46	19	41	6020	17861	6822	161286	191991	664	11573	7288	19525	211552	29633	20028	49661
Localtruppen.																		
10. Kreis des Abges. Corps d. Inn. Wache	2	—	—	—	—	87	566	77	6593	7823	2	228	93	323	7646	—	—	—
8. „ „ Gensdarmencorps	—	2	—	—	—	71	213	4	1368	1706	2	171	83	256	1962	1353	12	1365
Festungsartillerie	—		—	2	—	65	256	19	2375	2715	41	848	113	1002	3717	—	30	30
Garnisonen des Ingenieurwesens	—	—	—	—	—	48	152	11	1763	1974	—	34	48	82	2056	—	—	—
Summa der Localtruppen	2	2	—	2	—	271	1217	111	12119	13718	47	1281	337	1663	15381	1353	42	1395
Total d. Truppen unt. d. Obercommando des Statthalters des Kaisers in Polen. Mit 368 bespannten Feldgeschützen	131	191	46	21	55	6344	19083	6933	173409	205884	813	13054	7720	21587	227471	30706	20370	51076

Druck von Trowitzsch und Sohn in Berlin.

Die

Kaiserlich Russische Armee

in

ihrem Bestande, ihrer Organisation, Ausrüstung und Stärke

im

Kriege und Frieden

am 1. Januar 1863.

Von

Brix,

Premierlieutenant im Königlich Preußischen Schlesischen Ulanenregiment Nr. 2

Verlag von B. Behr's Buchhandlung

(E. Bock)

Berlin — Unter den Linden Nr. 17.

Posen — Wilhelms-Straße Nr. 21

1863.